U0753510

风雅与狂欢

明朝人的极致生活

袁灿兴————

著

团结出版社

·北京·

图书在版编目（ＣＩＰ）数据

风雅与狂欢 ： 明朝人的极致生活 / 袁灿兴著.
北京 ：团结出版社, 2025. 8. -- ISBN 978-7-5234
-1722-5

Ⅰ. D691.9
中国国家版本馆 CIP 数据核字第 20255JP204 号

责任编辑：闫　妮
封面设计：阳洪燕

出　　版：团结出版社
　　　　　（北京市东城区东皇城根南街 84 号　邮编：100006）
电　　话：（010）65228880　65244790（出版社）
　　　　　（010）65238766　85113874　65133603（发行部）
　　　　　（010）65133603（邮购）
网　　址：http://www.tjpress.com
电子邮箱：zb65244790@vip.163.com
经　　销：全国新华书店
印　　装：三河市东方印刷有限公司

开　　本：146mm×210mm　　　32 开
印　　张：15.5　　　　　　　字　　数：230 千字
版　　次：2025 年 8 月 第 1 版　印　　次：2025 年 8 月 第 1 次印刷

书　　号：978-7-5234-1722-5
定　　价：68.00 元

前　言

明代开国皇帝朱元璋，控制欲极强。登基之后，他对社会生活的各个方面都加以管控，饮食、衣着、婚姻、出行、住宅等，无一不被打上他的烙印，全都处于严格控制之下。

以衣着为例，朱元璋总结元代灭亡的经验，认为元代风气过于奢靡，时常僭越礼法，普通民众衣食起居与公卿贵族并无二致，奴仆在乡间往往肆意奢华，致使"贵贱无等，僭礼败度"。于是，一场生活领域的整风运动拉开帷幕，衣着服饰首当其冲。

洪武元年二月，朱元璋下诏"复衣冠如唐制"，并详细规定了皇帝、太子、大臣的服装样式。此后，他以妇人绣花般的细致，上百次颁布涉及服饰的各项规定。不仅对官僚集团的朝服、常服有着烦琐的规定，就连平民百姓的服饰，朱元璋也亲自过问、参与设计并再三修改。洪武三年，他针对庶民衣着作出详细规定，如男女衣服不得使用金绣、锦绣，鞋子不得裁制花样，不准用金线装饰；佩戴的首饰只允许用银质，不许用金玉、珠翠等。

洪武六年，朱元璋又下令庶民巾环不准使用金玉、玛瑙、琥珀之类材质，平民的帽子不准有顶，帽珠只许用水晶、香木。朱元璋甚至规定庶民不准穿靴子。但北方冬季寒冷，总不能让平民穿着单薄的鞋子外出，迫不得已之下，只好作出变通，允许徐州以北的民众穿靴以抵御寒冬。直到洪武三十年，他仍在就衣着问题不断加以指导和调整。

在这样一位控制欲极强的皇帝的高压统治下，明代前期的社会生活枯燥而压抑。到了明中后期，随着社会经济的发展和社会生活的繁荣，曾经严厉无比的管控渐渐松弛。此时，就连皇帝也厌倦了单调的穿着，宫廷之内，无论是皇帝还是太监，都欣然穿着曾被朱元璋痛斥的"胡服"曳撒。在民间，打破礼法、随意穿着的现象随处可见，也没有人担心会受到处罚。

明代中后期，整个社会呈现出开放、多样的态势。在信仰方面，呈现出百花齐放的局面。各行各业、各地民众根据自身需求和喜好，供奉自己信仰的神，建造小庙、塑造泥像，自行祭拜。在时尚潮流上，苏州成为潮流中心，苏州流行的吃穿住行、娱乐方式及各类器物，统称为"苏样"，被全国效仿。

此时，就连僧人也不安于现状了。朱元璋曾禁止僧人娶妻，违反者民众可以责打并索要钱财。到了明中后期，僧人不再受此限制，纷纷娶妻成家。在建筑方面，朱元璋曾对构亭馆、开池塘、禁用重栱及绘藻井、颜色使用等做出规定。到了明代中后期，大量私家园林中出现违规建造的建筑设计，却无人被追究。曾经限制生活的一切规定，此时都被颠覆打破，人们对美好生活的追求，最终让皇权的禁锢逐渐消散。

本书从日常饮食、文化娱乐、吃穿住行、民间信仰等角度，展示明代人的极致生活。之所以称之为"极致"，一方面，当时的人们敢于打破礼法，引领社会风尚；另一方面，在当时的社会生活中，无论是品茶饮酒，还是器物造型、书画文字，都被演绎到了极致。

中晚明时期，是一个动荡又繁荣的时代。这个时代，既有狂躁与跳跃，也有内敛与静思；既有叛逆与超脱，也有回归与守成。在这个时代，无数生动的人物在日常生活中演绎出无数精彩故事，并被文字记载下来。后人翻阅明人的笔记，就像是开启一场精彩绝伦的旅行。在这场旅行中，你会看到将一切玩物把玩到极致的张岱，令人心生膜拜；晚年打破一切礼法、特立独行的屠隆，让人心生震撼。

在明代人的生活史上，这些名字值得铭记：唐寅、袁中道、王世贞、屠隆、李开先、张岱、汪汝谦、陈洪绶、陈继儒、达观、冯梦龙、钱谦益、董小宛等。此外，还有一个人物不得不提，那就是西门庆。虽然他是文学人物，但《金瓶梅》所反映的，却是明代生活的极致写照。当然，还有许多将社会生活演绎到极致的人物，由于各种限制，未能在本书中一一呈现。

在电子书籍日益发达的今天，纸质书的阅读更像是一场心灵体验，一种艺术品鉴赏。本书致力于为读者朋友们开启一场与明人的对话之旅，让您手捧书卷，融入极致的明人生活世界，流连忘返。

目　录

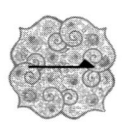

宴饮欢歌

西门庆的美酒

　　杯中天地广阔，酒里乾坤无限，一壶浊酒，足以映射明人生活。酒与盐，在明代以前都是政府专卖品，是重要的税源。历史上，一些军阀为筹集军费，甚至设坊酿酒创收。令人意外的是，控制欲极强的朱元璋，对酒水却未加以管制。朱元璋称帝前，曾指责元王朝的酒水专卖政策扰民；称帝后，为避免前后矛盾遭人诟病，索性取消了酒水专卖。这一政策放宽后，民间酿酒业迅速发展，各地都产出了令人陶醉的美酒。酒与色向来紧密相连，《金瓶梅》中自然也少不了美酒的身影。那么，西门庆日常饮用的是什么酒？他最喜欢的又是哪种酒呢？要解答这些问题，先简要回顾一下"酒史"。自先秦以来，人们主要饮用发酵酒。发酵酒分为"浊""清"两类。浊酒用曲量少，投料粗糙，发酵期短，酒液浑浊，口感偏甜，酒精度低，被称为

"白酒"（也称浊醪）。由于未过滤干净的浊酒表面常漂浮着米渣，文人还戏称其为"浮蚁"。清酒则用曲量较多，投料精细，发酵期长，酒液清澈，故而称"清酒"。优质的发酵酒呈黄色，被叫作"鹅黄"。其中等级较高的鹅黄，酿造工艺完备，酿造时间长，颜色深沉醇厚，被称为"老酒"。西门庆在当地也算有头有脸，不少人讨好他，给他送礼。《金瓶梅》第十五回中，三个身着青衣、手持黄板鞭的人，捧着一个盒子，里面装着一只烧鹅，还提着两瓶老酒，吆喝着："大节间来孝顺大官人贵人。"此处的老酒，必定是黄酒中的上品，不然也入不了西门庆的眼。明代，廉价的浊酒依然存在，仍被称为"白酒"，但这与现代的白酒完全不同。许多地方出产的浊酒都带有"白"字，如惠山白、秋露白、花露白等。这种白酒色泽浑浊，微微发白，价格低廉，正所谓"黄酒价贵买论升，白酒价贱买论斗"。还有用红曲酿造的酒，色泽鲜红，叫作"红酒"，有诗句形容"红酒桃花色，东风吹更鲜"。在《金瓶梅》中能看到关于白酒的描写，潘金莲让秋菊："取白酒来与你爹吃。"结果秋菊拿来的白酒没加热，被潘金莲一顿大骂。秋菊抱怨说，西门庆最近常喝冰镇白酒，没想到今天口味变了。西门庆请胡僧吃饭时，打开腰州精制的红泥头，将滋阴摔白酒倒在倒垂莲蓬高脚盅内，递给胡僧饮用。豆酒也是发酵酒的一种，多产自南方，以绿豆为曲酿成，因此也叫"绿豆酒"。绍兴有许多好酒，豆酒尤其出色。万历年间的《会稽县志》记载："豆酒者，以绿豆为曲蘖也。"《客坐赘语》认为绍兴、淮安两地的豆酒最佳，淮安所产的绿豆酒被称作"绿珠香液"。绍兴陈家、朱家所酿的豆酒品质最优，徐渭称赞道："陈家豆酒名天下，朱家之酒亦其亚。"曾有朋友送徐渭江鱼、枇杷、豆酒，徐渭作诗"江鱼银板枇杷金，绿菽家醅一瓮深"。《金瓶梅》第七十五回中，荆都监送了一坛豆酒给西门庆。西门庆让家人打开尝尝，"呷了一呷，碧靛般清，其味深长"。第七十九回中，西门庆到灯市铺子内喝酒，"铺内有南边带来的豆酒，打开一坛，摆在楼上"。明代有"越酒行天下"的说法，这南边带来的豆酒，很可能就是绍兴豆酒。不过，豆酒并非西门庆的最爱，他最喜欢的是金华酒。王士性总结浙江的四大物产为"严之漆，衢之橘，温之漆器，金之酒"，其中"金之酒"即金华酒。金华酒在明代声名远扬，是宴席上的必备佳酿。金华酒属于黄酒，品质在全国名列前茅。王世贞评价金华酒"色如金，味甘而性纯"。上层社会举办酒宴时，"士大夫所用，惟金华酒"。金华酒的品质绝佳，当时甚至有"杜诗颜字金华酒，海味围棋左传文"的说法。冯梦龙寓居麻城时，当地人称金华酒为金酒。冯梦龙听后笑道："然则贵县之狗亦当呼麻狗矣"，在座有脸麻子的人听了，相视一笑。《金瓶梅》第一回中，西门庆与人结拜，"叫家人来兴儿买了一口猪、一口羊、五六坛金华酒和香烛纸札、鸡鸭案酒之物"。谈情说爱时，金华酒也不可或缺。西门庆与李瓶儿相互怜爱，一边喝着金华酒一边聊天，直到半夜才上床休息。第二天起来，李瓶儿想喝酒，就把"昨日剩的银壶里金华酒筛来"，用瓯子陪着西门庆喝。这里的瓯子，在北方官话中是指小盅、小杯子，有茶瓯、酒瓯等。金华酒还是佐餐的佳品。《金瓶梅》第三十五回中，月娘吩咐小玉："屋里还有些葡萄酒，筛来与你娘每吃。"金莲快言快语道："吃螃蟹，得些金华酒吃才好。"在明人看来，金华酒搭配螃蟹是绝佳的饮食组合，这也彰显了金华酒的优良品质。然而，在苏州酒崛起、苏州戏流行之后，浙江的金华酒与弋阳戏的地位有所下降，甚至被称为"两厌"之物。苏州出产的酒是发酵酒中的精品，顾家三白酒、秋露白等黄酒是其主打产品，一度风靡。《金瓶梅》中没有关于苏州美酒的描写，所涉及的大多是浙江酒，大概是因为作者写作时苏州酒业还未兴盛。葡萄美酒也是西门庆的心头好。葡萄酒因其美味，一直被作为御用贡品进贡。到了明代，向来崇尚俭朴的朱元璋以劳民伤财为由，下令停止从太原及西域进贡葡萄酒。虽然葡萄酒不再是贡品，但因其口感爽口，在民间仍有一定的消费市场。《金瓶梅》中对葡萄酒有相关描写。第十九回中，西门庆吩咐春梅："把别的菜蔬都收下去，只留下几碟细果子儿，筛一壶葡萄酒来我吃。"春梅筛上酒，两人你一口我一口地饮酒咂舌，咂得舌头作响。在刘太监庄上做客时，西门庆看到杯中佳酿，难以自控，"灌了十数杯葡萄酒"，以至于骑在马上就想吐。十一月仲冬时节，西门庆在奶娘如意儿屋里过夜，如意儿准备弄点金华酒筛给他喝。西门庆说："下饭你们吃了吧，只拿几个果碟儿来，我不吃金华酒。"并吩咐丫鬟绣春："你打个灯笼，往藏春轩书房内，还有一坛葡萄酒，你问王经要了来，筛与我吃。"这一坛葡萄酒不存放在西门庆藏酒的库房，而是放在书房，以便随时取用。葡萄酒取来后，打开筛热，斟在酒盅里，"西门庆尝了尝，十分清美"。蒸馏酒在中国的酿制时间尚无定论，有唐宋说，也有元代说。到了明代，蒸馏酒的酿造技术已经成熟，消费也已普及。二流子韩二跑到哥哥韩道国家中，向嫂子王六儿讨酒喝，说："嫂，我哥还没来哩，我和你吃壶烧酒。"帮闲应伯爵为了灌醉轿夫，买了三分银子的烧酒，由此可见烧酒酒性之烈。永福寺中"只有几个惫懒和尚，养老婆，吃烧酒"，和尚喝了烈酒，便将佛性抛诸脑后，纵情声色去了。胡僧赐给西门庆药丸时，嘱咐他要用烧酒服下。此后西门庆每次服用药丸，都用烧酒送服，酒性与药性一同发作，浑身燥热难耐。这里的烧酒被用作药引，以催发药性。明代还有一种蟠桃酒，用人乳等酿成，药性更烈。蟠桃酒酿造耗时费力，属于皇室高官的专用酒，像西门庆这样的地方土豪即便财力雄厚，也消费不起。西门庆平日里黄酒喝得多了，偶尔会喝点烧酒换换口味。有一天，西门庆给了姘头王六儿五钱银子，嘱咐她买一瓶南烧酒来喝。王六儿笑着说："爹老人家，别的酒吃厌了，想起来又要吃南烧酒了。"这南烧酒，自然是南方出产的高度酒。绍兴所产的南烧，是黄酒过滤后的酒糟经过蒸馏回收而成，称为"糟烧"或"绍烧"，酒性浓烈，格外诱人。明代烧酒的饮用方式多样，以优质高粱酒为酒基，加入珍贵药材，加工后形成了竹叶青露酒，色泽微绿透明。传说绍兴东浦有家竹叶青酒坊，牌号"孝贞"，是正德帝所题。绍兴所产的竹叶青，用本地糟烧浸泡而成，口味极其辛辣。西门庆送了一坛竹叶青给娇头王六儿，特意介绍："是个内臣送我的竹叶清酒哩，里头有许多药味，甚是峻利。""峻利"二字，点明了竹叶青的辛辣特点。在烧酒中浸泡花瓣，以提升酒的香气和利口性，在明代颇为流行，常用的花有菊花、茉莉花、玫瑰花等。有一次，西门庆打开库房，拿出一坛菊花酒。打开碧靛清封泥，酒香四溢。西门庆没有立刻饮酒，而是先掺了一瓶凉水，以去除其蓼辣之性，然后贮于布甑内，筛出来后，酒醇厚味美，丝毫不输葡萄酒。绍兴酿酒时会使用辣蓼草，"蓼辣之性"是绍兴酒的特点，所以要掺凉水。

西门庆家中还藏有茉莉花酒。一次，西门庆见玳安买了一坛金华酒回来，便喊道："啊呀，家里现成放着酒，又去买。"随即吩咐玳安："拿钥匙，到前边厢房取双料茉莉酒，提两坛来，掺和着这金华酒一起喝。"

到了冬季，西门庆常饮用"头脑酒"。这是一种将肉圆、馄饨、鸡蛋等食物与酒水混合在一起饮用的酒品。有一日，西门庆早起，何千户来访，二人一同吃了头脑酒，随后起身前往郊外送别侯巡抚。

西门庆到京师时，何太监在宫中值班房招待他，说道："我知晓大人朝事完毕下来，天气寒冷，拿个小盏来，没什么好菜，委屈大人了，暂且吃个头脑儿暖暖身子吧。"

西门庆的女婿陈经济与爱姐暗生情愫，爱姐的母亲便准备了鸡子、肉丸子，做了头脑酒给他吃，好让他暖身。

头脑酒有诸多别称，诸如投脑酒、脑儿酒、头脑汤、恼儿酒等，其主要功效是在冬日暖身。《涌幢小品》记载："凡冬月客到，以肉及杂味置大碗中，注热酒递客，名曰'头脑酒'，盖以避风寒也。"关于头脑酒的来历，有一种说法是，朱元璋体恤下属，在冬至后将头脑酒赐给殿前将军、甲士，以抵御严寒。

头脑酒的饮用方式也被民间效仿，常被当作早餐在早上饮用，做法大多是用热酒冲泡食物。这里所用的酒一般是甜酒，而食物则因地域不同有所差异，通常会有肉丸、鸡蛋、馄饨之类。在四川，当地的头脑酒是用热酒冲泡豆干、蔬菜、肉食等制成。

西门庆也常饮用羊羔酒，这种酒历史悠久，到明代依旧十分流行。高濂的《遵生八笺》中记载了羊羔酒的制作方法：取米一石，按常规方法浸浆；再取肥羊肉七斤，酒曲十四两（各种酒曲均可），将羊肉切成四方块状，煮烂后与一斤杏仁同煮，之后去掉羊肉，留下汤汁，与米饭、酒曲拌匀，加入一两木香酿酒。十天之后便可酿成，成品"味极甘滑"，脂香浓郁。《事物绀珠》中记载："羊羔酒出汾州，色白莹，饶风味。"

《本草纲目》认为羊羔酒大补元气，能健脾胃、益腰肾，对食欲缺乏、腰膝酸软等症状有良好的改善效果。羊羔酒在当时备受欢迎，像西门庆这种纵欲过度之人，自然会时常饮用。

《金瓶梅》中有不少关于羊羔酒的记载，如"堂中画烛高烧，壶内羊羔满泛""黄昏误入销金帐，且把羔儿独自斟""丫鬟筛上酒来，端的金壶斟美酿，玉盏泛羊羔""酒泛羊羔，宝鸭香飘""须臾，围炉添炭，酒泛羊羔，安排上酒来"。

《金瓶梅》中有大量饮酒场景的描写，其中最常见的台词便是："筛酒吃。"所谓筛酒吃，是先将酒加热，然后再进行过滤。明代主要饮用的是黄酒，饮用时需加热并滤去杂质。利玛窦在中国时发现，中国人习惯将酒加温后饮用，而欧洲人则喜欢冷饮。相较之下，利玛窦更青睐中国人的饮酒方式，认为这样对健康有益。

在《金瓶梅》第三十五回中，西门庆命来安儿用铜甂儿将金华酒筛热后拿来。第四十二回提到，琴童用"铜布甂儿筛酒"。这里的铜甂儿是一种温酒器，能够储存热水来温酒，而"铜布甂儿"中的布则是用来过滤酒中的渣滓。

此外，筛酒还有斟酒的意思。第二十二回中，西门庆陪应伯爵吃酒，用小银盅筛金华酒，每人喝三杯，最后还剩下半壶。第五十回里，平安筛了一瓯子酒，递给玳安说："你快吃了，接爹去罢。"

《金瓶梅》中还描绘了诸多狂欢滥饮的场面，这也是当时饮酒风气的真实写照。成化之后，随着社会风气逐渐开放，世家子弟一改往日淳厚拘谨的作风，"多事豪饮，以夜为昼"。到了明代晚期，士人嗜酒成风，甚至出现了饮酒排行榜，有酒王、酒相、酒将、酒后、酒孩儿等称呼。每次聚会众人都狂饮无度，"然既醉则欢哗沸腾，杯盘狼藉"。

　　酒是色媒人，像西门庆这般风流之人，自然离不开美酒佳酿。西门庆饮酒并无特别偏好，各类酒都喝，还时常换口味尝鲜，这就如同他在女色方面喜新厌旧一样。西门庆饮用的酒水，大多产自浙江。考虑到西门庆的身份地位，浙江酒因品质优良而在上流社会流行，他多饮浙江酒也实属正常。只是《金瓶梅》中极少出现山东本地美酒，不知是作者有意为之，还是作者本就不喜欢山东酒。

花酒情深陈老莲

　　适量饮酒能让人心情舒畅、倍感愉悦，可若过量饮用，却会使人变得狂野暴躁。希腊人将葡萄酒视作神物，酒神狄奥尼索斯便兼具喜悦与恐怖的双重特质。在中国文化里，酒同样被视为神物。周人祭祀时，会把祭神的牲畜放在柴堆上焚烧，让烟气升腾直达天际。在正式祭祀前，他们用玉器盛放散发着芬芳的郁鬯酒，浇灌于地，随后出庙门迎接祭祀用的牛。周人相信，通过这种灌地之礼，芬芳的酒气能够直通地底，向阴间的鬼神传递重要信息。

　　在后世，大凡名士，大多喜好饮酒，像陶渊明、李太白、苏东坡等，他们在酒的浸润下，创作出了流传千古的文字。酒与名士，仿佛紧密相连、不可分割。古人说，闲来无事痛快饮酒，熟读《离骚》，便可以成为名士。明朝一代，贪杯之人数不胜数，而能将美酒与美人、美酒与艺术紧密融合，且取得卓越成就的，当首推陈洪绶。

陈洪绶，字章侯，号老莲。万历二十六年，陈洪绶出生于浙江绍兴府诸暨县枫桥镇。他的父亲陈于朝在山中偶遇一位道人，只见道人披着氅衣，白发苍苍，手持一颗莲子赠予陈父，说道："吃下这个，你会得到一个佳儿，他将来会像这莲子一样不凡。"此后，陈洪绶出生，小名取为莲子，到了老年，他便自称老莲。

陈洪绶六岁时，曾与张岱的叔父张联芳之女订下婚约。这桩婚事由陈洪绶的父亲陈于朝向张联芳提亲，然而张联芳之女在定亲两年后就不幸离世。虽然他们并无实际的婚姻生活，但名分仍在，所以陈洪绶也被视作张家女婿。陈于朝向张家提亲，也有将幼子托付给张家照看的想法。张联芳是一位大收藏家，精于绘画，"擅长花卉折枝、兰竹草虫，无论是水墨还是浅色画作，都各臻妙境"。定亲之后，年幼的陈洪绶住进张家，跟随张联芳学习绘画。这段时光为他打下了坚实的绘画基础，十岁时，陈洪绶提笔作画，便得到了当时画坛大家的认可。

　　陈洪绶本身就具备绘画天赋，又在张联芳的系统教导下，天赋得以充分施展，绽放出璀璨光芒。他天性不羁，儿时学画就喜欢打破常规，超越前人。后来他前往杭州，学习七十二贤石刻。在石刻前，他临摹多日，所绘作品不仅形似石刻，意境更是青出于蓝。日后他人物绘画的风格根源，便来自对七十二贤石刻的研习。

　　陈洪绶后来与来斯行的次女定亲，成年后入赘萧山来家。陈于朝与来斯行是好友，在陈洪绶九岁时就定下了这门亲事，不久后陈于朝便去世了。来斯行仕途顺遂，考中进士后，在官场上一路高升，而陈家却逐渐走向衰落，家境日益贫寒。发达起来的来斯行坚守承诺，履行了婚约，不过陈洪绶是以入赘的方式进入来家。对陈家来说，入赘可以省下一大笔费用，而来家也没有要求陈洪绶改姓，给他保留了颜面。

　　陈洪绶的生父在他九岁时就已离世，实际上，岳丈来斯行成为他心灵上的指引者。来斯行也是个特立独行之人，言行举止颇似晋代名士，"时常与市井中的小孩一起携带饮食，喝醉后就披头散发，放声长啸"。有这样一位老丈人作为榜样，女婿自然也非等闲之辈。

陈洪绶十八岁考取生员，然而此后在科举之路上再无进展。生员身份每年能带来一定的收入，此外他家还有一些田地，也能有相应收益。但陈洪绶贪恋杯中之物，更沉醉于青楼，这些收入远远不够他挥霍，绘画便成了他重要的收入来源之一。

陈洪绶极为好色，"生平喜爱妇人，没有妇女在身边就从不饮酒；晚上睡觉，没有妇人相伴就难以入眠"。泰昌元年（1620）三月，二十三岁的陈洪绶在西湖岳坟，为妓女董飞仙画莲，多年之后，他对这段风流韵事仍念念不忘。陈洪绶作画全凭心情，在青楼中，他心情畅快，出手极为大方，挥毫泼墨，不知有多少青楼女子收藏了他的画作。那些想买他的画却求而不得的人，纷纷到妓家去求取。

天启三年（1623）春，这一年陈洪绶二十六岁，与他情投意合的妻子来氏病故。家中贫困潦倒，来氏去世前，"嘱咐要用旧衣服装殓，并且入殓的衣物要简单"。对于妻子来氏，陈洪绶心中是有愧疚的，但这份愧疚，仅仅是因为自己没能让妻子过上富足的生活，而不是对自己出入青楼寻欢作乐的行为感到忏悔。

"饥饿驱使我前往京华"，将爱妻简单装殓入棺后，他离家北上，希望能在京师闯出一片天地。可抵达京城后，他却沉迷于花酒之中，与妓女陈琼交往密切，难以自拔。过度沉溺于酒色，使他在冬季染上重病。在《送大生之京》一诗中，他自我剖析："我生性本就放荡，对花酒的钟情更是深厚。长辈们常常训诫我，可我根本听不进去。"

他感叹道："口袋里没有一文钱，却在燕市东边骑马游荡。生病五六个月，吃什么药都不见效。"到了天启四年，陈洪绶的病情才逐渐痊愈。生病期间，他依然不忘酒色，在诗中写道："病弱得难以写出一句诗，勉强借助酒力来助我深思。麻烦你多买些刁家的酒，带我去青楼一同斟酌。"这年年中，他返回南方，准备参加乡试。归来时，考试日期已经临近，而他长久流连于烟花柳巷，早已身体虚弱、精神萎靡，又怎么可能考中呢？

陈洪绶嗜酒如命，毛奇龄曾这样描述他："莲游于酒，人所致金钱，随手尽。"意思是陈洪绶整日沉醉在酒的世界里，别人给他的钱财，他随手就花光了。陈洪绶自称"老渴"，这是他对自己酒瘾极大的一种诙谐自嘲。每次有文人雅士相聚饮酒的盛会，他必定开怀畅饮，直至酩酊大醉，酒后更是"促席衔觞，神情酣畅"，与众人围坐在一起，举杯畅饮，神情愉悦。二十七岁时，他在诗中自我反思"恼我频年酒病侵"，可即便明白饮酒伤身，要他戒酒却是万万不能。

在他的诗词作品里，十有八九都提及酒。科举道路上的重重挫折，是他借酒消愁的主要缘由。而他狂傲不羁的性格，在酒精的作用下越发凸显，不断升华；他独特的艺术灵感，也在饮酒过程中慢慢发酵。他嫌弃在长安谋取生计艰难，便退隐到酒肆之中，隐藏自己的声名；因不愿谈论时事，喝醉后却对着青山挥洒热泪。他感慨山河巨变、国家兴衰，无奈一介书生无力回天，只能一夜之间奋笔疾书数十章，酒狂饮一斗之多。

某年中秋之夜，张岱和陈老莲搬来一坛美酒，来到西湖，登上小船，一边游览湖光山色，一边开怀畅饮。小船在水面缓缓前行，明月倒映在水中，凉风轻轻拂面，景色清朗宜人。当船行至玉莲亭时，岸边有一位女子招手示意，请求搭船前往前方。张岱见女子年轻美丽，便欣然答应。女子上船后，身着轻衣单衫，举止文静，惹人喜爱。眼前明月高悬，身旁美人相伴，还有美酒在手，陈洪绶欣喜不已，邀请女子一同饮酒。女子也毫不拘谨，举杯与他们对饮起来。一直畅饮到二更时分，女子见船已抵达自己要去的地方，便起身告辞。陈洪绶看着如仙子般迷人的女子，心中满是不舍，询问她的住处。女子只是微笑，并未作答，上岸后径直回家。陈洪绶怎会甘心错过这段缘分，上岸后便尾随其后，想要探寻女子的住所。没想到女子脚步轻快，上岸后很快就走过了岳王坟，而陈洪绶因饮酒过多，步履蹒跚，实在追赶不上，只能满心惆怅地返回。

　　陈洪绶在杭州时，有友人邀请他到西湖饮酒，他应邀前往。到了西湖边，看到一艘船，他以为是友人所约之船，便径直登上船，自顾自地倒酒喝起来。湖风徐徐吹拂，陈洪绶渐渐沉醉其中，浑然忘我。船主十分纳闷，心想这个不请自来的人是谁呢？仔细观察后，判断出此人大概是陈洪绶，于是走上前去，对他一顿夸赞，还大赞他的画作如何出色。没想到陈洪绶听后大惊，说道："你我并不相识啊。"随后便拂袖而去。

陈洪绶一生不羁，举止常常怪诞不经。他有时用一只手抓挠头上的污垢，有时用两根手指抠挠脚趾；有时瞪大眼睛，沉默不语；有时手持画笔，与顽童嬉笑玩耍，没有片刻安静的时候。他曾带着缣素，为东阳的赵纯卿画古佛。当晚，他高声唱起村落小曲，张岱拿起琴为他伴奏，声音咿咿呀呀，就像孩童说话一般。

陈洪绶在八股取士的道路上苦苦摸索多年，却始终未能取得突破。他对功名的执着追求与科举场上的接连失利，对美好生活的向往与现实生活的穷困窘迫，这些矛盾在他身上交织，引发了复杂的情感冲突，塑造了他微妙复杂的心理，更让他产生了深深的挫败感和破灭感。他在狂放不羁的状态中奔走，也在这种状态下进行创作。他的癫狂，其实是内心苦闷的一种自我排解、自我宣泄方式，真实地反映出传统社会中落魄书生们的普遍心态：当个体的生命价值在现实中无法实现时，便会转而投身于幻想世界，借助文字和绘画，在癫狂的状态下，为自己构建一个能够慰藉心灵的梦境。

天启七年（1627），陈洪绶再次参加乡试，放榜之后，他又

一次落第。他满心失意，来到湖上饮酒解愁。尽管屡次考试失
败，但陈洪绶对功名仍未彻底死心。卖画所得的收入，让他谋
划了另一条进入仕途的道路，那就是通过捐纳进入国子监。当
时，为了弥补国库空虚，朝廷允许生员缴纳粟米（交钱），就可
以进入国子监。而进入国子监，也意味着获得了一条进入官场
的途径。

　　崇祯十二年（1639），陈洪绶将卖画积攒下来的钱捐出，得
以进入国子监。即便身处京城，他依旧不改风流本性，时常出
入欢场，还曾赋诗"五载钱塘醉暮秋，曾期献策到皇州。不知
何事风尘里，同狎红裙上酒楼"，尽显其放浪形骸的生活状态。
进入国子监后，他奉命临摹历代帝王像，借此得以观赏内府收
藏的古今名画，绘画技艺日益精湛，声名传遍长安。一时间，
公卿贵族都以能与他结交为荣，然而他们真正看重的，不过是
陈洪绶的书画。达官贵人哪怕得到他的片纸只字，都视如珍宝，
彼此炫耀，声称："我已经与章侯结交了。"然而，这般追捧反倒
让陈洪绶感到疲惫不堪，在他心中，绘画不过被视为贱业，而
实现治国兴邦的抱负才是他真正的理想。

"病夫二事非所长，乞于人间作画工"，怀着这样的感慨，陈洪绶告别了繁华喧嚣的京华，返回江南。返乡途中，他途经扬州，这座充满风流韵事的城市，自然也为他的人生增添了不少故事。他纳胡净鬟为妾，两人一同游览扬州铁佛寺，欣赏红叶。他兴致颇高，命人画下一枝红叶悬挂在帐中，说道："这便是扬州的精华所在。"在温柔乡与红叶的陪伴下，他的狂态稍有缓和，浓情涌上心头，写下"闻欢下扬州，扬州女儿好，如侬者几人，一一向侬道""桥头多荡子，愿欢不交游，但看侬出时，许多望桥头"等诗句，倾诉着自己的情感。

陈洪绶喜爱饮酒、贪恋美色，更热衷于结交朋友，视朋友为自己的性命。二十八岁时，他耗时仅四个月便绘成《水浒叶子》，成功塑造了四十位栩栩如生的水浒人物。张岱在《陶庵梦忆》中记载："画《水浒》四十人，为孔嘉八口计。顿使宋江兄弟，复睹汉官威仪。"原来，他绘制这套《水浒叶子》，是为了接济友人周孔嘉一家八口。当时，陈洪绶自身的经济状况也并未得到根本改善，但为了朋友，他毫不犹豫地伸出援手，尽显侠义心肠。

　　陈洪绶性格怪诞孤僻，又喜欢沉溺于酒中，钱财到手后，往往随手挥霍一空。他尤其乐于为贫困不得志之人作画，以此帮助他们渡过生活的难关。然而，对于那些他瞧不上眼的豪强富绅，即便对方出千金求画，他也坚决不卖。曾经有一位显贵，以鉴定宋元古画为由，将他诱骗至船上。陈洪绶一上船，船便立刻出发，显贵又拿出笔墨，请求他作画。陈洪绶不为所动，甚至裸体站在船头大骂，还做出跳水自尽的举动。显贵被他的激烈反应吓住，只好将他送上岸。之后，显贵又托他人再次求画，陈洪绶依旧不为所动，坚守自己的原则。

　　《博古叶子》是陈洪绶去世前一年创作的作品，并由明末徽派著名刻工黄建中雕刻而成。这组绘画运用疏朗旷达的线条，勾勒出苍老古拙的造型。凡是陈洪绶所塑造的人物，都具有丑、拙、古的特点，人物造型极为夸张，头部较大，身躯短小，躯干却显得雄伟有力。在人物画创作上，他大胆创新，人物形象取材于真实生活，又借鉴古代绘画技法，风格独特怪异，画面中头大身小的对比十分强烈。这种将丑与俗演绎到极致的表现手法，反而成就了独特的艺术魅力。周亮工评价他的画作"故作牛鬼蛇神状，但讶其怪诞，不知其笔笔皆有来历"，深刻地揭示了他的画作看似怪诞却底蕴深厚的艺术内涵。

崇祯十七年（1644），四十七岁的陈洪绶借住在徐渭的青藤书屋，徐渭是他父亲的朋友。这一年，当他得知崇祯帝自杀的消息后，悲痛欲绝，行为举止变得癫狂起来，"时而吞声哭泣，时而纵酒狂呼，时而与游侠少年椎牛埋狗"，尽显内心的痛苦与绝望。他的老师黄道周，在抗清战败后被俘，在南京受刑。行刑时，黄道周路过南京东华门，便坐地不起，说道："此处离高皇帝陵寝很近，可以在此赴死了。"他的忘年交王思任，在山中绝食而死。他的同窗王毓蓍，请故交好友一同欢饮，还让伶人演奏音乐，在酣畅痛饮之后，手持灯笼出门，投柳桥河自尽。

顺治二年（1645），清军攻破南京，五月二十二日，清军在芜湖俘获弘光帝。七月十八日，鲁王朱以海在绍兴出任监国。在南明政权中，鲁王朱以海算是一位有才干、有抱负的人，他怀有收复山河的志向，只可惜时运不佳，最终病逝于金门。

张岱在《陶庵梦忆》中记录了一次与鲁王、陈洪绶的欢饮。张岱家族与鲁王府渊源颇深，鲁王来到绍兴后，自然要前往张岱家中做客。为了招待鲁王，张岱煞费苦心，特意设置御座，铺设了七层席子，准备了丰盛的山珍海味。鲁王身着玄色蟒袍，佩戴玉带，出现在绍兴这样的小地方，顿时吸引了众多人围观。张岱家周围，围观者有的架起梯子，有的搭起高台，有的搬来凳子，都想一窥这场盛宴的盛况。

作为美食家的张岱，准备的酒席自然让鲁王十分满意。而所表演的《卖油郎》传奇，其中包含泥马渡康王的故事，与当时的时事相契合，更是让鲁王大喜。当时的人们都期望，若能将鞑虏驱逐，或许也能像宋高宗时期一样，开创一个新的局面。

宴席上，在鲁王身旁设置了两张席位，由张岱和陈洪绶相陪。他们三人谈笑风生，嬉笑怒骂，如同老友一般亲密无间。鲁王酒量极佳，端起大杯一饮而尽，足足喝了半斗酒。陈洪绶虽然平日里贪杯，但这次却不胜酒力，在鲁王的御座旁忍不住疯狂呕吐。此时的鲁王，不过是逃亡中的王公，早已没有了往昔的诸多忌讳，对此丝毫不在意。鲁王命人设置了一张小几，让陈洪绶作画，然而陈洪绶已经大醉，连笔都拿不起来，只好作罢。此后，鲁王又继续饮酒半斗，脸色微微泛红，已经醉得无法正常行走，由两位书堂官搀扶着出门离去。张岱一直将鲁王送至门外，书堂官又传达鲁王的旨意："爷今日大喜，爷今日喜极！"

鲁王对张岱和陈洪绶在席间的表现极为满意，于是，身为生员的张岱与陈洪绶都被授予官职。张岱被任命为兵部职方部主事，陈洪绶则被授予翰林待诏。放在往昔，这无疑是无上的荣耀，然而在山河破碎、局势动荡的当下，这份官职却如千斤重担，压在他们肩头。仅仅两个月后，张岱便辞去职务，逃至嵊县山中。张岱本想就此躲避乱世纷争，可南明政权却看中他的名气，执意命他进入军中参谋军务。顺治三年正月，张岱正准备启程赴任，不承想背上突然生疽，只能卧病在床。在梦中，友人劝他不要出山，张岱听从了梦中友人的劝告，最终没有前往。而此时的陈洪绶，却仍在追随鲁王。

同年六月，清兵攻陷绍兴，鲁王被迫逃亡入海，清兵俘虏众多，四十七岁的陈洪绶也不幸被抓。清军领兵将领听闻过他的大名，便命他作画。陈洪绶毕竟是黄道周的弟子，骨子里还是有一股骨气的，坚决不肯动笔。清军见状，拔刀作势，欲以砍杀相威胁，可陈洪绶依旧不为所动，拒不作画。后来，清军得知他喜好酒色，便以美酒和妇人作为诱饵。在美酒与美人的诱惑下，陈洪绶最终没能坚守住底线，开始动笔作画。然而，喝过酒、亲近过美妇，画作完成后，陈洪绶却满心懊悔。他借口要为画作进行最后的渲染加工，将画要了回来。到了夜里，他带着这幅画，寻得机会成功出逃。出逃后，他先是躲在杭州飞来峰上的灵鹫寺，随后又跑回老家诸暨，在诸暨云门寺剃度出家，改号"悔迟"，以此表达自己内心的悔恨。

　　甲申之变后的种种经历，让陈洪绶的狂放之态越发明显。他不再将绘画视为低贱的职业，而是全身心投入其中，绘画技艺也日益精湛。他彻底断绝了进取仕途的念头，整日纵酒使气，时而放歌，时而悲泣，将胸中的磊落不平之气，全都寄托在诗文绘画之中。在生命的最后三年，陈洪绶迎来了创作的高峰期，他如泉涌般创作了一百三十余幅绘画，这些作品占了他存世画作的四成以上。在他去世前一年，老友周亮工特意前往杭州向他求画。他在十一天内画了四十二幅，作画时，他仿佛进入了一种狂想状态，时而跳跃叫嚷，时而沉默不语，时而抓头，时而搔脚，完全沉浸在酒后的迷狂之中，而艺术灵感也在这癫狂状态中尽情挥洒。浙江提督田雄听闻他的名声，也请他作画，在宴席上，陈洪绶却纵酒大骂。由于他狂傲之名远扬，田雄对此也毫无办法。顺治九年，陈洪绶突然返回故里，与昔日老友相见，恋恋不舍，不愿离去。一天，他盘腿坐在床上，闭目即将离世，家人围在身边痛哭，他却突然开口说道："不要哭，恐怕会扰乱我的心境"，随后喃喃念着佛号，溘然长逝。

蟹中买命李笠翁

在当时乃至后世，有不少读书人瞧不上李渔，觉得他整日与优伶混在一起，创作的不过是些难登大雅之堂的戏剧作品。有人指责李渔"不从事经世治国的大业，却写些破坏正道的琐碎言辞"，后世更有人称他为"帮闲文人"。不过，鲁迅对李渔却有着不同的评价，他认为李渔的《一家言》，"不是每个帮闲都能写得出来的。必须既有帮闲的志向，又具备帮闲的才华，这才是真正的帮闲"。

明万历三十八年（1610），李渔出生于江苏如皋。他的祖籍是浙江兰溪，父亲在如皋经商，他家世代都是平民家庭。尽管身为平民子弟，但李渔同样怀揣着向上的志向，家族振兴的希望也寄托在了他的身上。倘若不走科举之路，他或许只会成为一名普通的药商。虽然他在科举上未能取得重大突破，却在文学领域取得了令人瞩目的成就。

　　崇祯八年（1635），二十五岁的李渔在浙江原籍参加童子试，一举考中秀才。然而此后，他在科举的道路上便再无进展。科场的失利让他彻底放弃了对功名的追求，决定远离仕途。在返乡途中，他在虎爪山遭遇了强盗。被拦截的过往游客，必须缴纳高额钱财，才能保住性命。李渔身无分文，自认必死无疑，伸长脖子等待被杀时，强盗却突然没了杀他的兴致，饶了他一命。

　　此后的几年里，李渔虽有心科举，但家中接连发生变故，时局又动荡混乱，致使他无法安心准备科举考试。在大明王朝走向覆灭的乱世中，他先是避居到婺州，后来又在山中隐居。山中荒僻，与人交往甚少，他以清闲无事为乐。他不戴头巾，不穿长衫和鞋子，时而在繁茂的荷叶间穿梭，时而仰卧在长松之下，猿猴和仙鹤经过都浑然不知，落叶飘落也毫无察觉。在屋外随手摘下瓜果就能吃，树上挂满了果实，随时可以品尝。

　　山中的生活虽能让他暂时忘却科场失败的沉重打击，但家族的重担却压在了他的肩头。他不像陈继儒那样，有众多名人争相送上供奉，他必须为生计奔波。可作为一个读书人，想要谋生并改变生活状况谈何容易。最终，他选择了一条适合自己的道路——以文为生。

人到中年后，李渔决定前往杭州发展。杭州在东南地区最为繁华富庶，有着悠闲游乐的文化传统，图书市场也十分发达。他在杭州居住多年，创作了大量的小说和戏剧，成为一名职业作家，靠卖文维持生计。然而，受战乱影响，再加上南京一带的书商大肆盗版他的书籍，他遭受了巨大的损失。在南明永历十二年（1658）前后，他迁居南京，并在那里居住了约二十年。当他移居南京时，已然不是籍籍无名之辈，而是名扬天下的大文人了。

在当时，李渔虽颇具名气，但本质上仍是个平凡小人物。他不像倪云林那般超脱清高，需要为一家人的生计操心，要食人间烟火。他毫无不甘，也不故作清高，彻底挣脱了一切枷锁，什么题材都敢写，甚至包括被后世指责的色情小说《肉蒲团》。在他身上，几乎看不到那些关于家国天下、圣贤大道的说教，他彻底打破了礼法的束缚。不过，他并非离经叛道之人，因为他原本就未曾完全遵循所谓的"道"，他只是一个渴望过上美好生活的小人物。

李渔出身商人家庭，既然在圣贤之道上难以有所建树，便在谋生之路上大展身手。来到南京后，他的经济状况得到了根本性地改善。他拥有印书馆和店铺，还建造了自己的园林——"芥子园"。他家中有多名美妾，还有十几名仆人，全家四十多口人都依靠他供养。他所开办的书坊"芥子园"，所印制的书画品质上乘，声名远扬。

李渔年近五十时还没有儿子，他以为自己此生无子。没想到在五十岁这一年，他迎来了第一个儿子，他曾感慨"五十生男命不旅，重临水镜照头巧"。此后，他的儿子接连出生，如同雨露降临，他一共生了七个儿子。

晚年的李渔过上了奢华的生活。《（光绪）兰溪县志》记载，李渔的生活极为讲究："凡窗牖床榻，服饰器具，饮食诸制度，悉出新意，人间之莫不喜悦，故倾动一时。"他拥有数名美妾，还与诸多歌姬有往来，同时还要供养庞大的家族。虽然通过出版书籍和接受官员赞助，他能获得丰厚的收入，但依旧入不敷出。他时常哭穷，可生活品质却始终要保证。

李渔喜爱美食、华服、美妾和宴饮。在自己修筑的园林中，他常常呼朋唤友，摆出各种美味佳肴。他自创了美食"四美羹"，用香菇、莼菜、蟹膏、鱼肉烹制而成。不仅食材讲究，还会用精美的器具盛放，由美婢、美童端上桌，这便是"四美羹"得名的由来。在座的宾客品尝之后，无不惊叹，都道是天下罕见的美味。还有五香面，他将花椒末、芝麻屑与面粉混合，再用酱、醋、笋、虾、菇等熬制的鲜汤来和面。八珍面则是把鸡肉、鱼肉、虾肉等切碎晒干，与笋、香菇、芝麻、花椒等一起拌入面中，再配上鲜汤。

在美食方面，李渔有着独特的见解。他不吃葱、韭、蒜，认为这些食物会让牙齿、口腔和肠胃产生异味。他十分推崇素食，在素食中，又对蔬菜最为偏爱。在他看来，蔬菜清洁芬芳、鲜美松脆，其美味程度甚至超过了肉食。别人一提到莲，往往是"出淤泥而不染"之类的赞美。但李渔从不谈这些浮夸的文化象征，而是直接关注莲的饮食价值，称其"可目、可鼻、可口"。他觉得与其空谈莲的高洁，不如痛痛快快吃上一大口来得实在。

李渔还有个颇为古怪的认知，他认为蔬菜中，笋、蕈、豆芽是最干净的，原因是它们不需要浇粪。他主张自家种植蔬菜，却又觉得因为施了粪肥，所以自种的蔬菜最脏。自种的蔬菜常常随浇随摘、随摘随食，而洗菜的人不过是把菜浸在水中，左右淘洗几下，随意应付，其中的肥料根本洗不干净。因此，他主张洗菜必须挑选勤快之人，采用有效的方法，反复多次洗涤，才能保证蔬菜的清洁。

李渔认为，饮食之道，生鱼片不如肉，肉不如蔬菜，这样才更接近自然。鸡鸭和蔬菜之类，完全可以自己养殖、种植，正所谓"客至陶然，款待何尝费一钱"。至于鹅，一定要肥，肥了肉质才甘美；雄鸭则是越长越肥，皮肉到老都不会改变。

"人来恰好，厨下黄鱼正炒，只添杯。狂饮愁无伴，孤吟正想陪。"李渔喜爱吃鱼，吃鱼最看重的是鲜，其次是肥，像鲟、鳜、鲫、鲤，都是鱼中鲜美的品种。鲜鱼适合清煮做汤，煮鱼的时候，水不能放太多，刚好能将鱼盖住就行，多放一口水，鱼的鲜味就会淡一分。厨师做菜时，往往多次加水，所以鱼的鲜味就被减弱了。

"山中何物可留君，醉甲糟鳞几夜醺"，李渔虽常出入酒场，却并不擅长饮酒，他曾自称："予系茗客，而非酒人。"老友赵声伯曾写信向李渔索要兰陵美酒。信中，赵声伯称："闻吾兄来自兰陵，载郁金香不下数十斛。"赵声伯索要美酒时振振有词：你李渔有这么多美酒，一个人肯定喝不完，难道要请喜好美酒的刘伶、阮籍来陪你共醉吗？倒不如把这些兰陵美酒送给我，"驱入我辈腹中"，也算是让美酒有了好去处。赵声伯明明知道李渔是浙江兰溪人，却打着"兰陵美酒郁金香"的幌子索要美酒，因为兰溪也出产高品质的美酒。当时李渔正忙着打盗版书的版权官司，还带着女婿四处奔波，忙得不可开交，哪有美酒赠送。

黄酒适合搭配螃蟹，李渔虽然不善饮酒，却极其喜爱吃螃蟹。他曾自述："独于蟹螯一物，心能嗜之，口能甘之，无论终身一日，皆不能忘之。"他认为螃蟹是世间最美味的食物，鲜而肥、甘而腻，肉白如玉、黄如金，在色香味上都达到了极致。李渔酷爱螃蟹，可曾一度因财力窘迫，不能尽情享用。每到金秋时节，便是吃螃蟹的最佳时机，囊中羞涩时，李渔会提前准备好买螃蟹的钱，还自嘲这是"买命钱"。

李渔在如皋长大，此地位于长江之畔，螃蟹从不稀缺。在这样的成长环境中，他常常能吃到螃蟹，从而养成了对螃蟹的嗜好。从螃蟹上市到下市，李渔每天都离不开它。在吃蟹季快要结束时，他还会特意准备好瓮，备好白酒和酒糟，制作糟蟹。

李渔认为，吃螃蟹最好是清蒸。蒸熟之后，放在冰盘里，摆在桌上，任由食客自己动手取用。吃螃蟹的乐趣，就在于现剥现吃。而有些自命清高的人，懒得自己动手，让仆人代劳剥壳取肉。李渔对此十分不屑，认为由别人剥蟹取肉，吃起来就会味同嚼蜡。李渔嗜蟹的名声在外，每到螃蟹上市的时候，亲友们都会邀请他尽情享用一番。

在描述美食时，李渔的文字满是精妙的比喻，还常常将美食比作美人。比如，他把沙蛤形容为"西施舌"，称其"白而洁，光而滑，入口咂之，俨然美妇之舌"，生动地描绘出沙蛤的色泽、触感与口感。他夸赞荔枝"莹同冰雪之肤，娇若芙蓉之面"，寥寥数语，便将荔枝的晶莹剔透与娇美之态展现得淋漓尽致。赞杨梅时，他写道"红肌生粟初圆日，紫晕含浆烂熟时。

醉色染成馋客面，余涎流出美人脂"，从杨梅的生长状态到诱人色泽，再到品尝时的沉醉之感，都刻画得细致入微。

美食与美色虽令人陶醉，却离不开雄厚财力的支持。李渔的收入来源，除了出版书籍，很大一部分来自家班的演出。搬至南京后，他带着自己的戏班前往各地演出，足迹遍布大江南北，自称"二十年来负笈四方，三分天下几遍其二"。每次前往各地演出前，他都要仔细盘算，确保演出能够盈利，绝不能亏本。他曾北上燕京，西至兰州，南下广东，四处奔波，只为维持生计。他曾感慨长叹，自己浪迹天下二十年，却从未尽情享受过生活的欢乐。他的戏班曾应宝应知县之邀前去演出，当时的观众中，有一位对他满怀崇敬之情的年轻人，此人便是蒲松龄，那时的蒲松龄不过是一名普通幕僚。

李渔带领家班走南闯北，四处"打秋风"（指假借各种名义向人索取财物），上演各种传奇故事。他笔下的传奇作品，常常刻画一些变态心理，如《怜香伴》描绘了女子之间的同性恋爱，《意中缘》涉及男风题材，而他所著的《肉蒲团》在后世更是被视为淫书的代表作。道学家们对他破口大骂，可骂完之后，又偷偷阅读他的作品。

康熙五年（1666）三月，李渔开启了一次漫长的北方之行。此次出行，他有着诸多考量，除了打算购置新房，还想在北方扩大自己书坊的影响力。在北京停留数月后，应陕西巡抚贾汉复、甘肃巡抚刘斗、提督张飞熊等人的邀请，他前往陕西、甘肃等地，最终抵达张掖后才折返。返程途中，他在徐州度过新年，于康熙七年（1668）回到江宁家中。

在陕西、甘肃等地期间，李渔受到当地达官贵人的热情款待，还收到了各种馈赠。有一天，他早起准备出门乘车，突然发现炕上有个东西，形状像一团乱发。李渔以为是婢女头上掉落的乱发，拿起来正准备扔掉，这时有婢女赶忙说道："不要扔，这是别人馈赠的礼物。"李渔十分好奇，这样像乱发一样的东西，怎么能当作礼物呢？一番打听后，他才知道这是塞外特产"头发菜"。头发菜的吃法是"浸以滚水，拌以姜醋，其可口倍于藕丝、鹿角等菜"。李渔携带头发菜回到江南后，品尝的人都感到新奇，将其视为珍稀之物。李渔曾对头发菜这样描述："产于河西，为值甚贱，凡适秦者，皆争购异物，因其贱也。"

　　李渔所说的头发菜，是一种陆生海藻，学名为发状念珠藻，多生长于西北荒漠的低矮植物下或沙砾之间，形状如同人的头发。在一些地区，头发菜也被称作"地毛""龙须菜"等。食用前需用清水清洗，再用开水浸泡。发菜有着悠久的历史，汉代苏武出使匈奴被拘禁时，"渴饮雪，饥吞旃"，这里的"旃"指的就是发菜，也叫旃毛菜。西北各地的地方志中，对头发菜多有记载。例如，乾隆二十六年（1761）的《中卫县志》记载："头发菜，出边外沙地，似发可食。"乾隆四十四年（1779）的《甘州府志》记录："以河西物产为第一，然甘州不少见。"

　　康熙十六年，李渔全家搬到杭州生活，并将南京的产业全部变卖，妻妾的首饰、书籍的刻板也都悉数卖掉。迁至杭州后，李渔在铁冶岭筑园，并自撰对联："烦冗驱人，旧业尽抛尘市里；湖山招我，全家移入画图中"，表达了对新生活的期待。三年后的康熙十九年（1680），李渔与世长辞，葬于西湖边上，实现了他"老将诗骨葬西湖"的夙愿。

　　李渔生前身后饱受非议，其中不乏诋毁之词。有人觉得他善于阿谀逢迎，作为江湖浪子，凭借笔墨小技奔走于公卿之间，为士林所不齿。他的文字又常被指破坏伦理、有伤风化。一个破落文人，靠着不入正统的文字，却过着潇洒自在的生活，怎能不让人嫉妒？几次针对他的文字陷害，让他倍感压抑，无奈之下从杭州出走南京，又从南京返回杭州。或许是他懂得放低姿态，或许是运气使然，他得以躲过种种风波，最终长眠于西湖之畔。李渔身后，也有传承他衣钵的弟子，袁枚便是其中之一。袁枚与李渔相隔百余年，但言谈举止、行事风格却与李渔极为相似。不同的是，袁枚更善于赚钱，更懂得享受生活，也更擅长"打秋风"。

董小宛的美食

俗话说:"想俘虏男人的心,那就先俘虏他的胃。"董小宛深谙此道,费尽心思研制出无数美食,可男人的心,哪有那么容易捕获。

天启三年(1623),董小宛出生。她天资聪慧、貌若天仙,可惜命运弄人,沦落青楼,"籍秦淮",名隶南京教坊司乐籍。成年后,她迁居苏州半塘。冒辟疆曾说,董小宛虽身处风尘、艳名远扬,但这并非她的真实本性。

董小宛十六岁时,一位才子乘船渡江,从如皋来到苏州,此人正是冒辟疆。冒辟疆出身名门,祖父和父亲都高中进士。他年少时便拜在董其昌、王铎等名家门下,十四岁就集成诗集,董其昌称赞他"才情笔力,已是名家上乘",其辞章书法流传于海内。冒辟疆少年意气风发,加入复社,挥笔能作数千言,天下士人无不渴望与他结交。

冒辟疆早就听闻董小宛的艳名，此次渡江后，便急忙前往她的住所拜访。当时正值盛夏，董小宛难耐酷热，已前往清凉之地消暑，两人未能相见。才子之心，往往易被红颜所惑，越是见不到，冒辟疆对董小宛的爱恋就越发浓烈。

一日，董小宛小酌微醉，正卧于香榻之上，冒辟疆前来求见。董小宛的母亲扶她出去相见，那一刻，仿佛惊鸿一瞥。多年后，冒辟疆回忆起当时的情景，形容董小宛"面晕浅春，缬眼流视，香姿玉色，神韵天然"。

看到冒辟疆这位才子，微醺的董小宛没有说话。目睹如此佳人，冒辟疆又惊又爱，连忙告退，好让董小宛休息。这一天的场景，深深地印刻在冒辟疆的脑海中，董小宛的美丽容颜，时常在他梦中萦绕。

一年后，冒辟疆准备再次前往苏州拜访董小宛，却从友人口中得知她已前往西子湖、黄山等地游玩，无法相见，心中惆怅不已。董小宛隶属乐籍，艳名远扬，时常被士人们邀请一同出游，一去就是多日，这是常有的事，而与她同游的都是当时的名士，如钱谦益等人。既然暂时见不到董小宛，冒辟疆便转而迷恋上了另一位在后世同样声名远扬的美人——陈圆圆。

在苏州，冒辟疆听友人介绍了陈圆圆后，便乘小舟前去拜访。陈圆圆的才情与容貌，丝毫不输董小宛。她所唱的小曲，"如云出岫，如珠在盘"。多年后，在纪念董小宛的文章中，冒辟疆仍大谈陈圆圆"令人欲仙欲死"。

冒辟疆离去之时，陈圆圆对他依依不舍，二人约定日后再会。一年后，冒辟疆再次返回苏州，却得知陈圆圆已被富豪买走，"闻之惨然"。

陈圆圆已离去，董小宛又回到了苏州。被美色所惑的冒辟疆立刻将目光重新转移到董小宛身上。崇祯十五年（1642），冒辟疆前往苏州与董小宛相见。此时董小宛卧病在床，原因是豪强在苏州猎捕秀女，送往京师讨好皇帝。陈圆圆此前已被豪强买走，董小宛受此惊吓而病倒。

冒辟疆本是为猎艳而来，却没料到，受惊如同惊弓之鸟般的董小宛，竟将所有的感情都毫无保留地倾注在了他身上。董小宛身为乐籍女子，随着年岁渐长，从良成了她唯一的出路。

像冒辟疆这样家产丰厚、才华横溢且声名远扬的世家子弟，她自然是不愿轻易错过。董小宛认定冒辟疆就是自己的真命天子，一门心思地想要依附于他。

然而，面对董小宛这般炽热的感情，冒辟疆却心生怯意。一夜风流确实令人陶醉，可真要迎娶一位艳名在外的歌伎并与之长相厮守，他所面临的压力实在太大，心中的顾虑也多得难以胜数。

彼时，冒辟疆的父亲滞留边疆，家中事务繁杂，桩桩件件都亟待他去操持处理。而科举考试日益临近，他在仕途上苦心经营多年却始终毫无建树，又怎能被儿女情长所羁绊。更为关键的是，董小宛家中负债累累，若要娶她，就必须替她偿还债务、帮她脱离乐籍，这一切都需要耗费大量的钱财。并且，董小宛父亲所显露出来的贪财本性，也让冒辟疆心中满是担忧。

董小宛为了追求冒辟疆，全然不顾艰难险阻。她从苏州乘船前往南京，一路上遭遇盗匪，在芦苇丛中躲藏了多日，历经无数惊险。但即便如此，董小宛的深情示爱，依旧未能打动冒辟疆。在冒辟疆眼里，董小宛终究不过是个供人消遣的玩物罢了。于是，他将董小宛匆匆打发回苏州，自己则径直返回了如皋。

　　董小宛回到苏州后，心意越发坚定，她发誓只穿单薄衣物，除非能与冒辟疆再次相见，否则宁愿在酷寒中冻死。她这份深情，令许多士人都为之动容。在文坛大佬、同时也是她曾经恩主之一的钱谦益的帮助下，董小宛以"三千金"赎身，终于脱离了乐籍。

　　随后，在钱谦益的陪同下，董小宛从苏州渡江前往如皋。冒辟疆面对突然到来的董小宛，毫无心理准备，一时手忙脚乱，只能先将她安置在别处藏匿了一段时间。之后，冒辟疆小心翼翼地征求家中意见，得到许可后，直到次年，董小宛才被纳为妾，正式进入冒家。

　　至此，董小宛成功实现了从良嫁人的梦想，留在了冒辟疆身边。在此后的九年里，她再无其他逸闻流传。

　　董小宛虽才华出众、容貌绝美，却也只是冒辟疆的小妾，身份低微，在冒家只能谨小慎微地生活。她诚心侍奉公婆和冒辟疆的正房，一家人吃饭时，她如同侍役一般站在一旁，不敢有丝毫随意举动。冒辟疆偶尔觉得于心不忍，强行让她坐下，可她也是刚一坐下吃几口饭，便又立刻起身去忙前忙后地操持家务，"旋坐旋饮食，旋起执役"。她洗尽铅华，全身心投入各种家庭琐事中，尤其是在膳食上费尽心思，只为能在这个男人心中占据哪怕一丁点儿的位置。

冒辟疆与晚明那些豪放无度、一味追求珍馐美馔的士人截然不同，他更钟情于精致饮食，力求用寻常食材做出非凡美味。冒辟疆口味偏甜，对海味和烟熏食物情有独钟。为了让夫君吃得称心如意、吃出独特品位，董小宛毅然将自己的才情从诗文小曲转移到美食制作领域。

自此，她化身为一位忙碌的家庭主妇，每日为夫君的三餐费尽心思。凭借过人的聪慧，董小宛广泛搜罗各类食材，精心烹制，创造出一道道令人称奇的美食。

炎炎夏日，董小宛亲手取来新鲜的桃汁、西瓜汁，一点点耐心细致地过滤得干干净净。随后，用文火将其煎至七八分熟，再放入白糖细细熬炼。经她之手熬出的桃膏，色泽宛如大红琥珀般明艳动人；瓜膏则好似金丝内糖，晶莹剔透。酷热难耐的暑气中，晶莹的汗珠不断从她额头落下，可董小宛依旧亲自守在炉火边，全神贯注地把控火候，生怕熬出的膏体稍有焦枯，坏了口感与成色。

在菜肴的烹调上，董小宛更是独具匠心。她将火腿的烹煮时间大幅延长，巧妙去除油腻，使其散发出松柏般淡雅的清香。经她巧手加工的风干火腿肉，竟有着麋鹿肉般的独特风味。她烹制菜肴时，对食材的选择极为讲究。烹煮蛤蜊时，必定搭配雨后鲜嫩的韭菜；烹制鳝鱼，会选用经霜打过的葵叶。做菜用的黄鲞鱼，是她专挑小暑前打捞的，肉质更为鲜美；用的白虾，则是清明之后的，此时的虾肉最为紧实。

董小宛心灵手巧，对花露制作也颇有心得。她精心采摘各种刚刚绽放的花蕊，通过独特的工艺制成花露。这些花露历经多年，香味与颜色都不会改变。开启瓶盖，奇异的香气扑鼻而来，入口更是美妙绝伦。在众多花蕊制成的花露中，秋海棠花蕊制成的花露最为出众。海棠原本并无香味，可经董小宛制成花露后，独特的香味被完美激发，味道之美在各种花露中独占鳌头。此外，董小宛还制作了梅花露、玫瑰露、丹桂露、甘菊露等数十种花露。饮用时，不同颜色的花露在精致的瓷器中轻轻晃动，五彩斑斓，美不胜收，而且饮用后还能起到避暑消渴的功效。

董小宛在豆制品制作方面同样造诣颇深。她选用的大豆皆是色香俱佳的精品，经过九次晾晒、九次清洗，仔细剥去黄豆的外皮，再配上瓜、杏、姜、桂等各种精细调料，充分搅拌均匀。等到豆豉自然熟透后，颗颗饱满圆润，香味与色泽都远超寻常豆豉。董小宛制作的乳腐，比当时闻名遐迩的福建建宁三年陈乳腐还要美味。她会将乳腐烘蒸五六次，使其内部柔软酥透，然后削去表皮，再添加各类调味品，独特的风味令人回味无穷。

冒辟疆常常与文人雅士相聚，吟诗饮酒，风雅非常。董小宛深知他喜好，便选用芝麻、白糖、饴糖、松子、桃仁等食材，以木炭火精心烘焙，制成香甜酥脆的酥糖。这酥糖不仅用于招待家中宾客，还常作为礼物馈赠友人，后世将其命名为"董糖"，成为一段佳话。冒辟疆喜爱海鲜，她就精心烹制肉质鲜美的鲳鱼，每一道菜都饱含着她对夫君的心意。

　　为了满足冒辟疆的口腹之欲，董小宛可谓费尽心思。她常常沉浸在钻研菜谱之中，还主动与他人探讨各种美食的烹制方法，不断提升厨艺。不仅如此，她还不辞辛劳，亲自前往各地寻觅珍稀食材，只为做出食材新鲜、味道鲜美、品相精美的菜肴。她做这一切，不求任何回报，在她心中，能够脱离乐籍，与名士冒辟疆相伴一生，便是此生最大的幸福。

　　董小宛原本酒量尚可，但自从进入冒辟疆家中，便很少饮酒，只是每晚陪着正房夫人浅酌几杯。冒辟疆和董小宛都对品茶情有独钟，也只有在品茶的时候，董小宛才能暂时放下每日繁重的家务，流露出一丝超脱尘世的悠然气质。

　　在泉石之畔、松竹之下，明月高悬，清风徐徐。面对明窗净几，正是品茶的绝佳时光。董小宛洗净茶器，生火煮茶，所用的皆是她精心挑选的上等名茶。冒辟疆则在一旁吟诗诵词，画面浪漫而惬意。在这一刻，董小宛或许能获得些许心灵的宁静与满足，仿佛时光都为他们停驻。

　　然而，这样美好的时光终究没能长久。

　　顺治二年，清军南下，局势骤变，冒辟疆一家陷入惊慌失措之中。冒辟疆的老母亲和正房妻子惊恐万分，匆忙躲到城外。董小宛则坚定地留在城内，侍奉冒辟疆，与他共同面对危难。彼时形势危急，盗贼横行，杀人如麻，冒辟疆和他的父亲决定出逃。临行前，父子俩才突然想起，出逃途中需要携带钱财。平日里养尊处优，从不操心钱财之事的冒辟疆，关键时刻只能去找董小宛。董小宛没有丝毫慌乱，从容地拿出一个布囊，里面装着她早已准备好的银子。逃亡途中，冒辟疆"一手搀扶着老母亲，一手拉着正房妻子"，而董小宛无人扶持，只能艰难地跟在冒辟疆身后，即便如此，她也始终不离不弃，默默承受着一切艰辛。

在冒辟疆眼中，董小宛不过是一名小妾。他毫不掩饰地表示，"当面临大难时，首先要顾及的是老母亲，其次是正房妻子、儿子和年幼的弟弟"，董小宛在他的心中，根本不在优先考虑的范围内，甚至可以被他随时舍弃。尽管如此，董小宛为他所付出的努力和牺牲，还是得到了他些许认可。多年后，冒辟疆假惺惺地夸赞董小宛"明大义，达权变"，可这轻飘飘的夸赞，又怎能抵得过董小宛所遭受的一切苦难。

　　逃亡途中，冒辟疆不幸生病，卧床半年之久。在这漫长的半年里，董小宛仅铺着一张破旧的草席，睡在他的身旁，日夜守护，煎汤喂药，无微不至。她甚至不顾污秽，仔细察看冒辟疆的粪便颜色和气味，以此判断他的病情变化。然而，病中的冒辟疆不仅不领情，还时常因情绪烦躁打骂董小宛。可董小宛对此都默默忍受，从不计较。在董小宛的悉心照料下，冒辟疆最终得以康复，而董小宛却因长期操劳过度，身体每况愈下，一病不起，最终香消玉殒，年仅二十八岁。她短暂的一生，充满了对爱情的执着与付出，却也饱含着无尽的辛酸与无奈。

　　而后世文人却将这段经历描绘得诗意盎然。冒辟疆与董小宛山居时，曾前往南北湖游钓，美人在侧，名士相伴，画面和谐，一时传为佳话。董小宛在湖畔葬落花的故事，也被人们传颂，成为一段浪漫的传说。然而，这些大多只是后世文人基于美好想象的创作。

　　冒辟疆真的爱过董小宛吗？答案显然是否定的。在冒辟疆的内心深处，董小宛仅仅是供他消遣娱乐的对象，是装点其生活的附属品。当初董小宛热烈追求他时，他满心都是逃避与抗拒，实在无法推托，才勉强纳她为妾，还自认为这是给予董小宛的极大恩惠。此后，董小宛为他所做的一切，在他眼中都成了理所当然之事。

董小宛去世后，冒辟疆写下了《影梅庵忆语》。然而，通读全书，很难从中寻找到他对董小宛的一丝真情实意。书中，他反复提及的是苏州陈圆圆带给他"欲仙欲死"的美妙体验，是成功勾引董小宛后在镇江游山时收获的众人艳羡目光，以及纳董小宛为妾后惬意逍遥的生活。这本所谓的忆语，不见冒辟疆的真情流露，更像是一个风流才子在堆砌华丽辞藻，讲述一个以自我为中心的故事。对于冒辟疆而言，董小宛最大的意义，或许就是为他在当时和后世留下了无数可供传颂的佳话。即便他并非有意为之，但字里行间处处透露出这种功利的心思。

冒辟疆一生虽声名远扬，却在科举之路上屡屡受挫，在明清鼎革的重大历史变革中也未能展现出过人的才能与抱负。失意的他，只能在水绘园中营造自己的一方小天地，而董小宛，不过是他这方小天地里一个微不足道的陪衬，被他随意摆弄，直至生命消逝。

董小宛死后，冒辟疆的生活仿佛突然缺失了重要的部分。身边少了那个厨艺精湛、能将寻常食材化为美味珍馐的人，也少了一个无论何时都忠心耿耿的仆从，他这才开始心生感慨。回忆往昔，董小宛的倾世容颜、出神入化的厨艺，那些曾带给他无数美好体验的场景一一浮现。他不禁喟然长叹，与董小宛在一起的九年，看似是神仙般的生活，可实际上，董小宛不过是他呼之即来、挥之即去的奴仆，操持着家中的大小事务，却从未得到过应有的尊重与平等对待。

董小宛身后，除了留下令人回味无穷的美食，还引发了无数猜测。民间曾有传言，顺治二年清军南下攻占南京后，将董小宛掳走献给顺治帝，董小宛就此成为著名的董鄂妃。然而，这一说法漏洞百出，纯属无稽之谈。顺治二年时，顺治帝只是一个年仅八岁的幼童，又怎么可能宠幸比他大十五岁的董小宛呢？

从冒辟疆过往对待董小宛的态度来看，倘若顺治帝真的看中了董小宛，以他的性格，恐怕会毫不犹豫地将董小宛拱手相送，在他心中，董小宛或许从来都只是一件可以随意处置的物品，而非有血有肉、值得珍视的爱人。

张岱的"茶淫"生活

晚明名士是一个复杂而独特的群体，他们的行为与思想在矛盾中相互交融。时而纵酒狂歌，沉醉于青楼欢场的声色犬马；时而又寄情山水，在宁静的自然中虔诚地参禅礼佛，寻求心灵的慰藉。他们深陷情欲的旋涡，不断地自我挣扎，却又凭借着清雅的生活情趣，超脱于滚滚红尘之外。他们精心营造的园林，如仙境般宁静优美，成为他们心灵的避风港；而在品茶的静谧时光里，他们感悟人生哲理，追求心灵的宁静与升华。张岱，作为晚明名士精神的典型代表，在茶的品鉴以及营造品茶意境方面，堪称个中高手。

万历二十五年（1597），张岱出生于绍兴的名门望族。他的远祖张浚是宋代的抗金名将，官至宰相；高祖张天复、曾祖张元忭、祖父张汝霖三代皆为进士，曾祖张元忭更是隆庆五年的状元。如此显赫的家世背景，即便张岱不在科举之路上追求功名，也能一生衣食无忧。他的祖父张汝霖在官场历经沉浮，深知其中的艰难与险恶，因此并不强求孙子苦读圣贤书，一心只为科举拼搏。

在轻松自由的环境中成长起来的张岱，没有将精力耗费在科举上，而是全身心地投入丰富多彩的生活中。他执着地追求精致的生活品质，对一切能带来愉悦和享受的事物都满怀热爱，并将这些爱好发挥到了极致。他曾这样自我描述："少为纨绔子弟，极爱繁华。好精舍，好美婢，好娈童，好鲜衣，好美食，好骏马，好华灯，好烟火，好梨园，好鼓吹，好古董，好花鸟，兼以茶淫橘虐，书蠹诗魔。"

少年时期的张岱，对世间万物都充满了强烈的好奇心。他常常外出赏灯，甚至还曾设想制作出"十年不得坏"的纸灯，以满足自己对新奇事物的探索欲望。十九岁时，张岱痴迷于弹琴，与朋友共同成立"丝社"，每月相聚三次练习琴艺。他四处寻访名师，刻苦钻研琴艺，随着时间的推移，他的琴艺日益精湛，甚至能够与琴艺大师同台演奏，在琴艺上展现出了非凡的天赋和造诣。后来，他又迷上了斗鸡，和朋友组建"斗鸡社"，还兴致勃勃地发表了斗鸡檄文。他的叔叔也被斗鸡的乐趣所吸引，每天带着"古董、书画、文锦、川扇"等珍贵物件与张岱斗鸡，然而每次都以落败告终，足见张岱在斗鸡方面的独特技巧和策略。

张岱的祖父退居家中后，"颇蓄声伎"，通过欣赏戏曲来消遣娱乐。在祖父的影响下，张岱也深深迷恋上了戏剧。他对戏剧的痴迷程度和深入钻研的精神，常常使他做出令人惊叹的举动。魏忠贤倒台后，三十二岁的张岱在家乡绍兴城隍庙自编自导了一场讨伐魏党的戏剧《冰山记》。演出当日，观者多达数千人，场面十分壮观，这场戏剧不仅展现了张岱的戏剧才华，也表达了他对时政的关注和批判。同年中秋，张岱带领家中戏班前往山东为父亲祝寿。途经镇江时，船停泊在金山寺下，此时已至二更时分。

夜晚，江风徐徐吹拂，带来丝丝凉意。月光透过林间的树木，洒下稀疏的光影，如同残雪般清冷。偶尔，寺中的风铃发出清脆的声响，仿佛美玉轻叩，在寂静的夜空中回荡，更增添了几分宁静与神秘。目睹如此美妙的景色，张岱"大惊喜"，当即唤醒家人，命令仆人带上戏具，在大殿中"盛张灯火"，高声演唱《梁红玉击鼓》等剧目。一时间，悠扬的戏曲声打破了金山寺夜晚的宁静。

夜半时分，僧人们或在睡梦中，或在做功课，或在闭目冥思，却突然听到了缥缈的戏曲声。整座寺庙的僧人都被惊醒，纷纷起身查看。有一位老僧看到眼前的场景，不禁"呵欠与笑嚏俱至"，既惊讶又觉得好笑。在这一夜，大戏毫无预兆地开锣，全寺僧人在惊讶之余，竟无人上前询问究竟是谁在此演戏。戏演完时，天已快亮，众僧将张岱一行人送至江边，目送他们解缆过江，"目送良久，不知是人、是怪、是鬼"，这场奇妙的演出给僧人们留下了深刻的印象，也成了张岱人生中一段独特的经历。

张岱一生对雪情有独钟。三十岁那年，他约上好友，带着家班，在星夜中登山赏月。当晚，"万山载雪，明月薄之，月不能光，雪皆呆白"，连绵的山峦被白雪覆盖，明月的光辉也显得黯淡无光，整个世界仿佛被一层洁白的纱幕笼罩，呈现出一种静谧而壮丽的美。面对如此壮丽的自然美景，张岱情感奔涌，难以自抑。他对着群山积雪，举起大酒杯畅快痛饮，酒气袅袅升腾，与周围的雪景融为一体。此时，戏伶们唱曲吹箫，悠扬的乐声在雪夜中回荡，一直演奏到深夜，他们才"坐一小羊头车，拖冰凌而归"，那场景既潇洒又透着几分痴狂，展现出张岱对生活的热爱和对美好事物的追求。

　　崇祯五年（1632），西湖大雪接连下了三日，湖中的人声、鸟声都消失殆尽，整个西湖仿佛被大自然的画笔勾勒成了一幅宁静的水墨画。张岱独自乘坐一叶小舟，前往湖心亭赏雪。只见雾凇挂满枝头，雾气弥漫，天空、山峦、湖水与云朵，上下一片洁白，"湖上影子，惟长堤一痕"，在这洁白的世界里，长堤的痕迹若隐若现，更增添了几分诗意与空灵。张岱到达亭中时，已有两人铺好毡子相对而坐，旁边有小童正在温酒，炉上的酒已经沸腾。这两人见有同样踏雪赏景的人到来，十分欣喜，拉着张岱一同饮酒。张岱连饮三大杯后告辞离去。等他回到船上，舟子喃喃自语道："莫说相公痴，更有痴似相公者。"张岱对雪的痴迷，对自然美景的热爱，以及他在赏雪过程中展现出的独特心境，都在这段文字中得到了淋漓尽致的体现。

　　江南之地，一年里下雪的日子屈指可数。在那些无雪的夜晚，待西湖的游人散尽，天地间重归宁静，张岱便会悠然泛舟湖上。他惬意地"酣睡于十里荷花之中，香气萦绕身旁，令人沉醉，连梦境都格外惬意"。在这一方天地里，他远离尘世喧嚣，沉浸在自然的馈赠中，尽情享受着生活的美好，这也正是他对极致生活追求的生动体现。张岱对极致的追求，贯穿于生活的每一处细节，尤其是他对器物和茶道的研究，深入而独到，常常令世人惊叹不已。

　　时光流转至明代，茶的冲泡方式发生了一场意义深远的变革，从宋代盛行的点茶法转变为直接冲泡。宋代点茶，工艺繁杂，需先将茶叶碾得极细成末，再投入茶碗，冲入滚烫的沸水，紧接着用茶筅在碗中快速搅拌，直至打出丰富绵密的泡沫。而且当时点茶所用的团饼茶，制作工序极为复杂，需将茶叶碾碎后揉制成团状，成本颇高。朱元璋认为这种制茶方式耗费民力、浪费钱财，于是在洪武二十四年（1391）果断下令停止制作团饼茶，改用芽茶作为贡茶。自此，团饼茶逐渐退出历史舞台，人们泡茶的方式也随之改变，开始采用开水直接冲泡茶叶。利玛窦来到中国时，敏锐地留意到中国人和日本人泡茶方式的差异：日本人泡茶是把茶叶磨成粉末，然后取两三汤匙的粉末放入一壶滚开的水中；而中国人则是把干茶叶放入一壶滚水中，待茶叶的精华充分释放出来后，将茶叶滤掉，只品饮剩下的茶水。

尽管制作烦琐的团饼茶不再流行，但饮茶之风在明代却越发兴盛，发展到了登峰造极的地步。明人饮茶极为讲究环境与氛围，"净几明窗，一轴画，一囊琴，一只鹤，一瓯茶，一炉香，一部法帖；小园幽径，几丛花，几群鸟，几区亭，几拳石，几池水，几片闲云"，在这样清幽雅致的情境中，品茗不再仅仅是一种饮品的享受，更成为一种高雅的精神追求，是对生活美学的极致诠释。

被称为"茶淫"的张岱，在《闵老子茶》中记载了一则饶有趣味的故事，透过这则故事，我们得以一窥明人饮茶的极高水准。

闵老子，本名闵汶水，是安徽休宁人，在南京桃花渡经营茶肆，他亲手制作的茶叶被称作"闵茶"，在当时颇负盛名。崇祯十一年（1638），经朋友介绍，张岱满怀期待，特意前往南京桃花渡拜访闵汶水。张岱来到茶楼，静静等候许久，闵汶水老翁才姗姗而归。张岱刚起身，准备和他热情寒暄，闵汶水却突然大喊："拐杖忘拿了！"话一说完，也不与张岱打招呼，转身匆匆离去。

闵汶水再次回来时，看到张岱依旧在原地等候，不禁斜着眼，略带诧异问道："客人还在这儿呢，所为何事？"张岱见过诸多场面，面对这位高人的刁难，他神色自若，丝毫没有生气，诚恳地回答道："仰慕汶老已久，今日若喝不到汶老泡的茶，我是不会离开的。"

可别以为闵汶水这是在故意摆架子，能有幸喝到他所制茶叶的，大多是当世名士。董其昌对茶叶极为挑剔，品鉴水平极高，喝了闵汶水的茶后，竟赞不绝口，称这茶为"尤物"，此后还与闵汶水结为茶友，并特意赠送"云脚间勋"匾额，以表赞赏。秦淮名妓王月生，容貌绝美，气质如孤梅冷月般清冷，性格矜持，不喜与人交往。然而，这位高冷的女子，却唯独"好茶，善闵老子，虽大风雨、大宴会，必至老子家啜茶数壶始去"，足见闵茶的独特魅力。

闵氏之茶备受士人推崇，大家皆觉得其中蕴含着别样的禅意，"其味，则味外之味"，有着一种难以言喻的独特韵味，仿佛在茶汤中藏着无尽的人生哲理与诗意。

闵老头把张岱领进茶室后，张岱眼前顿时一亮，只见茶室布置得"明窗净几，荆溪壶、成宣窑瓷瓯十余种，皆精绝。灯下视茶色，与瓷瓯无别，而香气逼人"。在这雅致的茶室里，每一件茶具都散发着古朴而精致的气息，为即将到来的品茶之约增添了几分期待。

张岱轻抿一口茶，开口问道："这茶产自哪里？"闵汶水不假思索地回答："阆苑茶。"张岱细细品尝后，微微摇头，笃定地说："是阆苑茶的制法，但味道却不太像。"这一问一答之间，尽显张岱对茶的深刻理解与敏锐品鉴能力，也让这场茶会的氛围越发引人入胜。

闵汶水狡黠一笑，眼中闪过一丝好奇与挑战，问道："客人倒说说这是哪里产的茶？"张岱不慌不忙，又轻抿一口茶汤，细细品味后，笃定地说："像是长兴罗岕茶。"闵汶水听闻，心中满是佩服，不禁吐舌惊叹："奇，奇。"张岱紧接着反问："这水是哪里的水？"闵汶水答："无锡惠山泉水。"张岱闻言，笑着摇了摇头："别骗我。惠山泉水从无锡运到南京，路途遥远，水早就不新鲜了，可你这水却新鲜清冽，这是什么缘故？"闵汶水再次对张岱的见识赞叹不已，解释道："果然是行家，这确实是惠山泉水。只不过汲水之前，要把泉井掏净，等到后半夜新的泉水涌入时才汲水，等江上起风时，就扬帆开船运水，如此一来，到了南京后，水依然清冽，没有杂质。"

明代的茶客对惠山泉水推崇备至，甚至为此闹出笑话。袁宏道的朋友丘长孺，从湖北麻城前往无锡游玩，装了三十坛惠山泉水，让仆从一路运回湖北。仆从嫌坛子太重，途中便把水倒在了江里，快到湖北时，找了一处泉水装进坛中冒充惠山泉水。惠山泉水被不远千里运到麻城后，丘长孺随即举办了品水大会。众人拿着杯子，反复把玩，喉咙里发出汩汩的声音，最后，大家相视感叹道："美哉水也！若不是长孺兴致高，我们这辈子哪有机会喝到这么好的水？"半个月后，仆人之间起了纠纷，把这件事抖了出来，参加品水大会的众人得知真相后，无不感到羞愧和叹息。

见张岱如此懂茶，闵汶水沉思片刻，离席一会儿，又拿了一壶茶来，递到张岱面前，说道："请再品品这壶。"张岱接过，细细品味，只觉这茶香气浓郁，味道醇厚，不禁叫道："这是罗岕茶，而且是春茶，刚才喝的是秋茶。"闵汶水感叹道："我今年七十岁，钻研茶事五十余年，从未见过像你这样精通品鉴茶水的人。"此后，张岱也成了闵汶水茶楼的常客，两人时常一同品茶论道，结下深厚情谊。

在晚明时期，尽管"闵茶"备受一些人推崇，但也不乏反对的声音。文学家周亮工对福建人大力推崇闵汶水的做法极为不满，他坚信福建茶才是茶中上品，还讥讽那些推崇闵汶水的福建人是"贱家鸡而贵野鹜"，意思是舍弃自家好东西，却去追捧别家普通的东西。尽管满心不满，周亮工还是亲自前往南京拜访闵汶水，想要尝尝"闵茶"到底滋味如何。可品尝过后，周亮工对闵汶水的成见丝毫未减，直言他所泡的茶"不足异也"，没什么特别之处。

晚明的南京，商业繁荣，高档茶楼众多，闵汶水的茶楼只是其中之一。《初刻拍案惊奇》描绘秦淮河畔，有"酒馆十三四处，茶坊十七八家"，足见当时茶坊之多。《留都见闻录》记载南京的五柳居环境十分幽雅，建筑临水而建，柳树倒映在水中，垂下的枝条惹人喜爱。万历四十六年（1618），一位僧人租下房子开办茶舍，所用的惠泉、松茗、宣壶、锡铛，尽显当时茶社的兴盛。这里的惠泉指的是无锡惠山的泉水，松茗是当时顶级茶叶松萝，宣壶是宣德窑生产的名贵茶壶，锡铛是锡制的温茶器具，这四样都是讲究茶道的人所推崇的。每天前来饮茶的名士接连不断，茶香、谈笑声弥漫在五柳居的每个角落。

然而，顶级松萝茶的地位却被张岱改变了。在茶叶的加工制作方面，张岱颇有见解，他认为："盖做茶之法，俟风日清美，茶须旋采，抽筋摘叶，急不待时，武火杀青，文火炒熟。"意思是制作茶叶，要选风和日丽的好天气，茶叶必须现采，摘下后迅速去除筋脉、挑选叶片，争分夺秒，用武火杀青，再用文火炒熟。

绍兴的日铸茶，曾被欧阳修赞为"两浙之茶，日铸第一"。到了明代，安徽休宁松萝茶因制作工艺精良，声名大噪，风头盖过了日铸茶。为了振兴绍兴茶叶，张岱聘请安徽制茶师来到绍兴，引入松萝茶的制作工艺，对日铸茶进行改良。

改良后的日铸茶，被张岱命名为"兰雪"。仅仅过了四五年，"兰雪"就在绍兴茶市风靡起来，茶客们不再追捧松萝茶，只爱喝"兰雪"。到最后，连安徽当地的松萝茶也跟着改名为兰雪。

绍兴有一家茶馆深受张岱喜爱，他为这家茶馆取名"露兄"，这个名字取自米芾的"茶甘露有兄"。这家茶馆器皿洁净，所用泉水品质上佳，又以"兰雪"作为主打茶，冲泡时火候拿捏精准，因此备受张岱青睐。在这家茶馆，一壶清茶，能拂去尘世的喧嚣，焚香袅袅，茶香四溢，让人沉醉其中。张岱常在此处，与友人畅谈诗词、品鉴茶味，享受难得的清闲时光。

与唐宋时期相比，明代在茶具方面发生了较大变化。唐宋时，煎水煮茶的用具是注子（执壶），它的外形和明代茶壶相似，但用途有很大区别。唐代是煎茶，喝茶如同煮汤，注子不是用来泡茶的，只是在煮茶时加水用。而明代是冲泡法，茶叶是直接放到壶里浸泡的。茶盏在明代开始加盖，茶托、茶盏、茶盖三者合为一体，形成了盖碗。茶盏的材质也从黑釉逐渐变为白瓷、青花瓷。明人推崇小茶壶，认为小壶能使香气凝聚不散，茶汤的味道也能更好地保留，而紫砂壶则被视为茶壶中的上品。

张岱对茶具也十分精通。他对宜兴紫砂壶的制作高手进行了评点，甚至认为宜兴紫砂壶大师的作品，"直跻商彝周鼎之列而毫无愧色"，意思是这些紫砂壶完全可以和商周时期的青铜器相媲美，毫无逊色之处。他甚至能在紫砂壶没有镌刻作者名字的情况下，准确判断出它出自哪位大师之手。他痴迷于茶具，沉醉其中。得到一把款式古朴高雅的茶壶后，他把玩许久，还为其撰写壶铭："沐日浴月也，其色泽。哥窑汉玉也，其呼吸。青山白云也，其饮食。"他还为一个宣窑茶碗作铭："秋月初，翠梧下，出素瓷，传静夜。"这些壶铭、碗铭，不仅体现了他对茶具的喜爱，更蕴含着他对生活的独特感悟。

明代的饮茶方式，一改唐宋时期的烦琐，回归本真，追求自然之美。在明代士人眼中，品茶是一件清雅脱俗的事情，他们将清饮的意境发挥到了极致。无论是在晴窗下拓印字帖，还是在灯光下夜读；无论是有青衣红袖相伴，还是在醉宴后醒酒；

无论是在夜雨敲窗之时，还是在高楼之上长啸；又或是在天地乾坤之间，都离不开一壶清茶。

在这样的氛围中，二三友人相聚，清谈聊天，探讨虚无玄妙的道理，参悟天地万物的变化，让心神清净，超脱尘世。长夜漫漫，手持茗碗，坐在南窗之下，享受半日悠闲时光，这惬意之感足以抵得上十年的尘世浮梦。

张岱堪称明代狂生的典型代表。他的精神偶像虽然是徐渭，但他摒弃了徐文长身上的压抑甚至近乎变态的气质，转而展现出自然、洒脱的一面。他的行事风格独特，与为房事操心的董其昌截然不同，也能让善于营造意境的冒辟疆自愧不如。他的一切行为都自然而然，毫不做作。他曾在月夜登山观赏雪景，放声狂啸，开怀畅饮；也曾在月下游览西湖，独自享受一湖荷香。四十岁之前的张岱，逍遥自在，畅饮欢歌，"不晓世间何物谓之忧愁"。然而，忧愁终究还是渐渐降临，明朝覆灭，作为大明遗民，张岱后半生的生活陷入了沧桑与悲凉，他的人生轨迹也从此发生了巨大的转变，那些曾经的逍遥与洒脱，都化作了对往昔岁月的无尽追忆。

西湖上的文人交际

西湖，这片承载着千年诗意的山水胜地，古往今来，引得无数文人墨客为之倾心，留下难以计数的传世名句。这些佳作如璀璨星辰，共同铸就了西湖深厚的文化底蕴。其山水风光、亭台楼阁、山寺月夜，无一不让明代文人沉醉其中，流连忘返。即便时光流转，离别多年，他们依然对西湖魂牵梦萦，难以忘怀。

万历二十五年（1597）春天，袁宏道首次踏上杭州这片土地。清晨，他从武林门出发，远远望见保俶塔巍峨矗立在悬崖之上，心瞬间便被西湖勾去。在昭庆寺用过茶点后，袁宏道迫不及待地乘船泛舟西湖。眼前美景让他沉醉，于是挥笔描绘道："山色如娥，花光如颊，温风如酒，波纹如绫。才一举头，已不觉目酣神醉。此时欲下一语描写不得。"此后，袁宏道即便生病，仍对西湖念念不忘，甚至觉得此地湖水可作良药，青山能调养脾胃，足见西湖在他心中的独特地位。

嘉定画家李流芳，对西湖更是情有独钟。二十余年间，他每年必定前往西湖。他的老友张子薪体弱多病，无法亲身领略西湖胜景。于是，每当李流芳前往西湖时，张子薪就会拿出一本空白画册，恳请李流芳为自己画上几幅西湖山水，以慰藉对西湖的相思之苦。晚年的张岱，也无数次在梦中回到西湖，他将这份眷恋融入笔端，写下了《西湖梦寻》《陶庵梦忆》等佳作，成为后人了解西湖风情的珍贵资料。

更有一群文人在杭州结成诗文团体，与西湖"长相厮守"，常年在湖上泛舟游玩。而将舟游西湖之乐发挥到极致的，当属西湖文坛盟主汪汝谦。

汪汝谦出身徽州歙县的望族汪氏，当地素有"四门三面水，十姓九汪家"的说法。因对西湖胜景倾心不已，他携带家眷迁居杭州缸儿巷，并建造了"春星堂"。汪家世代经营盐业，财力雄厚。定居杭州后，汪汝谦凭借雄厚财力和豪爽性格，广泛结交朋友，将西湖舟游之风推向了高潮。

　　西湖的楼船，起源于张岱祖父的朋友包应登。他建造的三艘楼船，堪称西湖最早的楼船。头号船设置歌筵，歌童随时待命；二号船满载书画，墨香四溢；三号船则储备了歌伎美女，尽显奢华。汪汝谦的弟弟汪季元也有一艘名为"洗妆台"的大船，船体宽大，可与楼船相媲美。然而，汪汝谦却对这种大船有所保留，因为楼船虽大，却因船体宽大，无法深入一些幽静的胜景之处，遇到桥时只能无奈停住。

　　楼船造价高昂，并非一般文人能够承受。无力建造大船的文人，心中难免有些酸涩，转而贬低大船，并发表"三不宣言"，即舟不必大、不必华、不必高，能容纳三五人即可。于是，当宽大奢华的楼船在水中缓缓行驶时，高雅之士则乘着轻快如蜻蜓的小舟，翩翩驶入风景最为美妙的里湖，享受那份宁静与自在。

　　汪汝谦拥有几条别致的小游船，取名团瓢、观叶、雨丝、风片之类，充满诗意。柳如是寄居在西溪别墅时，就曾向他借过一艘小舟，从西溪划船至西湖，留下一段佳话。

　　天启三年（1623），汪汝谦偶然获得珍贵的木兰树，便将其砍斫制成舟船。此舟长六丈二尺，宽五尺一。舟船入门处储存着数百壶美酒，往里有方丈大小的空间，可以摆放两桌酒席。此外，还有壁橱可放置文房四宝，有小室可供休憩。在船体结构上，汪汝谦进行了巧妙改造。他将楼船的楼改为台，降低了高度，使其能够穿过桥孔。考虑到楼船原本登高望远的优势，他又别出心裁地设置了露台，露台上的栏杆与帷幔可以拆卸，这样便能轻松穿过白堤。这艘舟船被命名为"不系园"，取自《庄子》中"饱食而遨游，泛若不系之舟"，寓意着自由逍遥。

汪汝谦的友人黄汝亨，在游玩黄山时，看到竹筏在山溪中漂荡，有隐士携酒站在竹筏上顺流而下，一边饮酒一边高歌，姿态飘逸无比。回到杭州后，他效仿这位隐士，用巨竹漂浮在湖面上，并在上面搭建篷屋，"朱栏青幕四披之，竟与烟水云霞通为一席，泠泠如也"。这艘竹舟被命名为"浮梅槛"，每次出游西湖时，都会吸引众多人围观，人们都觉得这是西湖前所未有的新鲜事，为西湖增添了别样的风情。

"不系园"建成后，为防止一些人将画舫当作狎妓之所，从而降低其文化品位，汪汝谦特意请老友黄汝亨为画舫订立规约，约定"十二宜九忌"。所谓"十二宜",即"名流、高僧、知己、美人、妙香、洞箫、琴、清歌、名茶、名酒、淆不逾五簋、却驺从",为舟游营造高雅氛围;而"九忌"则是"杀生、杂宾、作势轩冕、苛礼、童仆林立、俳优作剧、鼓吹喧阗、强借、久借",避免低俗嘈杂。

晚明时期,清淡之风盛行,往昔的山珍海味逐渐被清淡精致的食物所取代,于是便有了菜不超过五盆的约定。此时,食物更讲究意境,茶笋、莼鲈、秫酒之类已成为文人的标配食物。菜虽清淡,但酒却要醇厚,画舫中存放着美酒百壶,足够人们尽兴畅饮。舟中还有书画可供欣赏,有小童煮清茶,有名伶演唱婉歌,充满雅趣。

不过,"不系园"的船体终究还是过大,无法穿过苏堤六桥,领略里湖的美景。五年之后,即崇祯元年,汪汝谦汲取"不系园"的建造经验,又新造了"随喜庵"。当时崇祯帝刚刚登基,正进行大刀阔斧的变革,汪汝谦希望通过建造画舫,恢复西湖上的文坛盛事,让文人墨客能在湖光山色中继续吟诗作对,传承文化。

汪汝谦的两艘画舫相继建成后，"名流、知己、美人"纷纷登舟游湖，络绎不绝。对于这样充满声色之趣的地方，高僧们也不甘示弱，相继而来。在一个清幽的夜晚，汪汝谦与一名高僧、一名妓女一同游湖赏月。游湖过程中，禅意弥漫，触动人心，汪汝谦有感而发，作诗云："衰弦弹画舫，凉月上罗衣。约束禅心净，宁随柳絮飞。"就这样，参禅、名妓、游湖被诗意地融合在了一起，成为西湖独特的文化景观。

汪汝谦的画舫，凭借其独特魅力，成为晚明文人雅士的会聚之地。董其昌、陈继儒等一众著名文人，纷纷登上画舫，于西湖的湖光山色间，尽享悠然自得、逍遥自在的时光。汪汝谦将文人们在画舫上所作之诗，精心集结成诗集《不系园集》和《随喜庵集》。这些诗作不仅生动记录了当时文人聚会的雅趣，更成为西湖文化中不可或缺的一部分，后世之人透过这些文字，仍能感受到那份独属于晚明的浪漫与风雅。

崇祯七年（1634）秋，张岱与名伶朱楚生一同前往西湖，原本计划乘坐"不系园"游湖赏景。途中，张岱与曾鲸、陈老莲、赵纯卿等友人不期而遇。他乡遇故知，张岱顿时喜出望外，连忙热情邀请众人一同登上"不系园",共赴这场与西湖的秋日之约。

那日,众人在湖面上尽情畅玩。有人轻抚三弦子,灵动的音符跳跃而出;有人唱曲吹箫,悠扬的乐声在湖面飘荡;还有人用北调绘声绘色地讲述《金瓶梅》的故事。陈老莲兴致高涨,当场挥毫泼墨,为赵纯卿画古佛,笔锋潇洒,神韵尽显;曾鲸也大展身手,为赵纯卿绘制肖像。曾鲸作为当时首屈一指的肖像画家,大胆吸收西洋画法,自创独树一帜的"墨骨法"。他作画时极为讲究,"每画一像,烘染数十层,必匠心而后止",力求将人物的神韵精准无误地呈现出来。明末清初的诸多名人,如董其昌、王时敏、张遂辰等,都慕名请曾鲸为自己画像,足见其技艺之高超。

董其昌与汪汝谦关系极为密切,情谊深厚。每次董其昌来到西湖,两人必定一同游山玩水,共赏湖光山色。他们还会一起鉴赏画作、品评书法,在艺术的世界里交流切磋,好不快意。汪汝谦的"随喜庵"船舫,便是由董其昌命名的。这一命名蕴含着独特的文化韵味,为画舫增添了别样的魅力,也见证了两人之间的深厚友谊。

山人陈继儒与汪汝谦同样交往频繁。每次到杭州，陈继儒都必定要登上画舫，与友人把酒言欢，尽情享受这难得的相聚时光。在陈继儒举办的宴席上，名流云集，名伎放歌献艺，热闹非凡。众人畅所欲言，兴致高涨，常常通宵达旦。酒至酣处，文人们灵感如泉涌，纷纷泼墨挥毫，吟诗作画，现场洋溢着浓厚的文化氛围，成为西湖上一段段佳话。

夕阳西下，余晖洒在湖面上，众人酒意微醺。船舫缓缓停泊在断桥之下，丝竹之声悠悠扬扬，不绝于耳，与西湖的暮色融为一体。到了夜晚，船舫漂荡在西湖之上，月色苍凉如水，笼罩着整个湖面。一直到东方渐白，客人们才意犹未尽地散去。此次游湖，在他们心中留下了难以磨灭的美好回忆，成为他们日后时常回味的珍贵经历。

一些财力相对匮乏的文人，望着画舫在湖面上穿梭，船上载歌载舞、热闹非凡，心中满是羡慕。为了能拥有一艘画舫在湖上游玩，体验这份独特的乐趣，文人们想出了众筹的办法。由一人发起，约上十人，每人每年出资十千，共同购置一艘船。

船先由发起者使用，之后大家按照顺序轮流享用。这种独特的方式，让更多文人得以一偿所愿，有机会体验画舫游湖的惬意，也让西湖上的风雅之事得以在更广泛的人群中传播。

一直以隐遁山林自我标榜的陈继儒，看到如此神仙般逍遥自在的生活，也不禁心神动摇，心生向往。他感慨道："明年，弟亦买舟西湖中，做无名渔夫"，言语间满是对这种生活的憧憬。陈继儒虽隐居山林，但其声名远扬，天下皆知。三吴之地的士人都争相与他结为师友。钱谦益在《列朝诗集小传》中称"眉公之名，倾动寰宇。远而夷酋土司，咸丐其辞章；近而酒楼茶馆，悉悬其画像"，足见陈继儒的影响力之大。

陈继儒七十大寿时，汪汝谦赠送女画家杨云友的画作作为贺礼。这份礼物饱含着深厚的情谊，承载着两人多年的相知与敬重。陈继儒去世前，汪汝谦又专程前往东佘山看望他。两人促膝长谈，共同回顾人世的沧桑变迁，心中感慨万千。那些曾经在西湖上的欢聚时光，在这一刻都化作了无尽的回忆。

汪汝谦一生逍遥于江湖之间，为人洒脱不羁。他以画舫为纽带，与各地的名士、名伎广泛结交，搭建起了一个独特的社交圈子。在杭州，他资助了一大批艺术家，曾鲸、陈洪绶、蓝瑛、谢彬等画家，都曾得到过他的资助。这些资助为艺术家们提供了创作的保障，让他们得以在艺术道路上更好地发展。他还积极促进艺术家之间的交流与互动，将女画家杨云友的画介绍给柳如是，邀请柳如是加以品鉴评论；又把柳如是的书信集送到女画家林天素手中，请林天素作序。在汪汝谦的推动下，不同艺术家之间的思想碰撞出了绚烂的火花，为晚明的艺术发展注入了新的活力。

汪汝谦在晚明的社交舞台上长袖善舞，与柳如是、王微、杨云友、林天素、张宛仙等一众名伎交情深厚。在这些名伎之中，他对柳如是尤为关怀备至。柳如是才情出众、风姿绰约，汪汝谦深知她渴望找到一个能托付终身的良人，便主动为她留意。崇祯十一年至十三年，柳如是寓居杭州，暂住在汪汝谦的宅邸。在这段时间里，汪汝谦多次为她寻觅那些有能力"金屋藏娇"的人，满心期待能为柳如是寻得佳缘。然而，他所介绍的对象，都未能入柳如是的眼。柳如是眼界颇高，对爱情有着自己独特的追求，那些人终究无法触动她的芳心。最终，柳如是与钱谦益结缘，成就了一段文坛佳话。

对于杨云友，汪汝谦同样关怀有加。杨云友不仅容貌秀丽，且擅长绘画、工于诗词，汪汝谦十分欣赏她的才情。他特意为杨云友刻印了《听雪轩集》，集中所收录的诗歌，大多是文人与杨云友同乘画舫游览西湖时，听琴赏花之际相互唱和之作。这些诗作，不仅是文学的结晶，更是他们那段风雅生活的生动写照。汪汝谦对杨云友满怀深情，曾踏雪前去拜访这位佳人。当日，榻几洁净得一尘不染，恰似室外皑皑白雪，屋内杨云友凭栏而立，身姿婀娜，气质高雅，这般场景，实在令人心醉神迷，仿佛一幅绝美的画卷。

而他对女画家林天素，更是一往情深。天启二年（1622）的一个夜晚，风雨交加，独坐书斋的汪汝谦不知不觉进入梦乡。梦中，他遇见一位"形神清越，风气高迈"的老者，老者领着他在一处清幽的院落中参观。突然，一位女郎从房中姗姗走出，停在鲜花旁边。只见女子身着缟衣，系着翠带，身姿轻盈，宛如仙子下凡。老者告知汪汝谦，这是自己的女儿，并且表示想为她寻觅一位佳婿。汪汝谦留意到，女子手中团扇上的画，笔触细腻、意境深远，颇似林天素的手笔。正当他想要与女子深入交谈时，却从梦中惊醒。梦醒后，他翻阅林天素的画作，回忆着梦中的情景，心中满是惆怅。汪汝谦将这个梦告知众人，陈继儒等文人听闻后，纷纷赋诗吟咏此梦，汪汝谦便将这些诗篇编辑成册，由陈继儒题名为《梦草》，为这段如梦似幻的故事留下了文字的印记。

清朝建立后，世事变迁，张宛仙等人流落到杭州，前来投奔汪汝谦。此时汪汝谦已七十八岁，岁月的沧桑和时代的变革让他的财力大不如前。但他念及往日情谊，毫不犹豫地变卖了二十一亩田地，以接济这些身处"饥寒"的朋友。汪汝谦对张宛仙极为欣赏，给予她极高的礼遇。张宛仙小睡之时，汪汝谦特意请来曾鲸的得意门生谢彬，为她绘制了《海棠睡未足》图。这幅画将张宛仙的娇柔姿态与海棠的娇艳相互映衬，生动传神。备受文士们追捧，钱谦益、李渔等人纷纷为之咏诗唱和，最终这些诗作结集为《梦香楼集》，成为一件文化盛事。

就在这一年的七月，汪汝谦与世长辞。弥留之际，汪汝谦神志清醒，仍与各位友人一起品画谈诗，吹箫弹奏阮琴。他一生与风雅相伴，即便生命即将走到尽头，也不愿舍弃这份热爱。在与友人一一告别之后，他安然离世，享年七十九岁。

如今，时光流转，往日的乐事已然消逝，豪华的景象不再，曾经的游戏也已停止。夜空星斗依旧灿烂，湖水波光映照着翠绿的景致，仿佛在诉说着往昔的故事。只是那曾经承载着无数欢乐与故事的画舫已然远去，那些相知相伴的有情人又在何方呢？只留下这西湖的山水，见证着岁月的变迁和历史的沧桑。

应伯爵的无赖人生

　　帮闲，又称"清客""篾片"，他们巧舌如簧，对江湖上的各类门道了如指掌。这类人善于察言观色，精准洞察人心，凭借溜须拍马、投其所好的本事，哄得他人满心欢喜。他们多才多艺，琴棋书画、古玩器物等领域，皆有涉猎，无所不通。《初刻拍案惊奇》生动描绘了他们的生活状态："每日张鱼又捕虾，花街柳陌是生涯。昨宵赊酒秦楼醉，今日帮闲进李家。"吃喝嫖赌、纸醉金迷，寄生在社会的各个角落，这便是帮闲群体的真实写照。

　　作为一个特殊的社会群体，帮闲最早在苏州萌芽，随后蔓延至松江，进而在全国各地广泛涌现。各地的帮闲游手好闲，不务正业，整日跟在土豪财主身后，靠着混吃、混喝、混嫖度日。他们虽被世人鄙夷，却不以为耻，反而沾沾自喜，沉溺于这种寄生生活无法自拔。

帮闲堪称吃喝方面的行家，同时也是嫖赌的老手。大户人家的子弟，或是没见过世面的土豪，即便家财万贯，面对复杂的江湖世界，往往也会感到陌生与迷茫。他们想去青楼寻欢作乐，却不知从何下手；想要把玩古玩字画，又怕买到赝品；想去小赌怡情，却不知何处寻觅赌友。而这些难题，正是帮闲发挥作用的地方，他们能从中指点迷津。即便是那些久经江湖的人物，也需要身边有能随时插科打诨、阿谀奉承之人，以满足自己的虚荣和消遣需求。

于是，帮闲逐渐演变成一种职业，兜售相关业务的帮闲店也应运而生。《豆棚闲话》中对苏州帮闲店有这样的描述："手掌大一间房儿，却又分作两截。候人闲坐，兜揽嫖赌。"帮闲店内陈设简单，仅有茶具炉瓶，尽管做的是见不得光的营生，但其布置却显得清雅脱俗，形成一种奇特的反差。

帮闲的出身背景十分复杂，其中不乏落魄文人，以及挥霍家产的大户人家子弟。《忠烈全传》里记载了众多帮闲形象，他们有的曾是富家官宦子弟，却将家产挥霍殆尽；有的出身破落户，还有的原本是戏子。他们凭借多年吃喝嫖赌积累的丰富经验，以及对江湖门道的熟悉，在帮闲这一行当里谋求生计。

帮闲是一门技术活，有着诸多从业要求。从才艺方面来看，帮闲需要精通围棋，能作些歪诗，擅长唱昆曲，还得会打马吊。在性格上，他们必须八面玲珑，为人极为和气，能够精准揣摩主子的心思，同时脸皮要足够厚，对外界的嘲讽毫不在意。此外，帮闲还得有好酒量，懂得品鉴美食，如此才能在社交场合中游刃有余，应付自如。

在形象上，帮闲也颇为讲究，追求打扮得清雅脱俗，与众不同。若是长得俊逸潇洒，在帮闲群体中自然更具优势。明代松江府的帮闲，衣着打扮极为时尚。他们脚蹬当时最流行的荡口鞋，身穿拖地的绵绸直裰，袖子里放着最时兴的汗巾，手里拿着圆头折扇，喝茶用的是宜兴紫砂壶，尽显"风雅"。帮闲还得具备鉴别古董的能力，对各类玩物有所了解，时不时能发表一些独到见解。此外，他们要会唱几句昆曲，说几段笑话，能在酒席上插科打诨，活跃气氛。见到人时，帮闲就要主动递上门帖，满口"老兄""小弟"地套近乎，拉拢感情。

万历年间，松江地区有几个声名狼藉的帮闲，他们"能坏人名节，破人家产"，不少富家子弟受他们影响，最终败光家产。这几个帮闲中的头面人物，被松江的父老乡亲所痛恨，被称为"一郡之蠹"。万历二十年（1592），这几名帮闲被官府抓捕严惩，帮闲们的嚣张行为这才稍有收敛。

然而，没想到仅仅一年之后，帮闲势力便死灰复燃，再度猖獗起来。松江当地有两个帮闲，一个姓包，另一个姓陆，他们引诱丁姓宰相府的子弟赌博。短短不到五年，丁家"万金家业俱成乌有"，再次凸显了帮闲对社会和家庭的危害。

顶级帮闲身上有一种独特的魔力，能让他们所依附的主子对其产生强烈的依赖，甚至到了无他不欢、缺他不乐的地步。在《金瓶梅》中，应伯爵便是顶级帮闲的典型代表，将帮闲的特质展现得淋漓尽致。

应伯爵出身本不算差，他的父亲曾经营着绸缎铺，家境殷实。然而，他却沉迷于嫖赌，肆意挥霍，最终将家业败得一干二净。此后，应伯爵凭借着在嫖赌场上积累的丰富经验，整日跟在富家子弟身边，吃喝嫖赌样样不落，全靠蹭吃、蹭喝、蹭嫖度日，因此得了个"应花子"的外号。

自从投靠西门庆后，两人仿佛天造地设的一对，一拍即合，关系亲密无间，几乎形影不离。西门庆要是几日不见应伯爵，便会觉得生活寡淡，茶饭不思。应伯爵在西门庆府邸如同在自己家一般自在，随意出入，甚至能翻看西门庆的账簿。西门庆家的小厮们对他毕恭毕敬，就连府中最凶悍的恶狗，见到他都摇尾示好，显得十分亲热。

帮闲所需的种种本领，应伯爵不仅全都具备，还将其发挥到了极致。他的脸皮厚如城墙，心思却极为灵活，总能敏锐地捕捉到主人的心思，对江湖中的各类玄机也洞察得清清楚楚。做帮闲最关键的就是要识趣，该说话时妙语连珠，不该说时则缄口不言；该出现时及时现身，不该出现时便悄然离开。这些对于应伯爵来说，简直易如反掌。西门庆对他的识趣十分欣赏，多次毫不吝啬地夸赞他是"知趣着人"。

帮闲有个外号叫"老白赏"，意思是无论面对山水园亭、古董女客，都能不花分文，尽情欣赏品鉴。应伯爵才艺出众，"会一脚好气球，双陆棋子，件件皆通"。在饮食、唱小曲、赏花、品茶、鉴别古董、行酒令等方面，更是无一不精。他还常常故意展示自己鉴赏器物的本事，看似是在显露自己的才华，实则是为了衬托西门庆的非凡品位与雄厚财力。

西门庆刚担任理刑副千户时，购置了几条官服上的腰带，兴致勃勃地拿给应伯爵鉴赏。应伯爵立刻开启吹捧模式，满脸堆笑地说道："亏哥那里寻的，都是一条赛一条的好带，难得这般宽大。别的倒也罢了，只这条犀角带并鹤顶红，就是满京城拿着银子也寻不出来……这是水犀角，不是旱犀角。旱犀角不值钱。水犀号作通天犀。你不信，取一碗水，把犀角安放在水内，分水为两处，此为无价之宝。"这番话说得头头是道，西门庆听了心里乐开了花。

应伯爵到西门庆家中，看到刘太监送的菊花，眼睛一亮，连连称赞，还煞有介事地说出一番门道："这菊花虽好，但也不算特别稀奇，最难得的是花盆。这盆是官窑双箍邓浆盆。又吃年代，又禁水漫，都是用绢罗打，用脚跳过泥，才烧造这个物儿，与苏州邓浆砖一个样儿做法。如今那里寻去。"他这一番话，不仅展示了自己的见多识广，更巧妙地拍了西门庆的马屁，尽显其巧舌如簧和玲珑心思。

　　帮闲的主要目的是混白食，吃饱喝足之后，再图谋其他。在混吃这方面，应伯爵堪称技艺高超，而且他还是个十足的老饕。他经常在各家蹭吃蹭喝，也正因如此，他还学到了一手精湛的烹调手艺，就算和专业厨师相比也毫不逊色。他吃鲥鱼时，能将鱼分成小块，细细品味，吃得"牙缝里也是香的"。他品茶时，只需轻轻一口，便能品出茶的产地和市价，还能说出茶叶的优点。

　　《金瓶梅》第十二回中描述："只见少顷，鲜红漆丹盘拿了七钟茶来。雪绽般茶盏，杏叶茶匙儿，盐笋芝麻木樨泡茶，馨香可掬，每人面前一盏。"应伯爵见状，立刻摇头晃脑地说道："这细茶嫩芽，生长在春风下，不揪不采叶儿楂，但煮着颜色大。绝品清奇，难描难画。口儿里常时呷，醉了时想他，醒来时爱他。原来一篓儿千金价。"一番酸溜溜的品鉴，既显示了他对茶的了解，又不失时机地卖弄了一番。

　　还有一次，应伯爵一大早去找西门庆，看到桌上有两盏酥油熬的牛奶子，上面飘着像白鹅脂般的酥油。他也不等招呼，大大咧咧地拿起一盏，嘴里念叨着"好滚热"，几口就喝光了，丝毫不觉得自己唐突，仿佛这就是他应得的一般。

应伯爵一边说着好吃，一边眼巴巴地看着另一碗，馋相尽显。西门庆见状便说："我且不吃，你吃了，停会我吃粥罢。"应伯爵毫不客气，"得不的一声，拿在手中一吸而尽"。蹭吃喝在明代又被称为"打抽丰"，也就是俗称的"打秋风"。应伯爵很识趣，知道不能老是白吃西门庆的，有时也咬牙想请西门庆吃顿酒，便说："不住的来扰宅上，心上不安的紧，明后日待小弟做个薄主，约诸弟兄，陪哥子一杯酒何如？"西门庆听了自然高兴，但也知道应伯爵没钱，就说："你别要费，我有些猪羊剩的，送与你凑样数。"这样一来，应伯爵既讨好了西门庆，又不用自己出钱就办成了酒席。应伯爵对别人嘲笑他是混吃喝的帮闲毫不在意。有一次饮酒时，西门庆说："你这狗才，刚才把俺们都嘲了。如今也要你说个自己的本色。"应伯爵的本色就是帮闲，靠骗吃骗喝为生。他却毫不避讳，讲了个故事："有一财主撒屁，帮闲道不臭。财主慌地道'屁不臭不好了，快请医人'帮闲道'待我闻闻滋味'，看假意儿把鼻一嗅，口一咂道'回味略有些臭，还不妨'。"众人听后大笑，应伯爵把帮闲的本色展现得淋漓尽致。为了讨好主子，应伯爵可谓无所不用其极。在一次酒席上，西门庆让应伯爵给妓女倒酒。妓女们故意刁难应伯爵，不肯喝。爱月儿说："你跪着月姨儿，教我打个嘴巴么。我才吃。"应伯爵竟然"真个直撅儿跪在地下"，任由爱月儿打嘴巴。应伯爵对西门庆的脾气性格了如指掌，被他骂几句、说几句，根本不当回事。他还曾传授自己的秘诀："他有钱的性儿，随他说几句罢了。""如今时年尚个奉承的……你若撑硬船儿，谁理你？"充分体现出他作为帮闲的处世之道。

应伯爵心思极为玲珑，总能精准吃透主人的心思。他曾对西门庆说："我恰似打你肚子里钻一遭的。"这话虽有些夸张，却也生动地体现出他对西门庆的了解程度。西门庆的喜好无非钱财与美色，而应伯爵长期在这类圈子里厮混，对地方上妓院以及妓女的情况可谓了如指掌。一次，西门庆在花子虚家饮酒，看到妓女李桂姐姿色出众，便询问东家花子虚这女子是谁。花子虚还没来得及回答，应伯爵就急忙插嘴，详细地介绍了李桂姐的来历，随后又帮忙牵线搭桥，让西门庆得以"梳笼"李桂姐。当依附的主子在妓院中"梳笼"寻欢时，帮闲们需要彻夜陪伴。但他们不能在妓院里过夜，无奈之下，只能借一条板凳，在巷子里将就睡到天亮，帮闲还得了个"忽板"的外号。西门庆是在江湖中摸爬滚打多年的老手，手段狠辣，在风月场上也是游刃有余。面对这样的主子，可不是初出茅庐的新手能轻易糊弄的。应伯爵不得不全神贯注，想尽办法拍好西门庆的马屁，讨他欢心。同时，他也明白必须展现出自己作为帮闲的价值，倘若仅仅会混吃混喝，肯定入不了西门庆的眼。应伯爵推荐了几个善于经商的人，这些人能帮西门庆打理生意。他在各种事务中左右周旋，帮助西门庆处理了许多棘手的事情。当西门庆因为李瓶儿去世而乱了方寸，在葬礼上做出僭越礼法的事情时，应伯爵及时指出并加以纠正，避免了可能出现的麻烦。身为帮闲，主子家里一旦有婚丧嫁娶等大事，自然要抢先赶到。该祝贺的时候，就要送上真诚的祝贺；该哭丧的时候，也要哭得情真意切；该安慰的时候，更要言辞恳切地安慰。西门庆喜得儿子后，应伯爵急忙两步并作一步赶来贺喜。西门庆儿子满月时，应伯爵送了一份薄礼，在一方锦缎兜肚上缀着一个小银坠儿，还有一绺五色线，上面穿着十几文长命钱，寓意长命富贵。虽然礼物并不贵重，但应伯爵的马屁拍得恰到好处，他夸赞西门庆的儿子"相貌端正，天生的就是个戴纱帽胚胞儿"，西门庆听后十分高兴，作揖向他致谢。再说到丧事，李瓶儿死后，西门庆悲痛万分，几日不吃不喝，打骂丫头、踢打小厮，放声痛哭，谁劝都没用。小厮玳安很机灵，建议去请应伯爵来。他说："爹随问怎的着了恼，只他到，略说两句话儿，爹就眉开眼笑的。"吴月娘对此表示怀疑，觉得几个老婆都劝不动西门庆吃饭休息，应伯爵怎么可能有这本事？应伯爵来了之后，一进门就扑倒在灵前，痛哭了许久，嘴里喊着"我的有仁义的嫂子"。等西门庆与他回礼时，他又哭着说："哥烦恼，烦恼。"紧接着，经过应伯爵一番开导，西门庆顿时"心地透彻，茅塞顿开，也不哭了。须臾，拿上茶来吃了"，还吩咐玳安安排饭菜，与应伯爵一同用餐。玳安得意地对吴月娘说："如何？我说的娘每不信，怎的应二爹来了，一席话说的爹就吃饭了。"帮闲如同浪里的浮萍、粪里的臭蛆，寄生于主子，自然要通过各种方式捞钱。《豆棚闲话》中记载，帮闲带客人到苏州购买玉器等货物后，会向店主讨要"趁钱"，也就是私下拿的回扣。应伯爵作为帮闲，自然也会捞取这种好处。湖南商人何官儿急于将货物出手，找应伯爵做中介卖给西门庆，应伯爵便从中赚取了三十两的差价。应伯爵因为生了儿子，手头缺钱，便去找西门庆借钱。不过他借钱的方式十分巧妙，先是装出一副忧心忡忡的样子，引得西门庆主动询问，然后才坦白自己缺钱的情况，接着拿出早已写好的借条（符儿），表示要借银二十两。西门庆看了借条后笑着说："没的扯淡，朋友家，什么符儿。"随后直接送了五十两银子给应伯爵，应伯爵成功达到了自己的目的。

身为帮闲，应伯爵极为擅长拿捏分寸，同时也深谙向主子索取财物的门道。在一次酒宴上，他留意到西门庆与李桂姐离席许久，便悄悄离席去寻找。结果发现二人躲在一处苟合。应伯爵在门外偷听了一会儿，随后突然大叫一声，推门而入。西门庆笑骂道："怪狗才，快出去罢了。"应伯爵却不慌不忙，先是调侃了几句，还硬是亲了李桂姐一口才往外走。西门庆见他出门，急忙说道："怪狗才，还不带上门哩。"这时，应伯爵顺势说道："你头里许我的香茶在哪里？"西门庆回应道："怪狗才，等住回我与你就是了，又来缠人。"应伯爵这才笑着离开。在帮闲圈子里，应伯爵还有着稍显特别的"专一"。自从跟了西门庆之后，他便不再像其他帮闲那样"朝秦暮楚"。当年一同结拜的十兄弟中，有些帮闲不够专一，最终被西门庆扫地出门。不过，应伯爵的这份"专一"是有前提条件的，那就是西门庆在世，能让他继续蹭吃蹭喝。等西门庆一去世，应伯爵立刻毫不犹豫地投奔了新主子——富豪张二官。不仅如此，他还干起了挖西门庆墙脚的事，"无日不在他那边趋奉，把西门庆家中大小之事，尽告诉与他"。应伯爵极力怂恿张二官娶西门庆的小妾李娇儿为二房娘子，还挖走了西门庆的小厮春鸿，甚至打起了潘金莲的主意。他对张二官说："但有嫁人的风缝儿，凭我甜言美语打动春心。你却用几百两银子，娶到家中，尽你受用便了。"昔日西门庆与应伯爵意气相投，看似情比金兰，应伯爵百般讨好、趋炎附势。可如今西门庆一死，应伯爵便忙着为新主子谋划，将西门庆的妾室介绍给他人，实在是世态炎凉。正所谓"西门庆常有，应伯爵不常有"，应伯爵这样深谙世故、善于钻营的帮闲，在市井之中也是极为典型的存在。

食鹅的无上诱惑

　　"鹅，鹅，鹅，曲项向天歌。白毛浮绿水，红掌拨清波。"中国人诗歌的启蒙，常常始于对鹅的美好印象。鹅身姿优美，羽毛洁白，深受文人喜爱。然而，文人一面提笔盛赞鹅的高雅，一面却操起刀，欲将其斩杀以食。当代有位画家，为彰显风雅，特意在家中养了只鹅。这只鹅活力充沛，整日叫个不停，结果遭到邻居投诉。画家一气之下，便操刀杀了鹅。就这样，鹅从风雅象征瞬间转变为盘中美食，只在一念之间。中国人食用鹅的历史源远流长，早在先秦时期，鹅就被列为六禽之一。在历朝历代，鹅始终被视作无上佳肴。任何食材，一旦与奢华相关联，便会衍生出各种千奇百怪的烹调方法；只要与鲜美挂钩，就难以逃脱饕餮之徒的追逐。对鹅而言，跻身珍贵、鲜美食材之列，也意味着悲催命运的开端。历史上，鹅的残酷烹饪方法繁多，足以写成《鹅的十大酷刑》。南北朝时，人们将鹅肉切成细丁，用竹签串成串，以急火烤炙后迅速食用，据说味道鲜美无比。唐代烹制鹅的方法更为奇特，有一种做法是把鹅去毛去内脏后，放入羊腹中缝好，待烤熟后去掉羊，只吃鹅肉，此菜名为"浑羊殁忽"。还有一种做法是把鹅放入大铁笼，在中间烧起炭火，用铜盆盛着五味汁。鹅受热绕火行走，渴了就饮汁，如此循环。最终，鹅在类似炮烙之刑中毛脱肉熟，五味汁也渗入骨髓。宋代，食鹅之风盛行，达官贵人常以鹅作为礼物相互馈赠。南宋临安的每家大饭店，其菜单上必定罗列着各式各样的鹅类大菜。《梦粱录》中就收录了诸多与鹅相关的菜肴，像鹅笋、绣吹鹅、咸笋蒸鹅、鹅排吹大骨、八糙鹅鸭、白炸春鹅、炙鹅、糟鹅，等等，光看菜名就让人垂涎欲滴。宋代还有一道鹅筋饭。据《事林广记》记载："客有赴豪贵之席者，及饭至，食之珍美，不知何米。询之，则曰鹅足筋细锉为之。以鹅筋入饭，所费鹅不知几何。"到了明代，鹅依旧是备受青睐的美食，而且明人将鹅的烹制技艺发挥到了极致。《竹屿山房杂部》中记载了"烧鹅"的三种烹制方法：其一，"用全体，遍接盐、酒、缩砂仁、花椒、葱，架锅中烧之。稍熟，以香油渐烧，复烧黄香"。其二，"涂酱、葱、椒，油浇"。其三，"涂以蜜，烧"。《宋氏养生部》里，则记载了烧鹅、烹鹅、油爆鹅、油炒鹅、蒸鹅、酒烹鹅及熟鹅酢、生鹅酢等十余种烹制方法。大明开国皇帝朱元璋向来主张节俭，在宫中常吃豆腐，但鹅依然是宫中必备的佳肴。祝允明《野记》记载："御膳日用三羊、八鹅。孝宗即位，减，羊一鹅三。"弘治帝朱祐樘堪称节俭，即便如此，御膳仍日用一羊三鹅。实际上，饭桌上一只羊更多是过场，三只鹅才是皇帝动筷的重点。在宫廷中，一年四季，鹅的烹制花样不断变换。正月，宫内吃暴腌鹅，也就是如今的盐水鹅。三月初四，宫内换穿罗衣，皇帝至回龙观赏海棠，万象更新之际，自然要来一道嫩笋烧鹅。三月二十八日，皇帝到东岳庙进香，操劳之后，用烧笋鹅补补身体。到了十一月，皇帝的菜谱上又出现鹅肫掌，作为滋补之品。京师市面上有各种烧鹅制品，供京城内的美食爱好者享用，宫内也时常从街市上采购烧鹅制品，给皇帝换换口味。崇祯初年，负责皇室开支的内侍向皇帝汇报开销。崇祯帝听后很不高兴，指出："炙鹅、腌鲥、肉鲊，在某肆市之，钱半百耳！"内侍听后惊愕不已，没想到皇帝竟知晓市面上菜肴的价格。崇祯帝与皇后每月多次持斋，持斋之后，觉得嘴巴寡淡，嫌弃御膳房烹制的菜食无味。御膳房厨师无奈，只好使出绝招——鹅。厨师将鹅褪毛，"从后穴去肠秽，纳蔬菜于中"。接着把鹅放在沸汤中煮熟，取出后用酒洗净，再用麻油烹煮后端上。这道鹅裹蔬菜香嫩无比，崇祯帝吃后大为赞赏，也不再过度提倡节俭，为国事操劳的心情稍得放松。宫中除日常食用家禽外，各种祭奠仪式也需要家禽。为保障供应，上林苑蓄养了大量家禽。在上林苑所蓄养的家禽中，鹅的数量最多，以满足宫廷对鹅的需求。据《枣林杂俎》记载，上林苑养鹅八千四百余只，鸭两千六百多只，鸡五千五百余只。除上林苑所养的鹅外，各地还将鹅作为贡品进献，比如湖北麻城地区所产的麻城贡鹅。麻城鹅以高粱、绿豆饲养，养成后肉色红鲜，滋味醇厚，深受皇室喜爱。只是饲养麻城鹅耗时费力，正所谓"一鹅之肥几人瘦"。在各类家禽中，鹅的价格最为昂贵。天启年间，南京市面上："鹅一只，钱五百余文；鸭一只，钱二百余文；鸡一只，钱二百余文；猪肉一斤，钱四十余文；羊肉一斤，钱四十余文；牛肉一斤，钱二十余文。"一只鹅的价格，可以换两只鸡，或两只鸭，或十余斤猪、羊肉，或二十余斤牛肉。

鹅因其被视为奢侈食物，若官员们嘴馋食用，恐会败坏官风。因此，朝廷特意派出御史四处巡察。每到吃饭时间，御史们便径直前往大酒楼的包厢，查看是否有官员在吃鹅。打铁必须自身硬，御史们需以身作则，坚决不吃鹅。《涌幢小品》记载："食品以鹅为重，故祖制，御史不许食鹅。"尽管有御史监督，然而官员们终究是凡人，面对饮食之欲，被鹅的美味吸引也属人之常情。为了掩人耳目，官员们在吃鹅时，会让人去掉鹅的头尾，用鸡或鸭的头尾替代，如此一来，便不怕御史前来巡察。即便被查到，也能指鹅为鸡或鸭来蒙混过关。明代中期以后，皇帝要么行事荒唐，要么怠于政事，对官员的管理不再严苛。吃鹅在官员的餐桌上逐渐变得稀松平常，士大夫们吃鹅时也不再刻意掩饰。"御史不许食鹅"的传统也难以维系，嘴馋的御史们也开始尝试吃鹅。据王世贞记载，他的父亲王忬从御史职位上离职，赋闲在家时，有巡抚前来拜访。王忬留客吃饭，招待的饭菜较为简单，荤素菜不超过十道。但招待贵客，总得有一只鹅才显得隆重。于是，"进子鹅，必去其首尾，而以鸡首尾盖之。曰：御史毋食鹅，例也。"明初文人举办宴席时，还较为收敛，生怕因铺张而招惹结党营私的嫌疑。但到了明代中期以后，宴席之风逐渐走向奢华。鹅作为六禽之一，自然而然成为宴席上不可或缺的菜品，民间甚至有"无鹅不成宴"的说法。何良俊在《四友斋丛说》中记录，有士大夫请客时，一次竟宰杀鹅三十多只。《菽园杂记》也记载，常熟有个陈某，家境殷实，生活奢靡无度，设宴请客时，会在每个人面前都摆放鹅的头尾，意味着每人都能享用一只鹅。鹅的烹饪方式被发挥到了极致，甚至达到残酷的程度。无锡有个叫"安百万"的土豪，富甲江东地区，在饮食方面极为奢侈。为了随时能吃到鹅，安百万特地建造了一座庄园，饲养了数千只"子鹅"，每天宰杀三四只。有时安百万半夜想吃鹅，来不及正常宰杀，就直接割下鹅的一只肢体应急，等他吃完，那只鹅竟然还未死去。倘若明代就有动物保护主义者，看到这般虐杀鹅的场景，想必会义愤填膺地前去解救这些可怜的生灵。

在明代的食谱中，不时可以看到"鹅"的记载。"子鹅"是古代名贵的食用鹅，白居易有诗云"粽香筒竹嫩，炙脆子鹅鲜"。《戒庵老人漫笔》中载，金坛的子鹅"擅江南之美"，子鹅色白且肥，肉味鲜美，士大夫以此为招待宾客的佳馔，有条件的都要建个养鹅场。

鹅在明代，地位尊崇无比，正餐开始时，如果第一道菜是鹅，则证明此宴席是上等酒席。《金瓶梅》中，西门庆迎娶李瓶儿为妾，摆下酒宴请亲友，正餐的头一道就是烧鹅下饭。

西门庆为儿子摆满月酒，第一道大菜又是鹅，"须臾，酒过五巡，汤陈三献。厨役上来割了头一道小割烧鹅"。其他讲体面的人设宴，也离不开鹅。乔大户的娘子宴请吴月娘，"厨役上来献了头一道水晶鹅，月娘赏了二钱银子"。

《金瓶梅》中宴席的设置、鹅的吃法，与今日又有不同。《金瓶梅》中所描述的宴席，一般是两人一桌，首席一人一桌，宴席上三汤五割。五割之首，就是烧鹅，之后依次才是鸭、鸡、猪、羊，"五割"都是整只，由厨师切割后分给客人取食。

在商业来往中，请客吃饭，如果不上道鹅，这生意就没法谈了。《见闻乐纪》载，浙江桐乡乌、青二镇地方上的牙人（中间商）以招商为业，有富商至时，牙人热情款待，"割鹅开宴，召妓演戏以为常"。鹅一上，自然财源滚滚，黄金万两。

杭州人喜欢吃鹅，嘉靖朝中期统计，"约日屠（鹅）一千三百有奇"。每日清晨，西湖边上开始屠鹅，哀号之声不绝于耳。一些游湖的士人听了后于心不忍，可一看到餐桌上的美味鹅肉，就忘了鹅的哀号。

鹅除了食用之外，在南方，如绍兴等地，还被用作祭品。逢年过节，在供桌上，鹅断不可少。绍兴地方上用来祭祀的鹅，要用精谷喂养，称"栈鹅"。之所以如此称呼，是因为养鹅时要用竹栅将其圈养，使不见天日，以精谷精心饲养，使之极肥，这样养出来的鹅品相佳，肉味好。鹅也是订婚时男方馈送的礼物，万历《山阴县志》中载"具猪鹅茶饼之类馈送"。

鹅也是社会交往中的馈赠物品，走亲访友，不带上一只鹅当礼物都上不了台面。一名穷酸秀才，节衣缩食买了只鹅给学官。可逢年过节，学官家里的鹅收得多了，看着又有只鹅送来，学官无奈地道："我受你的鹅，又无食与他吃，可不饿死？欲待不受，又失一节，如何是好？"意思是，收了你的鹅，家里没那么多粮喂，不收又是不给你面子，我真是左右为难。

秀才很是精明，赶紧道："请师傅收下，饿（鹅）死事小，失节事大。"

吃鹅风气盛行，也与鹅的药用价值相关。《饮膳正要》认为："鹅味甘平，无毒，利五脏。"鹅肉性平味甘，益气补虚，和胃止渴，可治虚羸。鹅肉虽是好东西，能滋补身体，不过《本草纲目》中载："鹅，气味俱厚，发风发疮，莫此为甚。"

据此，民间认为吃鹅会导致动火发疮，发疽之人应当忌食，由此也催生了徐达吃鹅肉身死的传说。传说徐达长了背疽，正在小心养病时，朱元璋赐下蒸鹅一只，徐达只好含泪吃鹅，不久疽发身亡。其实发疽之后，只是忌食鹅肉，偶尔吃上一次也不会致命。徐达之死与吃鹅肉无关，只是病发而死罢了。

到了后世，随着食材的丰富，食量大、养殖成本高的鹅，不再那么讨喜，鹅的烹制方法也开始趋于单调。

二

文化娱乐的

江山

画中风流唐伯虎

历经诸多坎坷后，唐伯虎面对青山绿水，说出了"闲来就写青山卖，不使人间造孽钱"这般尽显高雅淡泊的话语。然而，他毕竟生活在凡尘俗世，即便诗词书画可超凡出世，他本人却不得不置身于尘世纷扰之中。

如何让自己生活得更好，是每一位书画家都需慎重思考的关键问题，即便是才华横溢的唐伯虎，也同样要为生计而奔波。

明成化六年（1470），唐伯虎出生于苏州阊门。由于出生于寅年，他得名寅，字伯虎，后世人们多以唐伯虎来称呼他。唐伯虎家中经营着一家小酒食店，少年时期的他"居身屠酤，鼓刀涤皿"，每天都要帮忙洗碗碟、宰杀鸡鸭。但他天生才华出众，即便身为小酒肆中的店小二，也能写出风流潇洒的文章。

十六岁时，唐伯虎与文徵明一同参加考试，文徵明名落孙山，唐伯虎却以第一名的成绩考中秀才，一时间"四海惊讶之"。少年成名的唐伯虎，难免有些轻狂。文徵明的父亲文林一直对唐伯虎关爱有加，竭尽全力地帮助他。这样一位慈祥忠厚的长者，却时常批评唐伯虎为人"轻浮"。

到了二十五岁，唐伯虎家中遭遇重大变故，父母、妹妹以及第一任妻子相继离世。他家的店铺难以为继，门户逐渐衰败。为了维持生计，唐伯虎开始给人撰写墓志铭，赚取一些钱财补贴家用，同时准备参加乡试。

依照当时的科举制度，乡试前需通过提学考试，未通过者不能参加乡试。提学考试由监察御史主持，当年的监察御史是浙江人方志，他对言行放荡、为人轻浮的唐伯虎并无好感。幸好有文徵明的父亲文林从中帮忙，在苏州知府曹凤面前美言，唐伯虎才得到曹凤的推荐，得以参加乡试。

弘治十一年（1498），唐寅前往南京参加乡试，并考中第一名。同年冬天，唐伯虎意气风发，沿着京杭运河进京，准备参加次年二月的会考。与唐伯虎同行的还有一人，名叫徐经，是江阴人。徐经有个玄孙在后世赫赫有名，那便是徐霞客。徐经家族是江阴的名门望族，财力雄厚。尽管家中拥有广厦千间，徐经却热衷于结交四方贤士，整日与人探讨学问，喜欢高谈阔论。

徐经比唐伯虎小三岁，头脑灵活，家境富裕，却与家境贫寒的唐伯虎交往甚密。此次北上赶考，二人结伴而行。一个有钱，一个有才，到了京师后，徐经和唐伯虎都不安分起来。他们一同拜访在京师的同乡前辈，每次拜访都由徐经准备丰厚的礼物。徐经还时常带上几个戏子，与唐伯虎在都市中肆意游玩。两人的高调行为，引发了外界的诸多议论。

在他们拜访的人中，有礼部右侍郎程敏政。徐经献上厚礼，跟随程敏政学习，程敏政收了礼物，自然会讲授一些自己的学术思想。程敏政正是此次科举考试的主考官，讲学过程中不免会涉及试题内容。此次科举题目中有冷僻的《退斋记》，徐经从程敏政处间接推断出这一题目，不禁"矜夸喜跃"，还将此事告诉了唐伯虎。

二月，这场科举考试落下帷幕。然而，很快便有人弹劾，声称考生还未进入考场，试题就已泄露。江阴县举人徐经、苏州府举人唐寅被指"狂童孺子，天夺其魂"，将试题出示给众人。三月，徐经和唐寅被捕入狱。在狱中，徐经受不住严刑拷打，招供曾用金币向程敏政行贿。四月，程敏政因涉嫌泄露试题被捕入狱。但在查验考卷时发现，徐经和唐寅都并未考中，礼部最终裁定二人并无作弊行为。

程敏政在监狱中被囚禁了一个月，不幸感染了伤寒、霍乱等疾病。有大臣上奏请求释放他，以顾及大臣的体面。程敏政出狱仅仅四天后，便因痈毒发作而离世。这起案件因"风闻"而立案，虽经过数月审理，却始终未能查实。尽管如此，唐伯虎和徐经还是受到牵连而被革黜，罪名是与大臣频繁交往并请大臣作序文。

究其案件的起因，徐经在京师招摇炫富，惹人妒忌；而唐寅声名远扬，隐隐有成为此科状元的势头，同样招人嫉恨。唐寅后来在给文徵明的信中回忆道："北至京师，朋友有相忌名盛者，排而陷之。"案件发生后，徐经心中愤愤不平，多次进京谋求平反，却在正德二年病逝于京师。唐寅则态度消极，在徐经认罪后便"不复辩"，此后一生也未曾谋求平反。

唐伯虎获释后，带着满心创伤回到苏州，往昔的万千豪情已消失殆尽。回到家中，妻子对他冷嘲热讽，家中房屋也破败不堪。此时的他，只能感叹"西风鸣枯，萧然羁客，嗟嗟咄咄，计无所出"。唐伯虎赋闲在家，心情极度抑郁，每日借酒消愁，多次遭到妻子嘲讽后，他愤而休妻。此后，唐伯虎"放浪形迹，翩翩远游"，前往东南观海，在洞庭泛舟。

这场科场案给唐伯虎留下了难以磨灭的心灵创伤，但他并未就此消极处世。既然仕途之路已断，他便全力投身文坛与画坛，立志同样能流芳后世。他前半生的精力都倾注在科举之上，却因牢狱之灾化为泡影。此后，他与过去彻底告别，斩断所有羁绊。甚至摆脱家庭，离婚独居，沉浸在自己的世界里。"镜里自看成一笑，半生傀儡局中人"，他寄情于丹青以自娱。

三十四岁时，唐伯虎在苏州桃花坞买下一处废园。这处废园溪水环绕，屋舍低矮破旧，屋外有三亩菜田，墙角还有一棵梅树。搬到桃花坞居住后，唐伯虎过上了醉生梦死的生活。祝允明曾描述唐伯虎在桃花坞的状态："客来便共饮，去不问，醉便颓寝。"

明代，苏州作为书画交易的核心地带，繁华至极，富甲天下。当地富豪热衷于购置土地、修建园林，一时间，园林林立，争奇斗艳。然而，若园林仅有华丽外观，却缺乏文墨装点，园主难免会被视为粗鄙土豪。于是，土豪们开始追逐古人书画，这股热潮率先在江南地区兴起，随后迅速蔓延至全国。

土豪们怀揣大量钱财，四处寻觅古人真迹。但由于古人传世书画数量有限，难以满足市场需求，他们便将目光转向当世书画名家，使得一众顺应市场需求的书画大家声名鹊起。

唐伯虎身处苏州，才华横溢，绘画技艺超群，照理说，凭借书画应能过上惬意生活。然而，从他的诗文内容来看，他却常面临食不果腹的困境。唐伯虎与文徵明、沈周、仇英并称"吴门四家"，如此闻名遐迩的大画家，难道真的无法靠画画维持生计？

唐伯虎在书法、绘画、诗文方面造诣颇深。顾起元评价他为一代奇才，称"诗赋胜于枝山（祝允明），而画高出沈石田（沈周）、文衡山（文徵明）之上"。绘画上，唐伯虎先师从沈周，后又向周臣学习。周臣是苏州"院体画"大家，其《乞食图》等作品流传于世。唐伯虎的画作融合了"院体画"的格局，兼具南宗神韵，还汲取了赵孟頫（松雪）的绘画精华，深受市场欢迎。

在民间，唐伯虎最广为人知的并非其高雅淡泊的山水画，而是风情万种的仕女画。他笔下的女子多取材于历史或民间故事，其中不乏青楼女子，这与他寄情声色的生活态度相关。随着社会经济发展和民风开放，声色之风盛行，仕女画在江南地区市场广阔。那些姿态婀娜的仕女画像，尤其受到文化品位不高却又想附庸风雅的土豪群体追捧。鉴于此，唐伯虎便以妙笔绘就了诸多如"秋香"般的仕女形象。

在书画圈，功底固然重要，但名气往往更为关键。一位画工普通却名气响亮的画家，其书画价格常常超过那些功底扎实却默默无闻的画家。名气越大，书画价格越高，抢购者越多；而名气一般的画家，作品则鲜有人问津，只能苦苦等待成名的机会。

唐伯虎的名气堪称响亮。少年时代，他的父亲唐德广就曾对人说："此儿必成名，殆难成家乎？"唐伯虎年少成名，科场案后更是名满天下，此后他行为放荡不羁，在江湖中声名远扬。这样一位充满传奇色彩且能精准把握市场的书画家，怎能不被市场热烈追捧？书画生意火爆时，唐伯虎甚至忙不过来，不得不请老师周臣代笔。

既然唐伯虎名气如此之大，那他当时的画价究竟如何呢？

对于士人而言，直接"手执卷轴，口论贵贱"被视为有失身份的行为。他们通常会聘请中间人，不惜花费重金，多次游说，以购得心仪画作。而且，大多数交易者对书画成交价格避而不谈。因此，唐伯虎的画价虽无可靠文字记载，但我们可以通过与"吴门四家"中其他三人的比较来推断。

李日华购买沈周的《灞桥诗思》画卷，花费了几两银子。文徵明刚出道时，名气尚小，画价平平，"一幅多未逾一金，少但三四五钱耳"。十几年后，随着名气增长，其画价暴涨数倍。仇英的画价格较高，这是因为他作画耗时较长。吴中巨富周六观请他在家中住了六年，创作了一幅《子虚上林图卷》，最终支付了一千两白银的巨款。

从知名度、传奇色彩和市场定位来看，唐伯虎丝毫不逊色于其他三大家。唐伯虎的书画价格，虽比不上仇英，但与文徵明、沈周应相差不大。在明代，一两银子能买到近一百七十斤大米，照此推算，唐伯虎只要一个月做成一笔卖画生意，便足以衣食无忧，可他却总是哭穷。

四十八岁时，他在《丹阳景图》题诗前的小引中感慨："风雨浃旬，厨烟不继，涤砚吮笔，萧条若僧"，悲叹卖画生意的惨淡。在他的诗文中，也常常哀叹家中无米下锅，如"十朝风雨苦昏迷，八口妻孥并告饥"，只能自嘲"儒生作计太痴呆"。

难道是他缺乏经济头脑，画作多半随手赠给朋友了？

实际上，唐伯虎的书画只有小部分用于赠送友人，大部分是用来出售的。从他在画幅上的题款可以看出，售画对象来自各行各业。甚至有徽商特意托人找他定画，要知道，当年的徽商可是书画消费的主力军。

财力雄厚的人常常邀请画家到家中作画。江阴夏氏就曾请唐伯虎到家中，好酒好菜招待，只为求得一幅画。唐伯虎住了十天，一日早起，画了一幅《莺莺图》相赠，由此可见，他并非随意赠送书画。唐伯虎在孙思和家存有一个簿子，上面记载着他所作所售的书画，簿面上题有"利市"二字，这足以证明他并非没有经济头脑。

唐伯虎喜爱藏书，他收藏了一些珍贵的宋版书，书上都盖有"南京解元"的印记。宋版书在明代价格高昂，若没有一定的经济实力，根本无力收藏。试想，如今一个收藏有大量唐伯虎字画的收藏家，怎会穷得连饭都吃不起？

可以确定两点：其一，唐伯虎卖书画肯定赚了钱，只是其中很大一部分被他挥霍在青楼之中；其二，唐伯虎虽有时书画生意不佳，但还不至于到无米下锅的地步。至于他为何在诗文中抱怨哭穷，这就需要从他的心理层面进行剖析。

唐伯虎的内心充满矛盾，尽管与科场无缘，仕途断绝，但他始终难以释怀。他学的是治国之术，最终却只能操起书画之笔。他有一枚"南京解元"的印章，这是他对自己的一种精神慰藉。

"二十年余别帝乡，夜来忽梦下科场。鸡虫得失心尤悸，笔砚飘零业已荒。"他的内心深处隐隐有着不甘，甚至狂呼"黄鹄举矣，骅骝奋矣"。

正德九年（1514）秋，四十四岁的唐寅迎来了一次机遇，宁王朱宸濠向他发出前往江西的邀请。唐伯虎满怀憧憬，兴致勃勃地踏上行程，满心以为自己终于能迎来建功立业的契机。抵达江西后，宁王对他礼遇有加，安排他住进别馆，给予了极为优厚的待遇。

然而，在与宁王交往半年后，唐伯虎敏锐地察觉到宁王有谋反之意。为了远离这场即将到来的灾祸，他决定佯装疯癫，借酒撒泼，故意做出种种丑态。宁王见状，大为恼怒，唐伯虎借此机会得以脱身，于正德十年三月回到苏州。此次江西之行，他满怀希望而去，却失望而归，但好在并未对他的日常生活造成太大影响。只是他那些刻意暴露的"丑秽"之举，为江湖增添了一则笑谈。不过，作为风流才子唐伯虎，世人对他的种种行径似乎都格外包容。

四年之后，宁王果然起兵反叛，却被王阳明迅速平定。如此一来，唐伯虎的江西宁王府之行，成了他人生中又一个政治污点。他因此背负上名节之辱，内心越发苦闷，只能彻底投身于饮酒与书画创作之中。年少时，血气方刚，唐伯虎难免幻想自己能成就一番大业，即便遭遇挫折，也还有时间和机会东山再起，对绘画的热爱与追求，支撑着他走过许多岁月。可到了中年，精力渐衰，再卷入这样的风波，几乎是毁灭性的打击。

科场案的沉重打击，宁王案的牵连，让唐伯虎的内心蒙上了一层挥之不去的阴影。此后，他总是小心翼翼地保护自己，平日里那些佯狂的姿态，不过是他用来自我保护的伪装。无数个夜晚，他在梦中遭受迫害，惊醒后，只能选择逃避，放纵自己及时行乐。在他的内心深处，始终弥漫着对被迫害的恐惧与提防。

"四更中酒半床病，三月伤春满镜愁"，怀着这样的心境，他在诗文里，用夸张的笔触，极力渲染自己在现实生活中所遭受的苦难。实际上，凭借他的书画技艺，本可以过上富足无忧的生活。但他纵情酒色，肆意挥霍，致使家境贫寒。内心的愧疚无处排解，他只能在诗文中向苍天呐喊："谁来买我画中山？"

"姑苏城外一茅屋，万树桃花月满天"，这既是唐伯虎的精神世界，也是他现实生活的写照。倘若他住进华美的豪宅，过上安定富足的生活，反而会与他内心深处缺乏安全感的状态产生巨大的落差。

唐伯虎晚年搬回祖宅，这里原是临街的小酒楼。身处市井小巷之中，他或许能寻得一丝放松。在酒楼里，只要有求画者带着美酒前来，他便会畅快痛饮，作画一整天。嘉靖二年（1523），五十四岁的唐伯虎溘然长逝。

唐伯虎去世一百年后，苏州人冯梦龙在《警世通言》中，讲述了"唐解元一笑姻缘"的故事。以此为蓝本，经过不断地演绎，最终形成了《三笑》这一经典故事。此后的数百年间，唐伯虎逐渐被神化，成为传说中的人物。他生前的不得志、抑郁、愤懑与痛苦，都被人们遗忘，取而代之的是一个潇洒不羁、风流倜傥的翩翩公子形象，传说他娶了九位娇妻美妾，生活无忧无虑，挥金如土。

但这些，与真实的唐伯虎相去甚远。

画坛登龙董其昌

嘉靖三十四年（1555），董其昌出生于上海董家汇。他五岁那年，九十岁的文徵明与世长辞，后世传言文徵明与董其昌有文字之交，实则是后人妄加编造。董其昌的父亲董汉儒也是读书人，曾获得庠生功名，但此后再无突破。

董家并非大富大贵之家，董汉儒以担任塾师为业，白天在外授课，晚上回家亲自教导董其昌。在父亲的悉心教导下，十三岁的董其昌考中童生，且成绩出众，成为庠生。隆庆五年（1571），十七岁的董其昌参加府学考试，没想到当时的松江知府衷贞吉认为他书法欠佳，将他列为第二名。这一挫折极大地刺激了董其昌，从此他发愤临池，刻苦练习书法，为日后在书法领域取得卓越成就奠定了基础。

此后数年，董其昌四处游历，拜师访友，有幸观摩了大量书画真迹。万历十三年，董其昌前往南京参加乡试，却不幸落榜。他心情极度沮丧，在乘船返乡途中研习佛法，同时对王阳明心学也心生拜服。同年，他的老友陈继儒落第后，毅然决定告别科场，选择隐居山林。此时的董其昌在科举之路上暂时没有取得突破，只能在平湖靠教私塾维持生计，生活颇为清苦。在困苦之中，董其昌常狂饮狂歌，行为举止引人注目，被人称作"狂生"。他常常身着白布单袍，兴致一来就在白衣上泼墨挥毫。这些看似狂放的行为，实则是他内心抑郁情绪的宣泄，毕竟他引以为傲的书法在当时还未得到广泛认可，而他还在为衣食温饱而发愁。

在明代，徭役是百姓沉重的负担。董其昌仅有二十亩贫瘠的田地，却被地方强行要求承担徭役。无奈之下，他只好将籍贯改为华亭，才得以摆脱徭役之苦，此事后来还被陈继儒多次调侃。万历十六年秋，董其昌再次前往南京参加乡试，这次他高中榜单，且凭借超群的文采，得到了文坛大佬王世贞的赏识。万历十七年，三十五岁的董其昌考中进士。这一年，董其昌入京参加会试时，曾梦到与父亲同科高中，他当时以为这是自己不能考中的征兆。等到成绩公布，同科进士中，有一位来自北直隶开州的董汉儒，与他父亲同名。后来，董其昌与这位同年董汉儒同朝为官，交情深厚。

恰逢礼部侍郎、翰林院馆师田一儁去世，董其昌请假护送其灵柩归葬福建，之后才返回京城。回京后，董其昌进入翰林院，还担任过皇长子朱常洛的讲官。在京城期间，他与袁宗道、袁宏道兄弟以及陶望龄谈禅论佛，大力弘扬性灵之说。他还利用外出公差的机会，游历四方，饱览南北风光，深入研习诸多大家的墨迹，这对他的书画技艺提升有很大帮助。

四十五岁时，董其昌曾请假回到江南。他与老友陈继儒等人泛舟黄浦江，任由船只随风漂荡，与云霞朝夕相伴，招集不请自来的朋友，乘坐自由飘荡的小船，举杯畅饮，悠然自得。闲居期间，董其昌身心轻松，四处悠游，尽情享受山水之乐，创作了大量作品。

暂时告别仕途后，董其昌全身心投入书画之中。每到一处，他必定前往当地藏家家中鉴赏名家书画，这使他的书画造诣日益精进。他交往的都是当时的大收藏家，如陈继儒、项元汴、冯梦祯、韩世能等。董其昌的书画收藏极为丰富，谢肇淛曾记载，有一年董其昌的书画船抵达苏州虎丘，他与收藏家韩胄各自拿出藏品相互比试。两人比试了好几天，足见其藏品数量之多、质量之高。

董其昌曾展出颜真卿所书的《朱巨川告身》(任职令)一卷，谢肇淛、韩胄见后都惊叹不已，视为神物。董其昌得意地介绍："这是我好友陈眉公（陈继儒）所藏，实在是稀世珍宝。"谢肇淛仔细审视后，发现细楷中有一行字"中书郎开播"，随即提出疑问，因为唐代并没有"开"这个姓氏。南宋时期，赵开在四川声名显赫，才有以"开"为姓的情况。谢肇淛认为此卷是赝品，抄写者在抄写时出现笔误，将"中书郎关播"写成了"中书郎开播"。董其昌急忙说道："此卷是陈眉公的秘藏，千万不可对外宣扬。"说完便将此卷收了起来。后来听说此卷被卖给了新安的富家，谢肇淛一直很好奇，不知道那个"开"字有没有被改成"关"字。

逍遥六年后，万历三十三年（1605），董其昌再度出仕。然而，在担任湖广学政期间，他因得罪豪强，被其唆使数百生员鼓噪闹事，甚至捣毁了他的公署。受此事件牵连，董其昌无奈辞职返乡。此后数年，董其昌在江南逍遥游历。六十岁时，他依然精神矍铄，仿若三四十岁的壮年之人。董其昌与陈继儒闲谈时曾说："公有三无，笔下无疑，眼中无翳，胸中无一点杀机"，认为这是长寿的征兆。

在明代，乡官的影响力不容小觑，他们在地方事务中起着关键作用。有的官宦乡居时能严于律己，造福一方；而有的则横行乡里，作威作福。董其昌乡居期间，对地方事务有着极大的影响力。

有个商人犯了事，花了三百两银子请董其昌帮忙。地方县令得知后，抢先将商人下狱。董其昌收了钱，自然要办事，便去找县令。县令对董其昌以礼相待，还出了副对联请教："石狮子口内含珠，吞不下吐不出"，暗讽董其昌收钱办事。董其昌何等精明，怎会听不出弦外之音，笑着对道："纸鸢儿胃中有线，放得去收得来。"对完，两人相视而笑，随后县令便释放了商人，不再追究此事。

天启年间，山西人仇时古担任松江太守，与董其昌、陈继儒交情甚好。松江有个富豪杀了人，按罪当斩，于是请董其昌帮忙。仇时古知晓后，故意施压，让富家拿出巨款交给董其昌。董其昌从中赚得盆满钵满，与仇时古的往来也越发密切。董其昌一到太守府署，仇时古就立刻拿出纸墨，请他题字。董其昌毫不推辞，挥毫泼墨，太守因此得到了数百幅墨宝。

董其昌历经四朝为官，始终屹立不倒，还高寿至八十二岁才去世。他书画技艺绝伦，深受当时及后世追捧，家财万贯，在地方上权势滔天。然而，董其昌并非完人，他儿子在乡间的所作所为，活脱脱就是劣绅的代表。

董其昌纳妾众多，育有四个儿子，分别是祖和、祖权、祖源、祖京，他们分别出自原配龚氏和三位妾室。钱谦益记载，董其昌家中侍姬众多，且都通晓书画，还不时为他代笔。到了晚年，董其昌仍纳美妾，还因此惹出风波。松江府生员曾控告他"谋胡宪副之孙女为妾，因其姊而奸其妹"。

考中进士前，董其昌仅有二十亩瘠田，为逃避繁重徭役，甚至不得不更改籍贯。但自从考中进士踏入官场后，他开始飞黄腾达，通过书画售卖、收取润笔、为人游说等途径，积累了丰厚的家财，达到"膏腴万顷，输税不过三分；游船百艘，投靠居其大半"的地步。董其昌的儿子董祖常，性格暴虐，平日仗着父亲的权势，以帮闲陈明为爪牙，在地方上横行霸道。董其昌对儿子的恶行不加管束，在他看来，松江地方就如同自家后花园，没什么可担忧的。

万历四十三年九月，董祖常与地方生员陆兆芳家的使女绿英勾搭成奸。两人勾连后，绿英曾回陆家探望生病的母亲，结果一去不返。董祖常见绿英不回，心中恼怒，纠集了二百多个地痞流氓，半夜闯入陆家，一通打砸后抢走绿英。董家如此嚣张跋扈的行径，引得松江地方民愤极大。

松江当地有个风俗，若地方官员或绅士有不良行为，民间就会编出歌谣暗讽传唱。很快，就有士人编写了《黑白小传》，讲述董、陆两家的故事，在松江民间广泛流传。《黑白小传》第一回标题是："白公子夜打陆家庄，黑秀才大闹龙门里。"董其昌居所就在龙门寺，加之《黑白小传》诙谐有趣，一时间迅速传播开来，董家也因此臭名远扬。董其昌四处打听，究竟是谁编写了这本书。

苏州说书人钱二在街头说唱《黑白小传》，被董家仆人看到，密报给主人后，钱二被抓。钱二遭受拷打后，供出此书是范昶所编。范昶被抓到董家后，遭到大肆侮辱。范家与董家世代联姻，范昶的儿子还娶了董其昌的孙女。如此羞辱之下，范昶愤怒不已，到城隍庙前自述冤屈，没过几天就暴病身亡。

范昶的父亲曾任万州刺史，早已去世，家中只剩老母。范昶的母亲冯氏已是八十三岁高龄，还是五品命妻。三月初六，范母带着范昶的妻子龚氏及四名使女，前往董家讨要说法。在传统社会，两家因性命纠葛产生矛盾，女性上门理论，最多只是口舌之争，不会动手。但董其昌父子全然不顾亲家情谊，指使一帮恶仆冲上去，将冯氏、龚氏头发扯散，鞋子扒掉，在厅堂上暴打一顿后扔出董府，丢进泥沟里。冯氏、龚氏被外面看热闹的人搀扶着去了坐化庵。一同带去的四名使女则被绑在太师椅上，剥去裤子，双腿架在椅子上，被"乱捶掠之"，受尽凌辱。

董家恶人先告状，到官府告发冯氏上门闹事。官府衙役赶到时，只见冯氏、龚氏蹲在坐化庵中掩面痛哭。地方官到董家查看，却看到使女被绑在太师椅上，赤裸下身，不忍直视，只能掩面而泣。当天，地方士民缙绅无不义愤填膺，骂声一片，心中的不平之气汹涌澎湃。

初十、十一、十二这几日，揭帖布满松江街头。儿童妇女都在传唱"若要柴米强，先杀董其昌"，四处张贴着"兽宦董其昌，枭孽董祖常"的标语。这些揭帖不仅布满街头，还被徽州、湖广、川陕、山西等地的客商四处转发，就连娼妓、龟奴也都在传播此事。

地方郡守起初还想维护董其昌，但民怨越来越大，日益沸腾。十五日是行香之期，街头人山人海，民众拥挤，骂声震耳欲聋。地方官迫于民愤，只好将陈明抓捕，打了二十五大板。当天从府学到董府的路上，挤满了民众，骂声、怨声不绝于耳，响彻天地。此时，董其昌的堂兄董乾庵、董光大却拿着董其昌的鸣冤帖四处散发。围观民众顿时怒火中烧，有的掏出袖中的扇子，有的捡起砖块，一顿乱打。民众见董家权势大，觉得地方官员也不会真的拿董家怎么样，在有心人的煽动下，相约去烧董家。董家察觉情况不妙，提前做好准备，请来打行恶少帮忙看护。

打行是个特殊的存在，它的出现与明代江南经济的快速发展息息相关。经济发展、社会稳定导致人口激增。苏州地区流行着各种新奇且背离礼法的"苏意"，从服装、发型到饮食、思想都深受影响。在后人眼中文弱的江南少年郎，当时却昂首挺胸，展现出雄健霸悍的一面。一群群在苏州街头厮混的少年，大概受说书里英雄好汉结义的影响，焚香歃血，发誓共患难、同富贵，满是一腔热血和豪放胆量。他们想要成为江湖人士，便先从着装打扮开始改变。

当日的打行少年，在外形上可谓相当惹眼。他们身着短衣，臂膀上绣满花绣，腰间还别着牛角短刀，举手投足间带着一股不羁的气息。尽管他们出身低微，常常食不果腹，但当他们团结在一起时，却意外地发现了自身的价值。他们时常出入茶坊酒肆、红粉青楼，遇到不平之事便会挺身而出，此时的打行少年，倒真有几分侠少风范。

然而，打行少年大多出身底层，为了在城市中生存下去，就不得不涉足一些能够带来收益的事务。渐渐地，曾经的侠少逐渐变成了恶少，他们的团体也正式有了"打行"这个名号。

　　打行迅速在东南地区风靡起来，各地的不良少年纷纷效仿。在南京城中，有"十步之内，必有恶草。百家之中，必有莠民"的说法，足见打行势力之广。万历年间，上海县打行之风盛行，成员多是无家可归、四处游荡之徒。无锡县的恶少年们成群结队，夜间出行，欺负老弱。浙江、安徽、广东、山西等地也都出现了打行组织，这些恶少们携带武器，成群结队，在市井中横行霸道，全然不把官府放在眼里。

　　这些打行少年凭借着一身勇力，从事各种不法勾当来谋取生计。打行中，以武艺精湛者为头目，比如松江打行的头目朱现，绰号"地扁蛇"，他对枪法痴迷，行事极为大胆。众多无赖少年纷纷聚集在打行旗下，其运作模式就如同商行一般。起初，打行的主要业务就是替人打人。为了提升打人的"业务水平"，打行还对成员进行专门训练。一些功夫厉害的打行恶少，能够根据雇主的要求，精准控制出拳的轻重。甚至，经过特殊训练的打行恶少，还能掌控被打者的死亡时间，让被打者在三个月、半年甚至一年后才死去，以此逃避刑法的惩罚。打行恶少常用的武器，除了镶铁拳套、贴身小刀外，还有流星锤、檀木棍、铁锁链、棒锥、劈柴等。

随着打行的不断壮大，其业务范围也从单纯的打人或代人挨打，拓展到了看家护院。松江地区经济繁荣，豪门巨室众多，自然而然成为打行的主要市场。打行投靠豪门，为其看家护院，一方面是为了获取经济来源，另一方面也是想得到豪门的庇护。而豪门则借助打行，从事欺压平民等勾当，双方各取所需，形成了一种畸形的利益关系。

在看家护院方面，打行展现出了"专业"的素质，松江地区流传着许多相关故事。曾经有六七个刁民闯入退休首辅徐阶家中，企图勒索钱财。没想到徐家养了上百个健壮的打手，这些打手迅速将刁民抓住，随后取来泥粪，从头到脚，又是涂抹又是灌，把刁民们弄得满身污秽。甚至有人装死倒在地上，这些打手还争相往其口中撒尿。而这些所谓的"健儿"，其实就是徐府雇用的打行恶少。按照明代法律规定，"以秽物灌入人口，杖一百"，但打行恶少们根本不在乎这些法律条文。

此年三月十五日，民众纷纷聚集在街道两旁，人数不下百万，众人齐声痛骂董家，声讨之声如沸腾的开水般汹涌。董其昌见此情景，知道大祸即将临头，于是雇用了一百多个打行恶少看守宅院。民众潮水般涌至董宅门前，试图冲入其中。负责守卫的打行恶少们盘踞在房屋顶上，将粪便当作防守武器向下泼洒。前方的民众不顾粪便的威胁，拿起砖瓦进行反击，后方围观的万千民众也纷纷帮忙传递砖块，场面犹如一场激烈的人民战争。战事正酣时，有民众高呼："陈明乃是罪魁祸首，可以先捣毁他的居所。"于是一人呼喊，众人响应，到了中午，陈明家数十间精美的华堂就被众人拆除。午后众人暂时散去，但到了下午，人群再次聚集，准备放火烧毁陈明的房子。不料天降阵雨，围攻的民众见无法点火，只好各自退去。

三月十六日，松江府华亭、青浦、上海三县的军民聚众数万，共同声称要为之前的遭遇报仇。傍晚时分，两名身手矫健如猿猴的童子率先爬上屋顶，用两卷浸满油的芦席点燃了董家的门面房。到了夜间，西北风逐渐减弱，火势也随之放缓，但烧到茶厅时，风向突然转变，风力增大，火势变得异常猛烈，很快蔓延到大厅。火借风势，整个大厅瞬间陷入火海之中。围观的民众中，有人甚至赤身冲进火海，搬起桌椅扔入烈焰，助长火势。打行恶少曹辰、王皮等人在这场火烧董家的事件中起到了关键的煽动作用。董晨之前偶然站在董家门口，被董家仆人推倒，双方发生口角后，他被拖入董家，剥光衣服痛打了一顿，此番正好趁机煽动民众，以报当日之仇。

董家东边的唐宅、杨宅，西边的王宅、坐化庵，都在显眼位置用大字书写"此系某某宅、此系某某房"。到了夜间，为了避免被误攻击，还在房屋旁挂起灯笼。只要火势有蔓延到其他宅院的趋势，围攻的民众就会一起帮忙救火，他们的目标只有一个，就是只烧董其昌一家。大火之中，董家数百雕梁画栋、亭台楼榭尽数化为灰烬。董家对河的陈明宅院也再次被大火焚毁。陈明的妻子此前已经去世，尸体放在一口阴沉木棺椁中，此时也被众人抬出，扔入火中。民变发生时，松江海防点兵原本想去救援董家，但有官员派人制止道："不必出救，百姓数万，恐有他变也。"当夜，大火熊熊燃烧，彻夜未息。

天亮之后，董祖源的宅子也未能幸免，被大火无情吞噬。董祖源依靠父亲董其昌的权势成为巨富，他的妻子是徐阶的玄孙女，同时也是申时行的甥女。起初，他家宅院不过十余间，后来董祖源凭借家族势力，强行拆除周边民居，将宅院扩充至二百余间。新建的宅院里楼台堂榭高耸入云，粉墙彩饰，华丽得如同宫殿一般，美轮美奂。然而，令人意想不到的是，这座耗费无数心血与财力建成的豪宅，落成还不到半年，就化为了一片灰烬。在董其昌的四个儿子中，只有董祖和平日里为人谦和，他的宅子得以独存。

董宦门下的众多宅第，大多被焚毁。这一天，白龙潭董其昌的书园楼居也被民众付之一炬，人们还将匾额"抱楼阁"扔入河中，愤怒地喊道："董其昌沉河底。"坐化庵上董其昌所题的"大雄宝殿"牌匾，被民众拆下，众人持刀削去上面的字迹，叫嚷着："碎杀董其昌。"董其昌选辑历代名家书法集成的《戏鸿堂》初刻木版，也在这场大火中被焚毁。白龙潭东北隅有一座名为"护珠"的楼阁，董其昌平日里常与美妾在此登临观景，此时也未能逃脱被焚毁的命运。

十七日，有一个五十多岁的男子，头戴头巾，身着白绸衣，手持一把董其昌题字的扇子，大摇大摆地走在街市上。这把扇子被人发现后，瞬间吸引了几十人围拢过来，众人吵闹不休。先是将扇面撕得粉碎，接着又对这个男子一顿痛打，扯破了他的衣服和头巾，才放他离开。

董其昌无奈逃到苏州、丹徒一带躲避风头，其家业也因此一落千丈，几乎化为乌有。直到半年之后，这场风波才逐渐平息。万历四十七年，新任督学御史看到此案后，对董祖常破口大骂："即'剥裈捣阴'四字，已死有余辜。"随后将董祖常抓来，打了二十大板。而那些在此次事件中为董家看家护院的打行成员，由于只是在履行他们所谓的"本职工作"，并没有受到过多的追究。

风波过后，时间进入了天启朝和崇祯朝，董其昌依旧得到朝廷的重用。天启年间，董其昌曾担任南京礼部尚书，之后返乡休养了一段时间。崇祯五年，七十八岁高龄的董其昌再次被起用，担任"北京礼部尚书，掌詹事府印，侍经筵讲官"。同年七月，董其昌遭到弹劾，再加上自身精力不济，便主动请辞，但未获批准。到了崇祯七年（1634），八十岁的董其昌在连续七次上疏请求后，最终得以退休。

董其昌曾说："见美人时作虎狼看，见黄金时作土苴看，这中间享了多少清福。"然而，他的身边却美妾如云，显然并没有做到他所说的那般淡然。董其昌退休返乡后，那些想要得到他墨迹的人，只要走他侍妾的门路，往往就能如愿以偿。八十三岁时，董其昌与世长辞。陆以宁评价董其昌说："今日生前画靠官，他日身后官靠画。"这便是董其昌独特的"画坛登龙术"。董其昌的一生，在仕途上虽有波折，但历经四朝而不倒，即便遭遇松江民众焚烧其宅院这样的重大事件，也丝毫没有影响到他在官场和士林的地位与影响力。在当时，绘画虽被士人视为末流技艺，但像董其昌这样的名宦，却能在画坛取得巨大成就，其中自有一番别样的缘由。绘画对于董其昌而言，是他手中的无上筹码，凭借着泼墨挥毫的技艺，他既能结交高官显贵，也能与名士们交往甚欢，在这艺术与官场交织的天地中纵横捭阖。

李日华的收藏事业

"养花与酿酒，剩钱还买书"，这句诗恰如其分地描绘了明代首屈一指的大收藏家——嘉兴李日华的生活情趣。李日华不仅热衷于养花酿酒，还将大量金钱投入古玩收藏之中。他少年时家境贫寒，一度寄居于外伯父周履靖家中，跟随他读书识字。李日华的父亲李应筊自幼孤苦，家中并无多少积蓄，所以在李日华幼时，家境依旧清苦。然而，到了李应筊晚年，凭借出色的经商才能，积累了大批房产，还大力支持儿子的收藏事业。

在跟随周履靖读书期间，李日华迷上了修仙之道。周履靖曾记录："今年春，余外从子李生读书斋中。生少年，夙慕黄白之事。言颇诞，不可驯。"这份对道教的痴迷，促使他前往茅山游历，可惜并未邂逅仙人。十七岁时，李日华前往松江，跟随山人陈继儒读书。陈继儒的隐逸之风对他产生了深远影响。除了道教，李日华也与佛教结缘，喜爱阅读佛教书籍，常与佛教中人交往。他曾闭关一年，书案上只摆放着佛道书籍，"每日跌坐养心，孤闷之极，则试开卷，尽一二段，辄覆而默思之"。

万历二十年（1592），李日华考中进士，此后在官场沉浮。万历三十二年（1604），四十岁的他告别官场，开始归隐生活。他自号"无营散人"，此时家业已颇为丰厚，无须为生计发愁。本以为远离官场便能获得安逸，可归隐后的他身体却每况愈下。医生诊断他身体虚弱，李日华自认为是写文章耗费了过多心神，但又难以割舍。他时常想要焚毁笔墨，独自枯坐在野寺中，谢绝交友，不再写作，却始终未能成行。

在当时的政治环境下，李日华既不喜欢士大夫的迂腐，也不愿趋炎附势，于是选择了退隐。他曾说，如果能一生粗茶淡饭，伴着佛经、美酒、古琴，家中藏书万卷，石刻千种，常年不出门，也没有俗客打扰，如此过上七八十年，便是极乐之人，赛过神仙了。归隐之后，喜爱饮茶的李日华，时常派人前往无锡惠山取水，用来烹茶。"惠山载水人回，得新泉二十余瓮"，恰逢昭庆寺老僧寄来一瓶新茶，等惠山水运到后，他便在良夜焚香品茶，尽享清乐。

李日华对西湖水也情有独钟，他认为西湖汇聚了两山诸泉，水极其甘美，又设有水闸，能够去故留新。他将取来的西湖水储存在五石大缸中，沉淀六七天，遇到风雨便加以覆盖，晴天则让其暴露，使其接受日月星辰的滋养。用西湖水烹茶，甘醇可口，丝毫不输惠山泉。有僧人赠给他一包普陀茶，他随即派童子驾舟前往湖心亭，取来清澈的湖水，盛了三缸。普陀茶产量稀少，一年不过十几斤，而手工烘焙的更为难得，李日华将此茶命名为"观音灵芽"，搭配西湖水，堪称绝佳组合。

李日华常饮用的茶有虎丘茶、普陀茶、龙井茶、龙湫茶、松萝茶、罗岕茶、伏龙茶等。明代人普遍认为，吴中地区的虎丘茶排名第一，罗岕茶次之，天池茶、龙井茶、伏龙茶又稍逊一筹。对于各类茶，李日华有着自己独特的评判标准，比如虎丘茶香气芬芳，但味道稍淡，茶汤倒入茶盏后，精华浮动，鼻端仿佛能闻到兰花初绽的香气，饮后令人愉悦，但必须用惠山水冲泡。龙井茶味道醇厚，汤色如淡金，气味沉静，细细品味，良久之后，鲜美的滋味在舌尖散开，且必须用虎跑泉的水来冲泡。

李日华有一艘名为"雪舫"的游船，时常穿梭于江南水乡。船上既能设宴饮酒，也可鉴定书画、读书写字。他频繁出行，主要前往杭州、苏州等地。前往杭州途中，夜晚常停泊在崇德，当夜大雨时，两岸家家户户都传来缫丝的声音。夏日水多时，山溪泛滥，若遇到石桥较低，游船便无法通行。因此，他会另外寻觅小艇，以便出行。他常常四更出发，清晨便抵达桐乡城下。绕城皆是桑柘，犬吠声彻夜不绝，仿佛置身于幽深的村落，江南沿岸，风景如画。

万历三十八年九月十日，李日华乘船从余杭出发，行三十里便到达青山坡，沿途石头上的老苔被水浸泡，形态古朴秀丽。至马溪桥，溪流因雨水充沛，潺潺有声。桥左边有一座庙宇，老僧备好茶茗相迎。再前行至临安西市汪铺。一路上所食皆为淡味，他不禁暗自思忖，山中没有盐豉调味，人们却长寿，真的是这样吗？

十一日，船行至青溪渡，溪中布满卵石，泉水一路奔腾。到藻溪时，雨刚停歇，云气升腾翻涌，四周山峦滴翠，宛如精心描绘的眉黛。瓶窑河口，溪水潺潺流淌，溪上横跨着一座观音阁，老僧煮茶，施舍给过往行人。十二日，船行至昌化县，县城位于万山环绕之中，没有城墙，一路森林茂密，景色极为秀丽。雨中的山峦云雾笼罩，呈现出深沉的绿色和黛色，偶尔还露出淡淡的赭石色。

十五日，李日华抵达天门，有两位童子手持火炬在前引导。到达庭院时，主人早已备好精致的蔬菜和美食相候。主人酒量颇好，饮酒时畅快淋漓、豪爽大气，毫无卑躬屈膝之态。二十一日，李日华路过严子陵钓鱼台，行五十里到达桐庐，再走九十里抵达富阳。连日来东北风强劲，江面宽阔，行船于江中，雾气茫茫，浩瀚如同大海。

每到一处，朋友相邀饮酒，他都欣然赴约，畅快痛饮。或在山中月下，或于清风流水之畔，每次畅饮时，大家畅谈中原旧游之事，往昔岁月仿佛梦一般，令人感慨万千。在杭州，有人邀请他在湖舫中宴饮，引得观者如潮，全城都为之热闹非凡。李日华喜爱饮酒，而且偏好味道清爽凛冽的酒，太甜、太苦或太淡的酒都不合他的口味。他的妻子精于酿酒，春天有百花酝，夏天有莲露，秋天有竹叶香，冬天有雪汁，这些酒都有着清爽凛冽的口感。

夏日，李日华前往山中石佛寺避暑。一日天降大雨，雨停后，一道彩虹横跨天空，色彩鲜艳夺目。天晴之后，蝉鸣声声，草木随风摇曳，雨露轻轻滴落。有官员想要到寺中探望他，他再三婉拒，可官员坚持前来。无奈之下，他找来一些村中自酿的野酒，与官员在山中随意畅饮。

嘉靖末年，天下太平，士大夫家境富裕，在修建园林亭台、教习歌舞之余，开始涉足古玩收藏。李日华的俸禄不足以支撑他的收藏爱好，他的主要收入来源于父亲的商业投资。他父亲在房地产领域投入巨大，拥有百余间商铺。然而，万历三十八年十二月，一场大火将这些商铺全部焚毁，李日华感慨道："春波旧第、连市廛取税房。大小百余间。沿烧悉尽。家君一生拮据所就。荡然矣。"

除了父亲的商业投资，李日华还通过田租、润笔获得了丰厚的收入。他书画功底深厚，为人作画写字也能换取报酬。此外，他聚众授课，门生们时常会有所馈赠，比如名叫乔鸣墀的门生，一次就送给他二十两白银。

有了资金支持，李日华得以尽情投入收藏。《味水轩日记》详细记录了他八年中收藏或鉴赏的作品，仅绘画就有近七百件，其中宋元以前的画作多达三百五十余件，他所交往的古董商更是有二百五十余人。

时常有古董商人带着货物登门售卖。曾有古董商派仆人送来四张画，然而这些画要么笔法拙劣，要么毫无韵味，笔笔尽显俗气。李日华看后心中烦闷，急忙关上门，取出自己收藏的真迹，仔细观赏许久，才让心神安定下来，他感叹道："赖有此洗涤胜具，不然淬秽我神识矣。"先后有三个古董商人向他兜售同一张黄公望的《石壁图》赝品，这让他气愤不已，大骂道："作伪者留天壤间，竟不可磨灭耶？"

从李日华的日记中可以了解到，当时的书画交易大多在买家的书斋中进行。由于市场上赝品泛滥，在书斋中可以从容不迫地鉴定，反复观摩，仔细品评。曾有客人拿着张择端《清明上河图》的临本到他的书斋请他鉴定，这幅画上有宋徽宗所书的"清明上河图"五字，字体遒劲有力。画上盖有小玺，绢素古朴，还有不少断裂之处。图中老少人物、车骑房屋、村庄街市等，形态各异，栩栩如生。李日华在京师时曾见过三本《清明上河图》的临本，每本的景物布置都各不相同，各有独特的意境和韵味。

有时，书画交易也会在书画船上进行。收藏家们将书画装满船，到各地相互切磋或交易，古董商们也通过书画船到各地售卖货物。书画船常常会直接停靠在李日华家门口，比如"无锡孙姓者一舫，泊余门首""梁溪客泊书画舫来见"。书画舫来了之后，李日华便可以在舫上鉴赏书画。不过，李日华在万历四十二年十二月七日的日记中曾感叹："近日苏人书画舫，满载悉伪恶物。"

书画店铺也是李日华常去的地方，他称之为"阅市"。有趣的是，书画店铺大多集中在寺庙、试院和官邸附近。杭州西湖的昭庆寺形成了热闹的书画市场，是他经常光顾之处。李日华每年会去杭州数次，有时一住就是几个月，最常去的就是昭庆寺。饭后，他常常在书画店中闲逛，将店内书画浏览一遍后才离开。

西湖边有一家古董店，老板项宠叔，李日华称他为"项老"。项老颇为随性，连烧水做饭都觉得麻烦，每天在西湖里洗脸，随便买几个烧饼充饥。客人来看货时，如果讨价还价不合他意，他便不再理会，一言不发。"春日游舫至，绮纨裘马，照耀夹路。项老独以椎髻垢面，傲睨自若。"李日华与项老关系不错，盛夏时节到店里时，二人还分食了一段藕，之后项老捧出一堆唐寅、祝允明的书画请他鉴赏。

李日华还多次前往"试院""贡院"附近的书画摊贩处进行交易。"试院""贡院"这类地方聚集了众多读书人，自然成为书画贸易的热门区域。官员们手中有钱，也愿意在书画上投资，有些古董商为了生意便利，干脆将店铺开到官邸附近。李日华在南京、北京等地为官时，经常出没于商肆，购买各种古董书画。在商铺中也能淘到宝贝，他曾在南京大理寺旁购得宋代郭熙的作品。

李日华交际广泛，当时江南的顶级文人，如冯梦祯、钱谦益、项元汴、董其昌等都与他往来密切。每当风雨交加的深秋时节，或是在空荡荡的厅堂无事可做时，他就会取出收藏的物品，焚香鉴赏。"胜客晴窗，出古人法书名画，焚香评赏。"这般惬意的时光，便是他生活中最珍贵的时刻。

项元汴堪称江南地区顶级的收藏家，他修筑了"天籁阁"，专门用于收藏历代名家书画。李日华在外伯父周履靖身边读书时，便结识了项元汴。当时的场景仍历历在目，"先生抵掌谈笑，逸思横发，觥筹之余，抽染毫素，以寄胜情"。项元汴之子项德明收藏有赵令穰所作的《江乡雪意图》。李日华偶然得见，瞬间被其吸引，仿佛命中注定一般，一见钟情。他迫不及待地托朋友去说情，渴望将这幅画收入囊中。然而，项德明对这幅画珍爱有加，坚决不肯割爱。时光匆匆，二十余年过去了，项德明身患重病，或许是有感于李日华多年来的执着，最终托好友鲍老将此画卖给了李日华。这份跨越漫长岁月的收藏缘分，也成了李日华收藏生涯中的一段佳话。

李日华在收藏方面有着自己独特的心得，造诣极深。有一次，他的女婿拿了一幅书法作品来请他鉴定，这幅字的笔意与宋高宗极为相似，神韵十足。但李日华在文字中发现了一句"隆兴二年中秋日"，要知道隆兴乃是孝宗的年号。而孝宗向来对高宗恭敬有加，在书法上也常常效仿高宗。基于这些细节，李日华判断此幅作品并非宋高宗所写，而是孝宗的模仿之作。还有一回，一位福建古董商拿出王羲之所书嵇康的《绝交书》，纸张是珍贵的冷金纸，上面的字"春容闲雅，一字具一态"，书卷上还有宋徽宗等人的题跋，众人鉴定后都认定这是"真迹"。然而，李日华在安福朋友家中曾见过另一幅王羲之的《绝交书》，那幅作品品相完好，笔力精紧。他将两幅作品仔细对比后，判断福建所藏的是唐钩本，安福所藏的是唐摹本。所谓"钩"，是用半透明的薄纸，蒙在法帖上，描出空心双钩字；"摹"则是将半透明薄纸，蒙在法帖上复写。虽然这两幅都不是王羲之的真迹，但它们同样是绝世珍品，具有极高的艺术价值。

在南京徐氏园亭雅聚时，有人拿出一幅画卷，题名"天香深处"。画中一块石头旁，写有"王安石作"四字，在座众人大多判断这是王安石的作品。但李日华却敏锐地发现，王安石的"石"字有些模糊，明显是后来补上的。凭借丰富的经验和细致的观察，他判断此画是王安石的族兄王安道所作，并给出了充分的理由。其一，李日华曾见过王安道的作品，这幅画的风格与之极为相似；其二，王安石一生忙碌，写字较为潦草，甚至被人调侃"人生哪得许多忙事"，而这幅画的笔法并不符合王安石的习惯；此外，历史上从来没有王安石作画的记录。李日华的这一判断，让众人对他的鉴赏能力佩服不已。

有个夏姓商人得意扬扬地带着一幅文徵明的《存菊图》前来，开出高价，想要卖给李日华。李日华看着夏姓商人那副得意的样子，心中暗笑，却只是含笑不语。因为他自己收藏真迹《存菊图》已有二十余年，对这幅画的每一处细节都了如指掌。如今看到夏姓商人拿着赝品来忽悠，他不慌不忙地捧出自己的真迹。夏姓商人看到真迹后，顿时面红耳赤，羞愧地退了出去。

李日华的朋友请他鉴定的古玩中，赝品不在少数。他的朋友僧印南，曾拿了一幅米芾的《云山图》来出售。李日华鉴定后，认为"纸色可疑"，断定这是一幅赝品，便婉言谢绝了。他的弟子"俞生持赵文敏行书《秋声赋》来观，有朱文石收藏跋。然纸色黯惨，墨法枯悴，赝本也"。赝品泛滥成灾，让他不禁感叹，"真令人有优孟之眩"。一些高手的临摹作品，也常常让他难以判断。他曾在朋友家中看到一幅宋代李公麟的《龙眠山庄图》，当时无法判断其真假。他便仔细观摩良久，将画中的细节深深地印在了脑海里。三十年后，崇祯五年夏天，他又看到了一幅《龙眠山庄图》。经过仔细把玩，他惊喜地发现，这幅画才是真正的正品，其笔法精妙，绝非一般人所能企及。

李日华藏有唐寅的《款鹤先生图》，可古董商在书画舫上，也搬出了一卷所谓的《款鹤先生图》，请他鉴赏。在其他各种场合，他还曾三次看到过类似的《款鹤先生图》。面对如此多的假货，他也只能委婉地表示，自己家中也藏有此卷，"其标韵较胜此"。

李日华还记录过，乡里有个叫朱肖海的人，少年时就开始接触书画，在鉴定古玩方面颇有心得，还能修补书画、移易补款。久而久之，朱肖海竟然能够模拟真迹，制作赝品售卖。朱肖海制作赝品时极为庄重，"必闭室寂坐。揣摩成而后下笔"。他制作的赝品得到了苏州人的支持，他们为朱肖海牵线搭桥，使得他的赝品在三百里内外流通。李日华在书画领域浸染多年，对朱肖海的这些手段一目了然。但他念及朱肖海以此为生，不想断了他的财路，所以一直不忍揭发。不过，即使是像李日华这样的高手，也有走眼的时候。有一次他上当受骗，买到的就是朱肖海制作的赝品。

"山可樵，水可渔。大夫招，不登车。"李日华逍遥于山水之间，将自己的精神世界寄托在古玩收藏上，远离名利，宛如一位散仙，在水边林下、舟中与鸥鸟相伴入眠。崇祯八年，李日华与世长辞，享年七十一岁。他去世后，在崇祯朝的巨变中，他一生心血所收藏的诸多古玩，逐渐散落各处。然而，藏品的散落似乎是藏家们难以逃脱的宿命。

晚明时期，许多文人放弃仕途，选择隐逸生活，他们将自己的精神世界寄托在外界事务中。他们有的营造园林，有的创作戏曲，有的四处游历，有的收藏古董，这些活动促进了文化的大繁荣。在众多藏家之中，李日华堪称翘楚。他不仅是单纯的收藏，更是通过对这些藏品的鉴赏，不断提升自己的艺术品位，净化自己的灵魂。李日华的藏品，就像是一部完整的中国书画史，在这些藏品的世界里，他自由翱翔，尽情舞动着自己的性灵。

《清明上河图》引发的血案

　　明代书画市场的繁荣，让苏州一跃成为书画作伪的中心。当时的作伪者手段层出不穷，不仅模仿古人名作，连当代名家也不放过。甚至文徵明徒弟创作的书画，只要署上文徵明的名字，人们便趋之若鹜，不在乎真假，纷纷以高价收购。还有一些画工精湛却声名不显的画家，他们的作品常常被洗去落款，换上古今知名画家的名字，流入市场售卖。

　　在那个时代，靠书画谋生并非易事。一些有名望的画家，为了补贴家用，也不得不参与赝品制作。比如张即之仿作的白居易《楞严经》，就被嘉兴大收藏家李日华当作真迹收入囊中。李日华知晓真相后，不禁感叹赝品之多、之逼真，让人防不胜防，"有优孟之眩"。

　　这一时期，书画造假技术也有了显著提升。据屠隆记载，苏州的造假高手会特制竹纸，然后用草烟末香烟熏烤，再以火气逼脆纸质，使其散发出类似古字画的独特香味，成品"全无一毫新状"，几可乱真。苏州专诸巷堪称作伪高手的聚集地，其中有钦姓父子，他们制作赝品的技艺堪称一绝，"近来所传之宋人、元人诸家，大半皆出其手"。这些作伪高手不仅技术高超，画工也十分精湛，只要看过真迹，就能将其细节深深烙印在脑海中，短短数日之后，便能炮制出以假乱真的赝品。

赝品的肆意泛滥，让众多收藏家深受其害。李开先家中藏有名画几百张，当他拿出来展示时，竟发现没有一幅是真品。项元汴在江南收藏书画，一时风头无两，可他的藏品中"赝本亦半之"，赝品占了一半。顾从义到文徵明家中做客，看到一幅沈启南的山水画挂在中堂，顿时大为赞赏，便想从文徵明手中买下。文徵明得意地表示，这幅画不仅是真品，更是沈启南的得意之作，无论如何都不肯出手。顾从义心中对这幅画念念不忘，便到专诸巷中散心，没想到恰好遇到一人拿着一幅画售卖。顾从义定睛一看，正是文徵明家中悬挂的那幅画，于是便以便宜的价格买下。一番追问后才得知，文徵明家中所挂之画也是从这个人手中购得。

在众多赝品中，最为著名的当数《清明上河图》，围绕它还引发了一桩血案。

这起血案的当事人王忬，是政坛的重要人物。他于嘉靖二十年（1541）考中进士，以文人身份带兵，在南方围剿倭寇，在北方抗击蒙古，战功赫赫。然而，在他春风得意的背后，却隐藏着深深的苦恼，因为他得罪了严嵩。

王忬开罪严嵩，这还得从杨继盛说起。杨继盛出身贫苦，一边放牛一边读书，好不容易考中进士，踏入官场。这位出身穷苦的官员，当官后始终不忘初心、敢于为民请命，直言进谏。

当时，严嵩的党羽仇鸾靠着阿谀奉承，当上了边疆大吏。仇鸾戍边毫无能力，为了讨好蒙古人，竟然在边境线上开设马市，与蒙古人做起了生意。杨继盛得知此事后，上奏弹劾仇鸾，结果不仅没有成功，反而被打了一百棍，被贬到甘肃做了个小官吏。后来仇鸾倒台，杨继盛得以重新被起用。但他没有吸取之前的教训，决定拼死一搏，弹劾严嵩父子。杨继盛抱着必死的决心，呈上《请诛贼臣疏》，洋洋洒洒数千言，详细列举了严嵩的种种罪状。

可惜，嘉靖帝对严嵩的宠信坚如磐石，难以动摇。再加上杨继盛在奏疏中指责了皇帝本人，称"乃甘受嵩欺，人言既不见信，虽上天示警亦不省悟"。嘉靖帝看后勃然大怒，当即下令将杨继盛收监入狱。在狱中，杨继盛受尽了酷刑，他自己曾写道："杖死醒后，臀肉尽脱。股筋断落，脓血续涌，不亡如缕。"

在那个动荡的时代，文人们依然坚守着内心的骨气。杨继盛因弹劾严嵩父子入狱后，不仅得到了众多文人的争相追捧，还有朋友担心他在狱中孤寂，特意送了一方砚台给他把玩，以稍解牢狱中的寂寞时光。嘉靖三十四年，杨继盛被处死，行刑当日，京师"满城争睹员外郎"，街道上人头攒动，水泄不通，人们纷纷前来送别这位刚正不阿的官员。杨继盛下葬之后，前往他墓碑前悼念的人更是络绎不绝，大家都"徘徊唏嘘而不能去"，沉浸在悲痛与敬佩之中。

杨继盛的死，成就了他的一世英名，朝野上下，无不对他赞誉有加。在当时，如果谁不夸赞几句杨继盛，不写几首诗词来悼念他，仿佛就难以在文人圈子里立足。王忬听闻杨继盛的死讯后，怒不可遏，痛骂严嵩，情绪激动之下，甚至弹指出血。他的儿子王世贞则主动帮忙料理了杨继盛的后事，并作诗悼念。

严氏父子起初对声名远扬的王氏父子颇为看重，试图将他们招揽至麾下，为己所用。有一次，严嵩宴请王世贞，酒酣之际，严嵩紧紧握住王世贞的手，表现得极为亲昵，试图拉拢他。然而，王世贞即便喝得酩酊大醉，也并未因此而投靠严氏父子，此后更是刻意与他们保持距离。

严嵩多次让儿子严世蕃邀请王世贞赴宴，王世贞要么找借口隐匿不去，要么在饭局上故意为难严世蕃。"每与严世蕃宴饮，辄出恶谑侮之，已不能堪。"王世贞才华横溢，性格恃才傲物，不拘小节。虽然他对严嵩的为人极为不屑，但对严嵩的文章却给出了较高评价，曾说"孔雀虽有毒，不能掩文章"。这句评价精准深刻，立刻在当世传颂开来，同时也进一步激起了世人对严嵩父子的痛恨。严氏父子见无法将王氏父子收为己用，又心胸狭隘，既然做不成朋友，便视他们为敌人。

王忬曾教导儿子不要攀附权贵。尽管他自己也曾怒骂严嵩，但在严嵩权势滔天的情况下，也不得不有所忌惮。政坛上凡是得罪严嵩的人，大多入狱身死。看到儿子得罪了严氏父子，王忬无奈之下，只能硬着头皮，设法讨好严世蕃，希望能化解矛盾。严世蕃的喜好与当时的文人相仿，对书画尤为热衷。

严嵩深受皇帝宠幸的原因之一，是他能够及时处理政务。严嵩入阁担任首辅时已六十九岁，此后连任十四年。随着年岁渐高，他的精力和记忆力都大不如前，处理政务变得越发吃力。幸好，他的儿子严世蕃虽个性彪悍、阴险狡诈，还瞎了一只眼，但精通国家典章制度，对时务也了如指掌。严嵩不得不依赖儿子，但凡百官咨询要事，他都让他们"去找世蕃"。

严世蕃堪称奇才，处理公文得心应手，对天下官职空缺以及各地官场的"肥瘦"情况更是了如指掌。那些想要买官的人，都逃不过他的手心。尽管严世蕃长相丑陋，名声不佳，但这并不妨碍他附庸风雅，他尤其热衷于收藏尊彝、奇器、书画等珍贵物品。

为了讨好严世蕃，官员们有的自掏腰包购买书画行贿，有的则向富豪勒索。罗龙文为了讨好严世蕃，花费纹银千两从文徵明手中购得唐代怀素的《自叙帖》作为礼物。浙江总督胡宗宪也不惜高价，在江浙各地搜罗名画进献。沈德符对严氏父子的癖好评价得十分到位："贪残中又带雅趣。"

名将俞大猷为人耿直，因得罪了严世蕃，被严世蕃找借口抓入监狱。俞大猷无奈之下只能低头，送了三千两银子给严世蕃，才得以保住性命，被发配到大同戴罪立功。

王忬四处打听，得知严世蕃对《清明上河图》情有独钟。他心想，如果能将这幅画弄到手，或许就能修复与严家的关系，化解眼前的危机。

在当时，《清明上河图》究竟藏于何处，众说纷纭。有人传言这幅传世名作被已故首辅王鏊的家人收藏；还有一种说法称，它被陆完夫人视若珍宝，缝在绣枕之中，片刻不肯离身，无论坐卧都随身携带。

不管《清明上河图》是在王家还是陆家，想要将其弄到手都绝非易事。这两家皆是世代官宦，既不缺钱财，人脉资源也极为丰富。王忬对《清明上河图》的具体下落一无所知，无奈之下，只能请中间人帮忙打探消息。

在明代的书画市场，买卖双方通常不会直接交易，而是借助中间人来完成。选用中间人的好处显而易见：其一，中间人具备专业素养，能够对书画的真伪和价值作出精准判断；其二，读书人讲究体面，觉得直接讨价还价有失身份。

王忬此次请来的中间人是汤裱褙。汤裱褙是苏州人，"裱褙"是他在江湖上的名号，从这个名号便能看出他在书画装帧方面造诣颇深。王世贞曾夸赞道："汤生装潢为国朝第一手，博雅多识，尤妙赏鉴家。"汤裱褙不仅擅长书画装帧，在书画鉴定上也颇有一手，严世蕃收藏书画时，都会事先请他来鉴定。

正是从汤裱褙口中，王忬得知严世蕃对《清明上河图》梦寐以求。汤裱褙在江南地区虽人脉广泛、资源丰富，但想要买到《清明上河图》，仍困难重重。无奈之下，他又找来一位帮手，此人便是当时画坛的高手黄彪。

黄彪同样是苏州人，擅长造假。他曾模仿赵孟頫的《参同契》送给王世贞，王世贞拿给友人观赏时，众人皆以为是真迹。黄彪的儿子黄景星，也继承了父亲的技艺，在仿古方面同样是个中高手。

汤裱褙买不到真本《清明上河图》，便与王忬商议，让黄彪绘制一幅赝品。王忬此时犹如病急乱投医，也只好同意了这个办法。

黄彪费尽心思，精心绘制，终于创作出一幅几可乱真的《清明上河图》。他以张择端的稿本为基础，稍加删改润色，布景着色，成品几乎让人难以分辨真假。后来王世贞评价，这张假画唯一欠缺的，只是腕指间的力量罢了。

伪作《清明上河图》被送到严世蕃手中，严世蕃对这幅画爱不释手，四处炫耀。毕竟见过真迹的人少之又少，一时间也没人看出破绽。

汤裱褙自认为立下大功，便向王忬索要好处费。关于索要的金额，有人说四十金，也有人说是二十金。王忬拒绝了他的勒索，汤裱褙恼羞成怒，随即揭露这幅画是赝品。严世蕃颜面尽失，怒火中烧，将这笔账算在了王忬头上。嘉靖三十八年（1559），严世蕃以"滦河之警"为借口，设计将王忬整倒，打入大牢。次年，又以"边吏陷城律"，将王忬置于死地。

此次事件中的另外两人，汤裱褙和黄彪也未能幸免。汤裱褙因涉及另一起诈骗案件，被发配边疆，最终死在戍所。黄彪则隐姓埋名，躲过了这场风波。

而《清明上河图》最终还是落入严世蕃之手。真品《清明上河图》原本收藏于昆山顾氏家中，有人花费千金购得后送给了严世蕃。严嵩倒台被抄家后，这幅画被收入皇宫。

严氏父子对书画的狂热追捧，使得书画价格大幅上涨。王世贞曾感慨："若使用事大臣无所嗜好，此价当自平也。"后来昆山顾氏想以一千两金的价格出售家藏的王维《弈棋图》，买家朱忠僖却只肯出三百两。顾氏十分惊讶，说道："《清明上河图》当时可是卖出了千金的价格，这两件宝物理应同价。"朱忠僖解释道，买《清明上河图》的人是为了讨好严氏父子，莫说是千金，就算价格翻倍也不在乎。而自己买这幅画只是为了案头清玩，出价三百两，不过是酬谢顾氏远道而来，"若据实言，二百两亦已多矣"。顾氏不肯低价出售，在京城徘徊数月，始终未能出手，最后只能将画带回昆山。

严嵩苦心收藏的书画，最终都便宜了皇帝。严嵩父子失势

后，他们所藏的书画全部被收入宫中。到了隆庆初年，国库空
虚，朝廷便拿出大量名画充当武官的俸禄。这些珍贵的名画被
低价处理，"每卷轴作价不盈数缗，即唐宋名迹亦然"。

豪杰乐事写词曲

"古来抱大才者，若不得乘时柄用，非以乐事系其心，往往发狂病死。今借此以坐消岁月，暗老豪杰。"李开先的这一番感慨，也恰如其分地描绘了他自己的一生。

李开先出身名门，祖上曾有过辉煌的过往。然而，他的父亲在科举之路上却始终未能取得突破，临终前，父亲千叮万嘱，希望他务必在科举上努力，以弥补自己的遗憾。

但李开先真正感兴趣的却是戏曲。自少年时代起，他便熟读名家散曲杂剧，对戏曲理论更是精通，说起戏曲来那是滔滔不绝、如数家珍。对于这样一个充满舞台感的天才而言，强迫他去学习枯燥烦琐的八股文，无疑是一种巨大的煎熬。好在他的妻子张氏，一直督促着他，这才让他不得不埋头苦读圣贤书。

张氏是章丘一名富商的女儿，李开先九岁时就与她订下婚约。李开先二十二岁、张氏十九岁时，二人喜结连理。彼时，李家家道中落，家境惨淡，张氏操持家务，"躬苦茹淡，以济不足"，为丈夫解除了后顾之忧。

李开先天生痴迷戏曲，"敲棋编曲，竟日无休"，常常白天在外游玩，晚上才回家看书。张氏劝他："人生气血有限，昼夜兼劳，久之气血兼病矣。"在妻子的再三劝勉下，李开先暂时放下对戏曲的热爱，刻苦攻读，终于在二十七岁时考中进士。

进入官场后，李开先意气风发，满心期待能大展宏图。他曾驰骋边疆，参与军事事务，在政坛上慷慨激昂，针砭时弊。然而，他对舞台的热爱从未消退。他与名士交往，切磋戏曲心得，还在京师豪饮高歌，这些行为引起了政坛大佬夏言的不满。

四十岁时，李开先原本仕途顺遂、不断升迁，却突然遭遇飞来横祸。嘉靖二十年（1541）四月，皇家宗庙突发火灾。宗庙失火可是惊天动地的大事，被视为上天对人间帝王的警告，预示着朝廷中有奸佞之徒。京师内四品以上官员都呈上所谓的"辞职书"，以表姿态，然而谁是奸佞，却由人事关系决定。内阁大佬们依据个人好恶进行取舍，首辅夏言对李开先本就不满，借此机会将他踢出了官场。

嘉靖二十年五六月，李开先回到章丘城南，开始了长达二十七年的闲居生活。

章丘风光秀丽，山水宜人，名士辈出，更有他钟爱的戏曲。散曲家冯惟敏专程前来拜访他，二人"秋夕共语"，热烈讨论戏曲。冯惟敏在离开章丘途中，兴致大发，写下散曲《中麓归田》，毫不吝啬地对李开先予以赞美："山河依旧，其中自古圣贤州。似您这天才杰出，真个是无愧前修。霎时间对客挥毫风雨响，世不曾闭门觅句鬼神愁。"

在这段时光里，李开先并不寂寞，但他心中仍有所牵挂。他在官场失意，心有不甘，始终期待着能有机会再次出仕。他在庄园中修建了一座楼，用来珍藏皇帝赐给他的敕命，每年都要捧起诵读，仿佛皇帝就在眼前。他心系边疆，送侄儿从军，更期待能"驱逐倭酋静海洋"。他与京师官场中的旧交频繁往来，暗中运作，渴望能再次被起用。

等待的日子充满煎熬，为了消磨时光，李开先建造了藏书楼，收藏古籍，其藏书之名闻名天下。他蓄养歌伎，"征歌度曲"。还接连纳妾，在温柔乡中"坐消日月，暗老豪杰"。

李开先家中，"虽风雨之夕，客常满座"。他身边围绕着一群门客帮闲，其中不乏精通曲艺之人，比如苏洲，号雪蓑道人，他精通琴、琵琶，能歌吴曲，喜好豪饮，醉后袒臂大叫，旁若无人。

李开先生性喜爱美色，纳了许多妾。他纳妾的标准是精通乐器，如果女子年轻貌美但不通乐器也没关系，他会收入房中亲自教授。他有一妾张二，原本是青楼女子，擅长箫管。

当时蓄养家班之风盛行，李开先也有自己的家班，号称"书藏古刻三千卷，歌擅新声四十人"。曾有人到李家拜访，看到家中有戏子二三十人，女妓二人，女僮歌者数人。客人所说的女妓二人，便是张二、范四两名小妾。

李开先的生活与《金瓶梅》中的西门庆有几分相似，每日或是看自家戏班演出，或是与童子踢球、斗棋，或是欢饮作乐。人间乐事，不过如此。

李开先精通词曲，时常调教家班。家中门客中也有精通南北曲调的，常常为家班指点唱法。对于自己精心打造的家班，李开先颇为满意，有贵客临门时，便会让家班出来演出。

后来的文坛领袖王世贞，年轻时担任青州守备，曾拜访过李开先，并欣赏过他家班的演出。

王世贞来自江南，见过无数大场面，几个稍受声乐训练的仆人，以及几名从青楼挖来的女子，实在难以入他的法眼。王世贞看了演出后，大失所望，觉得家班"戏子皆老苍头也，歌亦不甚叶"。

家班没能得到王世贞的认可，李开先有些不好意思，谎称家中有能歌善舞之人，只是分散在各庄尚未归来。王世贞看穿了他的心思，却也不好意思戳破。

玩赏家班还不能让李开先过瘾，嘉靖二十三年（1544），他创作了一组散曲《中麓小令》。这组散曲的创作纯属偶然，李开先遇到一名精通南北曲调的艺人，一时兴起，创作了小曲百余首。李开先是北方人，却创作南曲，充分展现了他卓越的戏曲才华。《中麓小令》一经问世，便风靡大江南北，数百人唱和，被时人称为"中麓体"。

过了散曲的瘾，李开先仍意犹未尽，又投身到剧本创作之中。

天下豪杰，心中皆藏有不平之气，不平则鸣。嘉靖二十六年（1547）夏，李开先怀着满腔的不平之气，挥笔创作了传奇《新编林冲宝剑记》（简称《宝剑记》）。

在历史上，林冲本是虚构人物。最初在《大宋宣和遗事》中，林冲现身，于梁山排名第十三，彼时的他并不起眼。直至《水浒传》，林冲的戏份才逐渐增多，不过其形象多是憋屈隐忍。金圣叹曾评价："林冲自然是上上人物，写得只是太狠。看他算得到，熬得住，把得牢，做得彻，都使人怕。"林冲的隐忍超乎常人，一旦爆发，便令人胆寒，这便是金圣叹眼中的林冲。

《宝剑记》虽脱胎于《水浒传》中林冲的故事，但其故事情节却大相径庭。

李开先将自身遭遇融入林冲这一人物。林冲遭高俅陷害，被迫上了梁山，最后率领五万兵马，杀入京师，报仇雪恨。其前锋将领是手舞宣花斧、袒胸跣足、扬言要杀入东京剁翻皇帝的黑旋风李逵，这与原著故事截然不同。在《宝剑记》里，李开先就如同林冲，高俅恰似夏言，李开先的复仇渴望在戏剧中得以宣泄。

在《水浒传》中，林冲夜闯白虎堂时，携带的是宝刀。而到了李开先笔下，林冲携带的变成了宝剑，"闲启宝匣看古剑，紫电照人晴碧"。《宝剑记》以宝剑开题，以宝剑结尾。林冲铲除高俅后，与妻子重逢，寻回宝剑，"宝剑永传扬"。

宝剑在中国古代有着丰富的象征意义。它历经千锤百炼而成，坚韧不拔、百折不挠。因其被视为天生阳刚之物，能驱邪除魔，故而成为各类神仙手中的必备神器。宝剑还象征着正义，正所谓"十年磨一剑，谁有不平事"。其外形典雅，"高冠雄剑"曾是文人的标准装扮，宝剑在手，文人顿时豪情万丈，阳刚之气倍增。

李开先身上也有着一股任侠精神，他不屑于做普通文士，"以兵自雄"。在《宝剑记》中，宝剑的意象贯穿全剧。全剧就如同一把宝剑，起初深藏鞘中，随后一点点抽出，光芒逐渐展露，宝剑出鞘，为不平而鸣。

李开先之后，陈与郊将《宝剑记》改编为《灵宝刀》，把林冲的武器从宝剑换回为宝刀，然而却失去了原著的精髓。

　　李开先的笔触如宝剑般刚劲有力，毫无文人的酸腐之气。他鄙夷当时文坛的拟古风尚，直言"每愤文体如妆粉骷髅"。他与李攀龙虽是同乡，相距不过百里，却从未有过往来。他写作时随心所欲，用的是平常言语、寻常心意。他亲近民歌，还曾收集编写民歌集。

　　《宝剑记》吸纳了当时流行的民歌，剧本中可见《山坡羊》《傍妆台》等各类民歌。民间语言的运用，使得全剧语言自然流畅，不堆砌典故，不刻意雕琢，以朴素的语言展现人物所处环境及内心感情。比如林冲夜奔时唱道："按龙泉血泪洒征袍，恨天涯一身流落。专心投水浒，回首望天朝。急走忙逃，顾不得忠和孝。"

　　《宝剑记》刻印后，因其故事跌宕起伏，语言通俗易懂，迅速传播开来，"歌之者多"。当时的士人对《宝剑记》多有褒奖，它与《浣纱记》《鸣凤记》并称三大传奇，王九思称之为"一代之奇才，古今之绝唱"。

　　大才子王世贞看了《宝剑记》后，却有不同看法。他认可李开先提炼后的戏曲台词，称赞"辞之美，不必言"。但他认为不足之处在于音韵过于生硬，王世贞觉得，如果请苏州人来教练一番，纠正音韵，这部作品便能传播得更广。

李开先最得意的恰恰是音韵，他曾自夸："音韵谐和，言辞俊美，终篇一律。"如今被王世贞泼了冷水，李开先心情抑郁不快。不过，并非只有王世贞一人有此看法，也有人指出，李开先"不知南曲之有入声"。

《宝剑记》创作之时，正值海盐腔盛行。万历朝以前，士大夫请客吃饭，多用海盐腔宴席招待宾客，若用其他腔则被视为不敬。《宝剑记》用的也是海盐腔，而后来风靡一时的昆曲，此时尚未大放异彩。随着昆曲的崛起和戏曲的发展，《宝剑记》渐渐淡出了舞台。但其中第三十一出《林冲夜奔》至今仍是昆曲、京剧、赣剧、湘剧、弋腔、柳子戏、梆子戏的保留剧目。

《宝剑记》写成后不久，李开先的结发妻子张氏去世。张氏十九岁嫁到李家，夫妻二人同甘共苦，相濡以沫。李开先与妻子感情深厚，可他年轻时出入青楼，感染了花柳病，还传染给了妻子，每到发作时，奇痒难耐。妻子对此毫无怨言，始终温柔以待。

　　张氏临终前，还让亲弟弟去帮李开先购买小妾，并再三叮嘱弟弟，小妾要容貌美丽、性情温和，能让丈夫开心。妻子去世后，李开先写下许多怀念之作。在《亡妻张宜人散传》中，他对自己年轻时的浪荡行为做了深刻忏悔。

　　张氏死后不过三个月，十八岁的爱妾张二又突然离世。李开先对张二念念不忘，在诗中写道："触物伤情双泪落，余香犹染旧佼绡。"对于张二的死因，李开先避而不谈，很可能并非正常死亡。

　　在满堂欢宴、热闹歌舞的背后，李开先内心的寂寥却如影随形，他对夏言的恨意也从未真正消散。李开先对夏言可谓恨之入骨，在诗文中多次对其进行鞭挞。嘉靖二十七年（1548），夏言在激烈的政治斗争中失败被杀。李开先听闻这一消息后，内心大喜，随即写下《闻夏桂洲凶报》一诗，诗中写道："上方有剑何须请，相国惊闻沥血头。"这句诗淋漓尽致地展现出他内心压抑已久的情绪得到释放后的畅快。

　　在自家庄园过着惬意生活的李开先，看着夏言的悲惨命运，对他的恨意也渐渐淡去。夏言的死，让李开先有了新的感悟，他越发觉得官场如龙潭虎穴，充满险恶，远不如隐居逍遥自在，能快乐度过一生。此后，他不再期盼遇到明主，转而袖藏老庄之书，枕旁常放《周易》，沉浸在道家和儒家经典的智慧中，寻求内心的宁静。

　　嘉靖二十八年（1549）二月，李开先的好友张治担任礼部尚书，他十分赏识李开先的才华，有意推荐其重新出仕，并写信询问李开先的想法。然而，此时的李开先已彻底看透官场，他回书婉拒了张治的好意，从此彻底断了仕途之心。回首往昔自己的雄心壮志，他突然觉得那时的自己有些滑稽可笑，"每抚雄心还自笑，羞将鹤发对人梳"，这句诗正是他此时心境的真实写照。

　　嘉靖三十一年（1552），李开先五十一岁，这一年，他的生母不幸离世。祸不单行，此后几年，他的子女也接连去世。李开先子嗣单薄，这与他早年在青楼狎妓，染上花柳病有很大关系。

　　随着年龄的增长，李开先陷入了孤独凄凉的境地。子女夭折，妻妾也陆续离世，这一系列的打击让他痛苦不堪。为了寻求精神上的慰藉，他开始探访古寺，与高僧交流，潜心研读经文。曾经在《宝剑记》中展现出的豪情壮志，在他身上渐渐消逝。但在外人眼中，李开先依旧是那个放荡不羁的文人，他常常携妓吟诗，家中高朋满座，他在山林间笑傲人生。他会在雪中探访古寺，夜半时分放声狂歌，酒后兴致大发便编曲创作；他以词曲娱乐晚年，文采风流，在北方文坛留下了浓墨重彩的一笔。

隆庆二年（1568）二月，李开先与世长辞，享年六十七岁。关于他的死因，有一种说法认为与他丰富的藏书有关。当时，洪朝选担任山东巡抚，听闻李开先藏书丰富，便想借书阅读，却遭到拒绝，于是怀恨在心，对李开先进行报复，致使"李以恚恨死"。

李开先去世后，他的身后事也颇为凄凉。他的继妻年仅三十八岁，嗣子才十二岁。家族中的人觊觎他的财产，爆发了激烈的争夺战，最终他家产被夺，家境破败不堪。李开先的灵柩一直停放着，直到万历二年（1574），在友人的帮助下，才得以入土为安。

后世从多个角度对李开先进行研究，发现他的生活、感情、家乐、戏曲、园林、子嗣等方面与《金瓶梅》有着千丝万缕的联系，因此有人认为他就是《金瓶梅》的作者。《金瓶梅》中大量抄引《宝剑记》的内容，例如第六十七回，西门庆应伯爵之邀饮酒赏雪听曲，所唱的《驻马听》就全部出自《宝剑记》。而且《金瓶梅》中的许多场景描写，也能在《宝剑记》中找到原型。

后世学者如同侦探一般，将目光聚焦在李开先身上，仔细分析他的言辞，试图从中找到蛛丝马迹，破解《金瓶梅》作者之谜。李开先在遗嘱中写道："家居二十七载，享林下清福，人生至此，亦云足矣。惟苏杭未得游，普集新修园未得一到，《词谑》一书未成，尤可惜也。"有学者据此推断，当时《词谑》其实早已完成，李开先所遗憾未完成的，极有可能是《词话》，也就是《金瓶梅词话》。还有学者推测，李开先去世后，家中门客将《金瓶梅》赠送给了王世贞，所以在当时只有王世贞藏有《金瓶梅》全本。

然而，《金瓶梅》的作者究竟是谁，至今仍是一个难以破解的谜团。晚明时期才子辈出，他们才情横溢且个性狂放，这使得后世的研究者在众多线索中艰难地抽丝剥茧，试图解开这个谜团。同样喜爱词曲，尤其钟情民歌的冯梦龙，也因为其与李开先相似的文学喜好，成为《金瓶梅》作者的嫌疑人之一。

情胆包天唱民歌

在漫长的历史长河中，民歌一直未受到足够重视，常被视为下里巴人的消遣之物。然而到了明代，民歌却迎来了命运的转折，咸鱼翻身，被赞誉为"有明一绝"，足以与唐诗、宋词、元曲相媲美。

明代民歌的兴盛，其受欢迎的内容并非展现北方健儿豪情万丈、骑马挎刀、雪夜出关、驰骋塞北的豪迈场景，而是充满吴侬软语、浓情蜜意、打情骂俏、情欲萌动的情感表达。这类民歌凭借独特的风格走进了千家万户。

民歌源自民间，没有浓厚的文人气息，也没有烦琐的辞藻堆砌，它所蕴含的是民众最真实的情感，无论是男女情欲、日常生活，还是市井百态，都被纳入其中。就如同现代的流行歌曲一样，民歌受众广泛，男女老少皆宜，迅速传遍街头巷尾。

当时有人记载，民歌盛行时，"不问南北，不问男女，不问老幼良贱，人人习之，亦人人喜听之，以至刊布成帙，举世传诵，沁人心脾。其谱不知从何来，真可骇叹"，足见其受欢迎程度之深。

民间对民歌的热情，让许多读书人感到难以理解。在松江地区，但凡朋辈之间的玩笑调侃，或是士人稍有出格的行为，很快就会被编成民歌四处传播。城乡的不良少年，在饮酒作乐、游荡街头时，也会成群结队地唱起民歌，声浪此起彼伏，气势颇为浩大。

民歌具有强大而鲜活的生命力，它无须过多的词语修饰，不受诗词格律的束缚，题材丰富大胆，突破了文人常写的闺情、风情主题，敢于表达文人不敢言的情感，诉说文人不敢说的爱意。袁宏道就曾评价："当代无文字，闾巷有真诗。却沽一壶酒，携君听《竹枝》。"深刻地表达了对民歌的赞赏。

民歌的兴起，吸引了一批渴望革除华而不实文风的文人的目光，"真诗在民间"逐渐成为很多文人的共识。当民歌得到文人的关注后，开始被系统地整理，进而发展成为一种全新的文学体裁。

　　李开先认为民歌情感真挚，直抒胸臆，不加雕琢，仅凭真情就能打动人心。于是，他精心整理了元、明两代的民歌和散曲，编成《市井艳词》，并对其中的作家、作品逐一进行评点。李开先去世约二十年后，冯梦龙也投身到吴地民歌的搜集、整理和编撰工作中。冯梦龙整理民歌有着更为深刻的动机，他希望"借男女之真情，发名教之伪药"，借助民歌中真挚的情感，来揭露封建礼教的虚伪。

　　冯梦龙早年才华横溢，文章嬉笑怒骂皆成风格。那时的他年少英俊，性格狂放不羁，时常流连于青楼，与歌伎们交往密切，"逍遥艳冶场，游戏烟花里"。多年之后，回忆起年少时的狎游岁月，他心中感慨万千。他还为这些青楼女子作传，在他的文章中，能看到许多个性鲜明的妓女形象，她们有的才情出众，言谈幽默风趣；有的敢爱敢恨，执着地追求真爱。在他的笔下，有名有姓的妓女就有十余人之多。

　　冯梦龙曾深深爱恋名妓侯慧卿，二人情投意合，甚至许下了白头偕老的誓言。然而，命运却对他们开了个残酷的玩笑，侯慧卿最终选择了抛弃冯梦龙，投入了一名商人的怀抱。在从良改嫁之前，侯慧卿特意邀请冯梦龙前来话别。看着心爱的人即将成为他人妇，冯梦龙心中万念俱灰，他满心不舍与心痛，却又无力改变这一切。

其实，侯慧卿并非对冯梦龙无情无义。在那个时代，一名名妓从良所需的赎金极为高昂，只有富豪、高官才有能力负担。当时年仅二十余岁的冯梦龙，经济实力根本不足以帮助侯慧卿赎身。侯慧卿也十分无奈，她深知自己不能一直等待下去，必须赶在年老色衰之前从良，嫁给他人为妾，以此摆脱在青楼中的悲惨命运。

这段感情挫折给冯梦龙带来了极大的伤害。失恋后的他，内心充满了痛苦与自责，他抽打自己的耳光，大骂自己为何要对青楼女子如此认真。此后，他大病一场，闭门谢客，将所有的情感都倾注到情词创作之中。在他的诸多诗词里，都描绘出了自己愁肠百结的心境，"最是一生凄绝处，鸳鸯冢上欲招魂"，字里行间满是对逝去爱情的眷恋与痛苦。多年之后，冯梦龙再次翻阅当年失恋时写下的词曲，那些曾经的伤痛依旧清晰如昨，

"犹可令人下泪"。

冯梦龙在《挂枝儿》中，记录下了自己与名妓冯喜生的一段故事。在冯喜生即将嫁人从良的前夜，她邀请冯梦龙前来话别。夜半时分，冯梦龙准备离去，他询问美人是否还有话要说。冯喜生只是淡然一笑，随后为他唱了一首民歌作为送别。后来冯梦龙编撰《挂枝儿》时，冯喜生已青春不再，往昔的回忆涌上心头，让他感慨万千。他不禁狂呼："呜呼！人面桃花，已成梦境……佳人难再，千古同怜，伤哉！"

冯梦龙仿佛天生就与民歌有着不解之缘，他对民歌如痴如醉。他本就是个风流浪子，而民歌对于他而言，就如同游龙之于江河，相得益彰。民歌因他的收集、整理与传播而被更多人知晓，他也因民歌获得了文学感悟与情感的升华。

冯梦龙二十二岁时便开始了民歌收集之旅。他穿梭于市井小巷，从百姓的日常生活中采集民歌；在被刊印的书籍里，仔细寻觅那些散落在文字间的民歌踪迹。酒馆青楼更是他收集民歌的主要场所，他向琵琶阿圆搜集民歌，被其美妙的歌声所倾倒；深夜在名妓冯喜生处得到民歌相赠，多年后回想起来仍惆怅不已。他毫不避讳，看到弹词的盲女与行歌的丐妇，都会上前探听，只要偶尔能收获一首民歌，他便欣喜若狂，直呼"何妨爱杀"。

在一些道学家眼中，民歌不过是山野田夫信口哼唱之作，毫无文学价值可言。但冯梦龙却对民歌给予了极高的评价。天启年后，他精心编辑了《挂枝儿》《山歌》两本民歌集，共收录民歌八百余首。冯梦龙与李开先不同，他将民歌与诗词相提并论，将其视为一种真正的文学体裁。此前的文学家虽然也欣赏民歌的真实情感，但对民歌的认识仅仅停留在"可资一时谑笑"的层面。而冯梦龙不仅认可民歌的文体地位，还将其抬高，甚至断言"但有假诗文，无假山歌"，强调民歌的真挚与纯粹。

民歌集《挂枝儿》起源于北方小曲《打枣竿》。《打枣竿》流传到南方后，与南方民歌相互融合，逐渐演变成了《挂枝儿》。在很多时候，人们对《打枣竿》的提及更为频繁。嘉兴的李日华就曾说："我明事事落古人后，其超绝者，茶酒墨与《打枣竿》而已。"

《山歌》则兴起于明代中叶以后，其内容与江南地域的社会生活息息相关，是民众在日常生活中为了娱乐、放松而创作出来的。《水东日记》中记载："吴人耕作，或舟行之劳，多作讴歌以自遣，名唱山歌。"这生动地描绘了江南百姓创作山歌的场景，也体现了《山歌》与当地生活的紧密联系。

冯梦龙所编辑的《挂枝儿》和《山歌》这两本民歌集，收录的都是来自吴语地区农村和市井阶层的民间俗曲或民歌。其中，情欲题材大量融入，成为吴地民歌的显著特征。

《挂枝儿》的卷一至卷七，分别以私、欢、想、别、隙、怨、感为名，生动地描绘了爱情的不同阶段和复杂情感。初恋时的深情款款，热恋中的狂热痴迷，离别时的泪眼相看，对情人的无尽思念，偷情时的隐秘欢愉，以及男女间的鱼水之欢，都在这些民歌中展现得淋漓尽致。

比如《挂枝儿·泣想》中唱道："青山在，绿水在，冤家不在。风常来，雨常来，书信不来。灾不害，病净害，相思常害。春去愁不去，花开闷不开，泪珠儿汪汪也，滴没了东洋海。"这首民歌将苦恋的深情与思念的煎熬刻画得入木三分，透过文字，那份刻骨铭心的情感仿佛要穿透纸背。

再看《挂枝儿·性急》："兴来时，正遇我乖亲过，心中喜，来得巧，这等着意哥，恨不得搂抱你在怀中坐，叫你怕人听见，扯你又人眼多。看定了冤家也，性急杀了我。"短短几句，便将遇见心仪之人时的欢喜与急切，那种难以抑制的情感，原汁原味地呈现出来，喜悦之情溢于言表。

而《挂枝儿·久别》则诉说着："自从他那一日匆匆别去，到如今秋深后风雨凄凄，欲待要做一领衫儿捎寄，停针心内想，下剪自迟疑。这一向不在我身边也，近来肥瘦不知你。"字里行间满是对远方爱人的思念，这份思念在岁月的流逝中越发浓烈，难以抑制。

在金陵富春堂唐氏万历年间刻本《南西厢记》的插图中，能看到文人也参与民歌创作，且多为放浪形骸之作。在那个时代，文人若仕途不顺，无法跻身官场，便常常放纵于欢场，沉醉在温柔乡中。当美酒飘香，民歌袅袅之时，面对眼前的极乐诱惑，他们很难抵挡。自然而然地，他们会尽情释放文人的才情本色，伴着美人的笑容，在美酒的微醺下欢歌，创作出贴合情境的小曲。

冯梦龙不仅热衷于收集民歌，还亲自提笔撰写。他的民歌集收录了米仲诏、董遐周、白石山主人、丘田叔、黄方胤、李元实、苏子忠等众多文人的作品。冯梦龙在挑选收入民歌集的文人作品时，有着明确的三个标准：要真，要俗，要有情。那些脱离了真、俗、情，充满文人酸腐之气的民歌，即便辞藻再典雅，他也不会选取。

以董遐周的《挂枝儿·喷嚏》为例："对妆台，忽然间打个喷嚏，想是有情哥思量我，寄个信儿，难道他思量我刚刚一次？自从别了你，日日泪珠垂。似我这等把你思量也，想你的喷嚏儿常似雨。"整首歌用的都是市井俚语，活脱脱就是浪子的心声，丝毫不见书生气。

《挂枝儿》一经问世，便引起了轩然大波。道学先生们拿着道德的大棒，对冯梦龙进行猛烈抨击。然而，《挂枝儿》却受到了"不肖子弟"的热烈追捧，他们如痴如醉地倾听。冯梦龙因此被卫道士们群起而攻之，陷入了狼狈不堪的境地，甚至眼看着一场牢狱之灾即将降临。

危急时刻，冯梦龙仓皇赶赴湖北，向熊廷弼求助。熊廷弼是明末著名将领，一生三次任职辽东，坐镇一方，威名远扬。他曾任江浙督学，与冯梦龙有师生之谊。当冯梦龙赶到湖北与熊廷弼相见时，熊廷弼突然问道："海内盛传冯生《挂枝儿》，曾携一二册以惠老夫乎？"原来熊老先生也是性情中人，对冯梦龙的民歌集充满好奇，想一睹为快。最终，经熊廷弼出面帮忙，冯梦龙才得以摆脱官司，否则，他恐怕就要落得像李贽一样的悲惨下场了。

相较于《挂枝儿》，《山歌》的内容取材于山野，与生活的联系更为紧密，情感表达也更为奔放。冯梦龙评价山歌"最浅，最俚，亦最真"。在《山歌》的序言中，他毫不避讳地坦言，书中所收录的内容"皆私情谱耳"。《山歌》中不乏大胆的性描写，例如以下两首：

《山歌·馒头》写道："姐儿胸前有介两个肉馒头，单纱衫映出子咦像水晶球，一发发起来就像钱高阿鼎店里个主货，无钱也弗肯下郎喉。"这里的"发"指膨胀，"钱高阿鼎"是"吴中馒头店之有名者"，"个主"意为"这个"。此曲以馒头为喻，巧妙地隐喻了女性胸部以及男性的痴念。

《山歌·荸荠茨菇》则是："郎替娇娘像荸荠，荸荠要搭茨菇两个做夫妻，茨菇叶生来就像姐儿两膀当中个主货，荸荠心透出也像情哥郎个件好东西。"此曲借助荸荠、茨菇的外形，隐晦地暗指男女性事。

《山歌》刊行后，其内容对于卫道士而言，尺度实在太大，令他们难以接受。在他们的抵制下，《山歌》逐渐湮没于历史的长河之中，几近失传。直到1934年，上海传经堂书店主人朱瑞轩君前往徽州访书，这部作品才得以重见天日。

《挂枝儿》的流传情况也不容乐观，如今仅有节抄本存世，世人难以窥其全貌。近代，郑振铎偶然在小书摊上发现一本题为《挂枝儿》的小书，便将其买下。郑振铎翻阅后，意识到这本书的不凡之处，决定将它收录在《鉴赏丛书》中出版。然而，他买到的这本小书中仅有四十一首《挂枝儿》。后来，他又在上海找到了九卷本的《挂枝儿》明刻本残帙，再加上在浙江发现的《挂枝儿》相关内容，才最终将此书十卷补齐。

冯梦龙耗费了大量精力收集、整理、编撰以"情爱"为主题的民歌。《挂枝儿》和《山歌》的问世，为他招来了诸多麻烦。尽管最终成功摆脱了官司，但他还是承受了巨大的压力。他被指责为狂生、无赖，生活也陷入了困境，一度家徒四壁，只能依靠朋友的帮助维持生计。迫于无奈，冯梦龙四处奔波，先后在多地授课。

五十三岁时，冯梦龙所著的《醒世恒言》出版，此后他又陆续推出了一系列作品。然而，写作和设馆授徒并没有改善他的生活状况，他依旧时常需要朋友的馈赠来解决生计问题。

老友袁晋因与富豪争夺一名妓女而吃了官司，入狱出狱后，他以这段经历创作了剧本《西楼记》。剧本完成后，袁晋自己不太满意，便带着剧本去找冯梦龙指正。冯梦龙接过剧本，简单翻看后就扔在了书桌上，没有发表任何评语，袁晋只好怅然离去。

当时冯梦龙家中已经断粮，家人告知他这一情况，冯梦龙却胸有成竹地说："不用担心，今夜袁晋会送钱来。"家人都以为他在说梦话。再说袁晋回家后，左思右想，一直踌躇到夜里，突然拿了一百两银子前往冯梦龙家。到冯家门口时，门还开着，仆人说："主人正等着你呢。"袁晋进屋后，发现冯梦龙已经将他的剧本修改好了，正等他来取。

崇祯七年（1634），六十一岁的冯梦龙出任福建寿宁知县。在寿宁为官期间，他一改早年的放荡不羁，回归正统。他在寿宁表彰了六名节妇，对寡妇守节的行为赞誉有加，并为寻访到节妇而颇为自得。但早年的冯梦龙可不是这样，他坚信女子之智不逊于男子，曾驳斥"女子无才便是德"的观点。他整理民歌，赞美那些勇敢追求真爱的女子，提倡婚姻自由，还对卓文君私奔的行为称赞不已。真是此一时彼一时，在其位则谋其政。

崇祯十一年（1638），冯梦龙离职返乡，从此再未出仕。返乡后的他，虽已七十岁高龄，但身体硬朗，牙齿坚固，精力充沛。他在苏州文坛十分活跃，与朋友们饮酒赋诗，尽情畅游于山水之间。明朝灭亡后，七十二岁的冯梦龙远游东海，此后便不知所终。有一种说法是，他漂洋过海，远赴日本。

冯梦龙虽已远去，但他所热爱和整理的民歌，却在世俗生活中，在饮食男女的情感世界里，千百年来代代相传，成为民间文化的瑰宝。

双陆象棋叶子戏

大明王朝初立，朱元璋端坐龙椅，俯瞰天下，一心想要将自己的意志贯穿于社会生活的每一个角落，主宰万民。然而，总有一些人不听号令，民间的赌博之风从未停歇。朱元璋盛怒之下，愤然下令："下棋、打双陆的断手。"

打双陆是一项历史悠久的赌博项目。其棋盘设计独特，棋子分为黑白两色，各十五枚，骰子为六面体。游戏中，棋子的移动依据掷骰子的点数来决定，率先将所有棋子移出棋盘者获胜。在明初，象棋与双陆都是极为流行的赌博工具，因此时人常常将打双陆与象棋相提并论。在《金瓶梅》中，对西门庆、应伯爵、潘金莲和孟玉楼等人的介绍里，必有"双陆象棋，无不通晓"的描述。而且在《金瓶梅》中，但凡涉及妓女、帮闲之类的人物，都被设定为精通"双陆象棋"。

明代初期，象棋、围棋、双陆、骰子等是主要的赌博工具。到了天启年间，叶子戏兴起，双陆、象棋逐渐沦为次要的赌博工具。明代中后期，赌博方式变得多种多样，数不胜数。以太监为例，他们在宫中"三五成群，饮酒掷骰、看纸牌、耍骨牌、下棋、打双陆，至二三更始散，方睡得着也"。除了上述赌博方式，其他流行的还有斗鸡、斗蟋蟀、骨牌、押宝等。

在明代，最流行的当数纸牌叶子戏（也称马吊）。叶子戏共有纸牌四十张，四人同玩，每人分得八张，余下八张置于桌中央。四人中指定一人为庄家，其余三人一同攻击庄家，玩法"出奇制胜，变化无穷"。

叶子戏在士大夫阶层中尤为盛行，甚至出现"进士有以不工赌博为耻"的现象。好赌的士大夫们玩起来极为疯狂，"穷日累夜，纷然若狂"。他们一门心思扑在赌博上，对军国大事却心不在焉。明末大学士周延儒酷爱叶子戏，崇祯十五年（1642），京师戒严，崇祯帝派他出京检阅军队，还亲自为他饯行，赐予尚方宝剑，寄予厚望。然而，出京之后，周大学士竟突然派人持令箭，快马回京。京师众人见状大惊，以为军情告急，后来才知道，他只是派人回来取纸牌而已，留下"飞来顷刻原飞去，立限回京取纸牌"的荒唐故事。

叶子戏最初是四十张纸牌，后来一变成为六十张，二变成为一百二十张，三变成为一百三十六张，此时被称为"马将"。由于纸牌容易损坏，人们又改用骨牌制作，将骨牌立在桌子上玩，这便与后世的麻将无异了。

叶子戏的牌面上绘有人物，皆是"才力绝伦之人"。其中，陈老莲所绘水浒四十人的叶子戏绘像最为有名，堪称经典。在叶子戏的演变过程中，纸牌上的人物逐渐被鸟兽虫草所取代，"马吊"也先变为"马将"，再演变成"麻将"。直至今日，在一些地方仍能看到当年马吊的影子。

赌博并非上流社会的专属，底层社会的赌徒往往更为狂热。京师中乞丐众多，浩浩荡荡不下万人，其中大多是好赌之徒。这些乞丐"三五成群，为非作歹，人号喇虎"。喇虎早在明初就已出现，只是当时朱元璋管理严格，手段狠辣，喇虎们不敢轻举妄动。到了明中叶以后，官方对社会的管控逐渐松弛，喇虎们便倾巢而出。

喇虎们乞讨到铜钱后，立刻在地上投掷赌博。掷钱时，以铜钱的正负面朝向决定胜负。如果所有铜钱都是同一面，称为"浑成"，自然可以无敌通吃。乞丐们也讲究赌品，输钱不输人品，输光铜钱就脱了裤子抵债。钱输光、裤子抵掉后，当腹饥身寒时，他们就铤而走险，在京师内行凶抢劫。

张岱在《陶庵梦忆》中记载了扬州赌徒玩掷钱的场景，与喇虎们的赌博场面截然不同。掷钱时，要选择空旷的地面，空地两边放置各类饮食水果、铜炉酒壶。开赌时，赌徒们带着小板凳坐着掷钱，边赌边豪饮。现场热闹非凡，无赖们纷纷前来围观，赌徒们很少出现输光脱裤子的尴尬情况。

明代流行各类动物搏斗，如斗鱼、斗鸡、斗虫、斗鸭、斗鹅、斗蟋蟀等，不过最具技术性与观赏性的还是斗鸡与斗蟋蟀。

从当时的诗文中可以看出，常熟斗鸡之风盛行，"不及城东年少子，春风齐上斗鸡台""不闻西市曾牵犬，浪说东城再斗鸡"。常熟的各路纨绔恶少、才子书生，每日里捧着斗鸡，神情肃穆地涌向城东，参加斗鸡大会。

徐州地方樊哙的后世子孙"不辱先人""斗鸡雄霸天下"，

无数好斗鸡之徒，为求一胜，派遣密使前往徐州学习取经。张岱在绍兴创设"斗鸡社"，每日"斗鸡臂鹰"。张岱的叔叔拿了古董、书画、文锦、川扇等物件与侄儿斗鸡，结果全部输光。

宫内太监尤其喜好斗鸡，一些太监花重金购买"好健斗之鸡"，还高价雇用善于养鸡者进行调教。白天对鸡进行斗鸡训练，晚上则给鸡加餐，称为"贴鸡"。鸡加餐时，太监要竖起耳朵，计算鸡啄米的次数，若鸡能啄三四百次，则说明其战斗力较强。太监们看鸡、喂鸡、听鸡，忙到深夜才欣然入睡。这样培养出来的高质量斗鸡，能卖出十两银子的高价。

斗鸡时，为了增加刺激性，人们常在鸡爪上绑上锋利刀片。斗鸡飞舞之间，刀光闪烁，寒气森森，鸡血飞溅。围观者既痴迷于押注求胜，又被现场的激烈场景所震撼。斗鸡相搏，不死不休，两只斗鸡筋疲力尽，带着一身鸡血倒下后，仍坚持叼啄对方，或者对主人发出最后的哀啼。

除了斗鸡，斗蟋蟀也十分风行，还有专门的蟋蟀角斗场供蟋蟀厮杀。蟋蟀厮杀前，两方主人都要观察对方蟋蟀的大小，避免重量级与轻量级相斗，"然后登场决赌"。斗场上的人各自选择押注，至万历年间，斗蟋蟀时"每赌胜负，辄数百金"。

明宣宗对斗蟋蟀最为热衷，被称为"促织天子"。宣宗嫌弃北京周边土质瘠弱，养不出上好的蟋蟀，便特意命太监到苏州采办蟋蟀一千只，并密令苏州知府况钟协助办理。为了满足皇帝的需求，苏州市面上鸡飞狗跳，蟋蟀价格暴涨几十倍，最贵的要十几两黄金。

苏州枫桥有个粮长，用一匹良马换到一只高品质蟋蟀。家中妻妾听说一匹马换了一只蟋蟀，都十分好奇，偷偷打开蟋蟀笼观看。这蟋蟀十分机灵，竟乘机逃走。妻妾惊吓之下，无奈自杀，粮长也跟着自杀。后来蒲松龄根据这个事件，创作了聊斋中的名篇《促织》。

皇帝的喜好，自然带动了民间的风气。每至七八月，京师中随处可见养蟋蟀、斗蟋蟀、抓蟋蟀的人，仿佛进入了一个蟋蟀王国。郊野之外，到处是寻觅蟋蟀之人。众多无赖汉分布在草丛中，竖起耳朵查探有无蟋蟀的声音。断墙颓屋、砖瓦土石，即便是肮脏不堪的茅厕之中，只要有蟋蟀声传出，各路好汉便奋勇疾奔，如同馋猫见鼠。

赌博盛行，给地方带来了极大的危害。明英宗时，京师就有自称"风流汉子者"，通过赌博捞钱"充花酒费"。嘉靖朝中期之后，各地无赖横行乡里，开设赌场，无恶不作。

苏州、常州地方的官员，退休回老家后，开办赌场，公然赌博。太仓地方的绅士、衙役公然聚众赌博，农民在赌场中输光家产，就拒不缴纳官府钱粮，引发无数是非。昆山地方赌博盛行，"富者贫，贫者冻馁，病狂丧心，不死不休"。精于赌术者被地方上的纨绔恶少们崇拜，苏州皇甫冲精通赌术，"吴中文士与轻侠少年咸推服之"。

赌骗不分家，所以十赌九输。以赌博诈骗钱财的赌棍结成团伙。赌博时，赌棍们用铅沙灌成药骰子，经过训练后，一掷就能得出自已想要的点数。被哄骗入局者，往往只有输光的下场。

面对赌博风气在民间不断蔓延的严峻态势，朝廷想起了朱元璋在《大明律》中定下的规定："凡赌博财物者皆杖八十，摊场钱物入官。其开张赌坊之人，同罪。"然而，天下赌徒数量众多，难以全部抓捕，官方只能采取惩戒少数的策略，期望能起到杀鸡儆猴的效果，从而刹住这股赌博之风。

明英宗在位时，下令让赌博者"运粮口外"，以作惩罚。同时，严令军民家中、娼妓院内"不得有双陆、骨牌、纸牌、骰子"，试图从源头杜绝赌博工具的存在。明宪宗登基之初，或许是京城内喇虎等赌徒的行为过于猖獗，朝廷责令锦衣卫、五城兵马司展开大规模的禁赌行动。

成化四年（1468），在一次禁赌行动中，成功抓获赌徒郭猪儿等四十三人。为了起到警示作用，官方将他们"枷项示众"。但令人无奈的是，没过多久，这批人便故态复萌，又重操旧业，继续投身赌博。成化十六年（1480），朝廷再次下令，严禁京城内外开设赌场，同时整顿那些借给赌徒高利贷的"印子铺"，明确规定违者房舍将被没收，还要治以重罪。到了弘治十二年（1499），鉴于士人中好赌好嫖的不良风气日益严重，朝廷下令，但凡国子监生员"挟妓赌博"者，一律革去功名，以示惩戒。一年后，针对军队中严重的赌博现象，朝廷又下令，凡是参与赌博的军人，一概发配边关，让他们去吃苦受罪。

尽管朝廷多次颁布禁令，采取严厉措施，但赌博之风始终未能得到有效遏制。到了明末，赌博之风更是愈演愈烈，各类赌博方式层出不穷，无数赌徒聚众赌博。一旦输光钱财，他们便集体闹事，给社会秩序带来极大的冲击。甚至在推倒大明王朝的农民军之中，也不乏带着纸牌、骰子、斗鸡之类赌具随军作战的赌徒。

明末李式玉曾感慨道："马吊风驰，几遍天下……抑亦世变风会使然。"他从赌博的盛行中，敏锐地察觉到了社会风气的变化。明朝灭亡之后，更有人声称从赌具之中发现了神秘的预言。马吊中存在"闯""献"之类的术语，花色里还有"大顺""百闯""百献"等。而且马吊的玩法是三家联合起来对抗一家，联想到明末李自成、张献忠崛起，清军又在关外步步紧逼，形成三家打一家的局势，于是马吊也被一些人视为明朝灭亡的征兆。

赌博虽然在一定程度上导致了社会风气的糜烂，但它终究只是一种社会现象。赌博或许能让一个家庭走向衰败，却不足以让一个国家灭亡。真正能让一个国家走向覆灭的，是国家的君主以及那些身居高位的"食肉者们"，而非叶子戏之类的赌具。

超脱的穿住行

猖獗的"服妖"

　　服装，作为身体的延伸，承载着人们对美的追求。追求美是人类的本能，人们总是试图通过衣裳来展现出赏心悦目的效果。然而，总有一些人在思想上敢于突破常规，在服装上追求标新立异，他们的行为往往被那些秉持传统观念的卫道士所痛恨。这种在服装上的叛逆行为，被厌恶者们赋予了"服妖"这一贬称。

　　所谓"服妖"类的服装，因其叛逆的风格、奢华艳丽的设计以及奇特诡异的样式，甚至被无端地与国家的兴亡联系在一起。卫道士们回顾历史，惊叹于汉董卓之乱、晋五胡乱华、唐安禄山之乱，竟都被他们归咎于"服妖"的流行，仿佛这些奇异的服饰是导致国家衰亡的罪魁祸首。

　　但细细想来，区区几件衣服，真的能让一个王朝走向崩溃吗？

　　史学家赵翼曾评价朱元璋，说他一人兼具"圣贤、豪杰、盗贼之性"。当朱元璋展现出"圣贤"一面时，他深信"服妖"之风会导致国家灭亡。

　　然而，试图以一个人的喜好来裁定天下人的穿着，这显然是不合理的。衣服穿在个人身上，是否舒适合意，只有自己最清楚。严格的服装控制，遭遇复杂的社会生态以及众人追求新奇美的心理时，最终难免走向瓦解。

　　早在洪武三年（1370），民间就对朱元璋的禁令置若罔闻。百姓们的衣服采用黄色，还在服饰上绣上古代帝王、圣贤人物以及各类龙凤、麒麟图像。教坊司的妇女，她们本就被打入乐籍，身为贱民，更是毫无顾忌，穿着绸缎衣服，佩戴金银首饰，在街市往来，甚至坐轿乘马，官府屡次禁止都毫无效果。

　　卫道士们痛心疾首地斥责道："轻薄子弟，厌常斗奇，巾袭晋唐，衣杂红、紫，竞相慕好，汰奢无已，实为服妖。"

　　随着时间的推移，一些大臣也开始偷偷换上自己喜欢的舒适衣物，而朱元璋精心设计的朝服则被弃置一旁。洪武二十三

年（1390）三月，朱元璋察觉到朝臣们衣服的变化，顿时怒气
冲天。他认为大臣们为了贪图轻便，衣着日渐短窄，于是决定
反其道而行之。官员们被迫穿上了袖长可及地的衣服，谁能想
到，日后衣袖着地竟也成了"服妖"的一种表现。

　　外来的稀奇服饰，总是能激起民众的好奇与追捧，这股热
潮迅速席卷全国，却也引发了卫道士们的强烈愤慨，一场场因
服饰而起的风波就此拉开帷幕。而对明代服饰控制最先发起猛
烈冲击的，便是来自朝鲜的马尾裙。

　　成化年间，朝鲜国使臣身着马尾裙出现在中国街市上，其
独特的样式瞬间吸引了京师民众的目光。这种新奇的服饰迅速
被当地人效仿，随后在全国范围内风靡一时。

　　马尾裙由马尾精心编制而成，穿着时系在衬衣之内。穿上
它的好处显而易见，能使人整体看上去更加丰满，衣服仿佛被
撑开的伞，走起路来，摇曳生姿，仪态万千。

　　最初，穿着马尾裙的主要是商人、富家公子以及歌伎等。
随着时间的推移，朝内武臣也纷纷效仿，京师中更是涌现出许
多织卖马尾裙的商家。马尾裙的流行之势越发猛烈，以至于不

论贵贱高低，人们都纷纷穿上了这种裙子。甚至个别内阁大学士，一年四季，无论寒暑，都对马尾裙爱不释手。作为礼部尚书的周洪谟，本应以身作则，遵循礼法，抵制这类被视为异类的服饰。然而，他不仅自己喜爱，还别出心裁地穿上两层马尾裙，只为让衣服更加蓬松张扬。年轻的公侯伯爵、驸马们，觉得普通马尾裙张开的弧度不够，竟在裙内绷上弓弦，以此增强效果，使其更加引人注目。

马尾裙的盛行，也带来了一个始料未及的棘手问题。制作马尾裙需要大量的马尾，随着民间的马尾被采光，马尾供不应求，市价日益昂贵。军营内的马匹因此遭了殃，不时发生偷拔军马马尾的事件。军马被硬生生地拔去尾巴，疼痛难忍，食欲大减，日渐消瘦。有官员借此机会，上书进言，称偷盗马尾之事严重影响军国大事，请求朝廷严禁马尾裙。最终，在朝廷的强力干预下，马尾裙暂时在市面上销声匿迹，军马们也得以再次留起漂亮的马尾。

马尾裙刚被禁止，其他各类新奇服饰便接踵而至。其中，蒙古的曳撒成为最流行的服饰。

　　当年朱元璋驱逐蒙古势力后，曾下令禁止胡服、胡语。然而，没想到京师地区胡服再次流行起来，甚至连军营也受到影响，军营中的蒙古服饰被斥责为"近服妖矣"。

　　曳撒的设计深受蒙古生活方式的影响，下摆竖向"密密打作细褶"，腰间横向打细褶，这原本是为了方便蒙古人骑马，能够缩紧腰围。但在明朝人眼中，这种服装色彩鲜艳、外形华丽，极具吸引力。明人所穿的曳撒，主要在下摆打褶，中间较为平坦，没有褶皱。曳撒与马尾裙本是绝佳搭配，二者组合在一起，更能凸显出裙子蓬松如伞的效果。马尾裙被禁后，曳撒独领风骚，变得更加流行。

　　曳撒不仅受到士人的喜爱，连皇帝也对其钟爱有加。成化皇帝游玩时，常身着大红织金龙纱曳撒；弘治皇帝退朝之后，也常穿着曳撒。正德十三年（1518），正德帝朱厚照从宣府回京，竟命京师百官戴蒙古人的大帽，穿蒙古人的曳撒迎接。这一命令完全背离了祖宗之制，然而在皇权的威慑下，谁敢不从？

　　不过，还是有人敢于与皇帝较真。监察御史虞守随就大胆进谏："盖中国之所以为中国者，以有礼义之风，衣冠文物之美。"他的意思是，皇帝作为圣子神孙，与文臣武将都应当为万民作出表率，严格遵守祖宗定下的服饰规则，不可轻易更改衣着。恳请陛下纠正错误，不要再穿曳撒。

然而，正德皇帝对此嗤之以鼻，全然不予理会，依旧穿着曳撒肆意妄为，继续他的荒诞行径。

曳撒的流行之势如野火燎原，从宫廷中的太监，到官僚士大夫阶层，再蔓延至民间的小贩乃至仆役，无人不被其独特魅力所吸引。宫中太监尤其喜爱穿着圆领曳撒和青曳撒。王世贞在《觚不觚录》中记载"士大夫宴会必衣曳撒"，足见其在士大夫社交场合的风靡程度。《客座赘语》也有相关记录，南京地方上的行医者，皆身着青布曳撒，这表明曳撒已经渗透到了社会的各个角落。

僭越礼制，一直是被认定为"服妖"的重要标准。明初，朝廷精心建立起一套复杂且严格的官僚服装规定，旨在通过服饰彰显身份地位，维护社会秩序。然而，岁月流转，这套规定逐渐被打破。自成化、弘治以后，官员们竟以穿蟒服为荣。蟒与龙虽有区别，蟒无角无足，龙有角有足，但官员们对此毫不在意，堂而皇之地穿着"有角有足"的蟒服出入公堂。更甚者，宫中太监也纷纷身着蟒服，却无人出面管束，这种僭越现象愈演愈烈。

这种僭越礼制的情况在《金瓶梅》中有诸多体现。西门庆每日骑着大白马，头戴乌纱，身穿五彩洒线揉透狮子补子圆领。按规定，狮子补子只有一二品武官才能使用，而西门庆只是五品武官，本应使用熊罴补子。麒麟服本是公侯、驸马、伯爵的专属服制，此时却被庶民随意穿着。在《金瓶梅》中，吴月娘、春梅都毫无顾忌地穿着麒麟服。孟玉楼、潘金莲、李瓶儿、李娇儿每人都做了一件"锦鸡缎子袍儿"，可依照礼制，只有二品文官才可在补子上使用锦鸡纹样，这无疑是公然的僭越。

明代中晚期，服饰管理陷入失控状态。尽管朝廷三令五申，试图约束民间的穿着，但根本无法阻挡民众对美的追求和对传统规制的突破。

明初厘定礼法时，妓女在穿着上受到严格限制。规定"或令作匠穿甲，妓妇戴皂冠，身穿皂褙子，出入不许穿华丽衣

服"，又有"国初之制……乐妇布皂冠，不许金银首饰，身穿皂
背子，不许锦绣衣服"，甚至要求妓女"不许戴冠，穿褙子"。
然而，到了明代中晚期，妓女群体成功突破了这些烦琐禁制，
开始大胆地以服装展示自己身体之美。她们的衣着面料多选用
纱罗锦缎，色彩上朱碧红紫争艳，工艺上织金绣彩，款式上花
样百出，首饰则选用金玉宝石。"去船尽是良家女，来船杂坐娼
家妇。来船心里愿从良，去船心已随娼去。"这首诗生动地描绘
了妓女们服饰华美，令良家女子都心生羡慕的场景。

明代以赤色为尊，原因在于朱元璋"以火德王，色尚赤故
也"。因此，大红服装一般只有朝廷命官才有资格穿着，庶民，
尤其是女性，不能随意穿用大红色衣服。洪武年间就有"令民
间礼服不许用大红、鸦青、黄色"的规定，即便在婚礼、寿诞
等喜事场合，普通民众也不能使用大红色。但到了万历年间，
妓女中流行起大红绉纱夹衣，且采用洒线绣工艺，这一时尚迅
速在民间传播开来，民间服饰开始崇尚红色，衣物上也常见洒
线装饰。甚至连贩夫走卒、一般佣夫也穿上了红袄。名妓陈雪
筝色艺双绝，"都中时态新妆，多出其手，合度中节，仕女皆

效之"。她敢于打破礼法，引领时尚潮流。后来陈雪筝从良嫁人，丈夫去世后，她为丈夫守节不再改嫁，又回归到了传统礼法之中。

在《金瓶梅》第五十三回中，妓女李桂姐穿的"五色线掏羊皮金挑的油鹅黄银条纱裙子"，潘金莲说是"里边买的"，也就是"宫装"。这件宫装不仅用了"羊皮"，还是黄色，这显然僭越了礼法。第十五回中李桂姐"上穿白绫对襟袄儿，下着红罗裙子"，同样也是僭越行为。

正德年间，服饰风格发生了巨大转变，形成了"衣必绮纨"的风尚。此时民间在穿戴方面更加率性而为，紧跟潮流，"宽袖低腰，时改新样"。松江地区的男子服饰款式变化多端，时而模仿胡服，时而又流行阳明衣、十八学士衣、二十四节气衣之类。艳丽色调虽被保守士人深恶痛绝，但紫红色服饰却在读书人中日益流行。范濂曾提到，松江儒童中流行穿绛红道袍。范濂本人贫穷且崇尚俭朴，但近年来也开始穿起大红大紫的衣服，可见时尚潮流的影响力之大。

男着女装，在当时无疑被视为"服妖"的典型表现。然而，此时男着女装却成为一些癫狂士人的时尚追求。唐伯虎曾身着女装，与和尚逍遥下棋。苏州人卜孟硕，夏季挽着高髻，穿着大红苎皮袍，赤脚在街市上且歌且行。《续见闻杂纪》记载，李乐隐居乡间，某日进城，看到城内读书人皆身着艳丽服饰，红丝束发，唇涂红膏，面抹香粉，身着紫红衣服，不禁作打油诗云："昨日到城郭，归来泪满襟。遍身女衣者，尽是读书人。"《见闻杂纪》中也提到，湖州府"富贵公子衣色，大类女妆巾式，诡异难状"。《坚瓠集》云："苏州三件好新闻：男儿着条红围领，女儿倒要包网巾，贫儿打扮富儿形。"安徽地方更是出现"又有女戴男冠，男穿女裙者，阴阳反背，不祥之甚"的情况。

至明末，社会动荡不安，辽东战事经年不息，更有人将灾祸归咎于"服妖"。顾炎武认为"万历间辽东兴冶服，五彩绚烂，不三十年而遭屠戮"。李渔则觉得"风俗好尚之迁移，常有关于气数"。

服装往往是一个社会生态的直观反映。当整个社会处于高压统治之下时，服装风格显得单调保守，鲜见各类艳丽颜色和新颖款式。而当社会自由度增加，充满活力时，追求美、追求新鲜的人们，在穿着上也变得丰富多彩起来。从这个角度来看，如果说服装与国运气数有关，那么单一、无彩、死板的穿着，对应的往往是缺乏自由与活力的时代；丰富、多彩、灵动的穿着，对应的则是自由与活力充沛的强盛时代。如此说来，并非"服妖"猖獗导致各地民变四起，使中原大地陷入分裂。

"苏样"的魅力

明代中后期，时尚潮流的中心非苏州莫属。苏州流行的吃穿住行、娱乐方式以及各类精致器物，被统称为"苏样"，也称"苏意"。

吴中地区向来以繁华著称，这里人才辈出，物产丰富。宫中的各类御用物品，尤其是纺织品，大多取自苏州。据文徵明记载，苏州织染局拥有房屋二百四十五间，织造工匠不下千余人。司礼监还专门设有苏杭织造太监，常驻苏州负责督造。在苏州城中，几乎家家户户都有人从事丝织业。苏州纺织业的高度发达，有力地带动了服装业的繁荣。而苏州周边的松江、杭州、嘉兴、湖州等地，商贾云集，店铺林立，成为苏样服饰的主要消费群体。

"苏样"衣服在风格上经历了显著变化。初期，其颜色鲜艳夺目，绚丽无比，尽显奢华；后期则逐渐转变为清雅风格。热衷于时尚的男士们，也从身着妇人般红紫艳丽之服，转而崇尚清淡色调的服装。晚明时期，"苏样"服装中白色颇为流行，当时有俗语说"要待俏，三分孝"。在《金瓶梅》中，西门庆的众妻妾多穿着"锦绣衣裳，白绫袄儿，蓝裙子"，正是受到这股时尚潮流的影响。

在款式方面，"苏样"衣服同样变化多端。上衣的长度时而长过膝盖，时而仅仅及腰；袖子时而宽松，长至拖地，尽显飘逸；时而短窄收缩，利落干练。苏样衣服的纹饰也从烦琐华丽逐渐转变为素雅淡泊，女裙常常只在裙角绣上一圈花纹，简约而不失韵味。苏州妇女的头饰，被称为苏州妆，其变化也十分频繁，从纷繁复杂变得简单易行，更加贴近日常生活。总体而言，明代"苏样"的发展趋势是从纷繁复杂走向简洁。

彼时的苏州，堪称时尚之都。无论是风和日丽的日子，还是鲜花盛开的时节，男男女女们换上流行的服装出游，构成了一道亮丽的城市风景线。苏州葑门外荷花盛开之日，"舟中丽人，皆时妆淡服"，她们与满塘荷花相互映衬，美不胜收。

　　苏州流行的时装中，男性服装以高冠、道袍为代表，女性服装则以月华裙、水田衣为代表。就如同今日的皮靴、西服、领带一样，高冠、道袍、浅履，堪称"苏样"男式服装的经典搭配。

　　在《喻世明言》中，陈大郎"头上戴一顶苏样的百柱鬃帽，身上穿一件鱼肚白的湖纱道袍"，这般打扮立刻吸引了年轻美妇的注意，由此结下一段孽缘。《拍案惊奇》里，富商"头戴一顶前一片后一片的竹简巾耳……身上穿一件细领大袖清绒道袍儿，脚下着一双低跟浅面红绫僧鞋儿"，尽显"苏样"服饰的独特韵味。

　　道袍宽松舒适，衣袖宽大，衣长过膝，每当风起时，衣带飘飘，让穿者看上去仙风道骨。这种出尘的效果，使得道袍在士人及富人中广受欢迎。道士所穿的道袍，颜色多以灰色、褐色为主。而"苏样"道袍为了彰显士人的儒雅之风，通常采用白色。道袍的精妙之处，就在于其宽大的衣袖，那种超凡脱俗的气质全靠它来营造。为了追求更加飘逸的效果，"苏样"道袍的袖子越做越大，最后竟"有大至二尺七寸者"，这也引得一些看不惯的人讽刺道："两只衣袖像布袋。"

"苏样"道袍不仅款式独特，用料也十分讲究，手工精湛，因此价格不菲，并非一般人家能够负担得起。在《警世通言》中，宋敦将身上穿的洁白湖绸道袍脱下，说道："这一件衣服，价在一两之外。"

"苏样"的风行，自然引起了善于舞文弄墨的苏州人冯梦龙的关注。他在《古今谭概》中讲述了一系列有关奇装异服的故事。苏州进士曹奎，穿着大袖袍，大概是袖子的尺寸太过夸张，让人难以理解。杨衍便问他："袖何须如此之大？"曹奎昂首挺胸，傲然答道："要盛天下苍生。"杨衍听后，笑着回应："盛得下一个苍生就已经不错了。"

僧人所穿的鞋子，以布帛为面，大口，薄底，鞋帮较低，穿着轻便舒适，这种鞋子也受到世俗男子的喜爱。"苏样"浅面僧鞋，采用上等丝绸制成，上面绣有各类精美花纹，颜色艳丽。然而，正是因为"苏样"僧鞋太过精美，在一些地方被视为"服妖"。杭州有一名官员，笞打了一名追求时尚、脚着"苏样"浅面僧鞋的人，并将他枷号示众。在书写封条时，这位官员灵机一动，写下"苏意犯人"四字，以此警告杭州市民，不要受"苏样"的影响。可"苏样"的魅力实在无法抵挡，苏州兴起的百柱鬃帽，让浮浪少年们纷纷戴着招摇过市。甚至连清修的和尚道士也动了俗心，私下购置一顶，以便扮作俗人，外出游玩，偶尔还能与美娇娘调笑一番。

在追求新鲜事物、引领时尚潮流方面，苏州妇女丝毫不输男子。苏州民间织布之家的"机房妇女"，热衷于追求华丽的衣着，喜好精心打扮，艳妆示人。苏州流行的"月华裙"，堪称精致华美，其制作工艺巧夺天工，价格更是一般裙子的十倍之多。

"月华裙"起初是用六幅布帛缝制而成，到了明末，开始采用八幅布帛。穿着者行动之时，裙摆飘动，远远望去，如同水面泛起的层层波纹，灵动而美妙。后来又出现了十幅之裙，每一幅选用一种颜色，十种颜色各不相同，当微风吹拂，裙子的色彩变幻如同月华般璀璨，飘扬绚烂，美不胜收。然而，李渔在《闲情偶寄》中却将此裙视为"服妖"，他认为这种裙子既浪费珍贵的布料，又不符合他所秉持的审美观念，他觉得"盖下体之服，宜淡不宜浓，宜淳不宜杂"。

　　"水田衣"则是以零碎的衣料拼接缝制而成，这些衣料色彩丰富多样，相互交错，看起来就像一块块水田，故而得名。水田衣早在唐代就已出现，当时便有"裁衣学水田"的说法。到了明代，水田衣的制作不再刻意追求衣料拼接时的均匀规整，而是采用杂乱随意的拼接方式，却意外地营造出一种浑然天成的美感。水田衣最初只是一般民妇的日常穿着，后来却逐渐成为大家闺秀的心头之爱，并一度引领时尚潮流。

　　正所谓"苏人以为雅者，则四方随而雅之。俗者，则随而俗之"。何良俊也曾指出："年来风俗之薄，大率起于苏州，波及松江。二郡接壤，习气近也。"于是，"苏样"风格的高冠、变幻莫测的头巾、忽大忽小的袖口、忽长忽短的上衣、花样翻新的发髻、宽松的道袍以及绣花的男鞋，纷纷在松江地区招摇过市，令人目不暇接。在这不断变换的潮流之中，松江也因此得了"奢淫黠傲"的恶名，被视为"服妖"的盛行之地。松江的董其昌更是别出心裁，穿起了一种用松江紫花布缝制的道袍，这种布原本是当地用作送终的服饰。但由于董其昌的名人效应，人们纷纷争相模仿，使得这种布的价格骤然升高。

　　扬州的繁华程度丝毫不亚于苏州，然而在服装时尚方面，却深受苏州的影响。"杏放娇红柳放黄，谁家女子学吴妆？"这里的"吴妆"，指的正是"苏样"。扬州府治下的通州，受"苏样"的影响尤为显著。在明朝前期，通州地方上的士大夫在家居时大多穿着素练衣、戴着缁布冠。即使是才华横溢、性格张扬的年轻人，也不过是身着白袍青鞋在街市中行走，普通人家使用的则是本地生产的便宜土布。

　　但到了万历年间，在"苏样"的强烈冲击下，地方子弟开始追逐价格高昂、色彩艳丽的绸锦。那些追求奢华的人，甚至连袜子都要用绸缎制成。服装款式更是变化多端，时而衣服长、裙子大，尽显雍容华贵；时而衣领宽、腰部细，展现独特的时尚品位。这种风气盛行之后，如果当地人穿着无颜色、无花纹的朴素衣服去赴宴，甚至会遭到乡下人的耻笑。面对这种风气的巨大变化，地方上的保守人士忧心忡忡，痛心疾首地大骂这是"服妖也"。

　　明代前期，南京地方风气淳朴，服饰上的奢侈之风和僭越礼制的现象尚未出现。但到了万历年间，各种奇异独特的服饰形制层出不穷，一波又一波的时尚浪潮不断袭来，令人目不暇接。秦淮河上的女子们，深受"苏样"影响，无论是称呼还是梳妆打扮，都采用"苏式"风格。而妓女们之间流行的时尚，更是对社会风气产生了强烈的冲击，进而影响到良家妇女的生活。

张岱认为，浙江人缺乏主见，凡是苏州流行的款式，都会极力模仿。然而在追逐时尚的道路上，浙江总是比苏州慢一步，所以苏州人常常取笑浙江人为"赶不着"。不过，虽然在追赶时尚的速度上不及苏州，但浙江人在胆量上却超过了苏州人。浙江余姚地区，一般庶民竟然穿着士人的方巾常服，甚至为了吸引眼球，还"饰以王服"，这种行为可谓胆大包天。

崇祯帝的周皇后是苏州人，她最喜欢在夏季穿着纯素白纱衣，其清新脱俗的装扮被崇祯帝称赞为"白衣大士"。田贵妃入宫前在扬州居住，深受"苏样"影响，入宫之后，她的一切穿着仍然保持着南方式样。田贵妃的母亲每年都会根据"苏样"，制作最为时髦的衣服送给女儿，希望能助力她在后宫的竞争中始终保持优势。

明代后期，思想领域发生了翻天覆地的变化，心学与泰州学派横空出世。这些思想流派倡导以饮食男女为人之常情，鼓励人们回归自我，追求个性解放。在这股变革的浪潮中，江南的士人以及富豪们勇立潮头，他们大胆地通过穿着来展示自己的独特个性，尽情追求个人的欢愉与快乐。苏州地区，文风鼎盛，经济繁荣，纺织作坊遍布大街小巷。在这样得天独厚的背景下，"苏样"顺势而生，迅速崛起，一举引领了晚明的时尚潮流。

"苏样"并非明代苏州时尚的唯一代表，与之并驾齐驱的还有苏戏、苏绣、苏酒、苏妆等，每一种都备受当时人们的热烈追捧。古董收藏与书画鉴赏，更是被士人视为专属的"姑苏人事"，彰显着苏州独特的文化底蕴。南京秦淮河畔的青楼女子，常常自称是苏州籍，期望借此嫁入好人家，改变自己的命运。外人因此戏称这些女子为"小苏州"。不过，很多徽商娶了"小苏州"后才发现，她们操着和自己相似的安徽口音，原来所谓的"小苏州"竟是同乡。

河南人周文炜曾十分愤慨地对女婿说："如今的人，事事都崇尚苏式。东西相向而坐，就叫作苏坐……既然连坐姿都效仿苏式，那么语言举动，又怎么能不苏化呢？"周文炜苦口婆心地警告女婿，千万不要学习"苏样"，一旦沾染，便难以回头。

然而，潮流的力量是无法阻挡的，流行时尚有着其自身的市场规律。对于新鲜事物，人们通常需要经历一个心理转变的过程，从最初的反感抵制，逐渐转变为接受，甚至迷恋。明代之后，虽然"苏样"不再主导时尚潮流，但新的潮流却如雨后春笋般不断涌现，这种时尚更迭的态势一直延续至今。

"山人"与头巾天地

　　朱元璋在制定法律时，设立了众多烦琐复杂的规定，广泛干涉社会生活的方方面面，试图以此来稳固对社会的控制，维持明朝的统治。在这些规定中，小小的头巾，发挥着巨大的作用，它不仅是日常的束发之物，更成为区分身份、辨别贵贱的重要工具，被赋予了浓厚的政治意义。朱元璋甚至借助政治力量大力推行特定的头巾款式，其中最具代表性的便是"网巾"和"四方平定巾"。

　　明代男性用于束发的网巾，外形类似渔网，网巾口由布制成，还配有金属圈，可穿绳收紧头发，从而将头发整齐束起。网巾的起源，有着一段有趣的故事。一日，朱元璋微服私访，来到神乐观，看到有道士正在灯下结网巾，便好奇地询问这是什么东西。道士回答道："这是网巾，用来裹头，能让万发俱齐。""万发俱齐"，在朱元璋听来，有着"万法俱齐"的美好寓意，于是他当即决定将网巾推行至天下，无论贵贱，所有人都要使用。次日，朱元璋召见了这位道士，任命他为道官，并命人取来网巾，向天下颁布推广。

在明代严格的服饰等级制度里，网巾是唯一一种无论身份，人人皆可使用的服饰。后人将"网巾、不用团扇用折扇、滨海之地不运粮"，看作前代所没有，明代独有的现象。明清易代之后，网巾更被视为最能代表明王朝的衣饰，许多抗清人士裹着网巾，毅然投身于反清复明的大业之中，网巾承载着他们对前朝的怀念与忠诚。

网巾通常使用马鬃、丝线或绢制成，而对于穷人来说，他们则会使用头发编成的网巾。在《醒世姻缘传》中，就有一个穷秀才的母亲靠织卖头发网巾维持生计。网巾的广泛使用，使其成为成人的象征。在男子的成人仪式中，首先要进行束发并戴上网巾，标志着其正式步入成年。

明代还有著名的四方平定巾，此巾呈平顶四角的形状，由黑色纱罗织成。四方平定巾的巾式并非一成不变，会不时发生变迁，时而高挺，时而低平，有时呈方形，有时显扁状，或是模仿晋唐风格，或是顺应当时的流行款式。明初曾规定，士人、庶民都可以佩戴方巾，但在实际生活中，只有身负功名的读书人才能佩戴。方巾搭配青衫，成为儒生的标准形象。若是平民违反规定戴了方巾，一旦被儒生们看到，往往会引发事端。

唐巾是以乌纱制成的一种头巾，下垂的两角向两旁分开，呈八字之形。从保存下来的唐人画像中可以看到，帝王都戴唐巾，明代人从中获取灵感，复兴了唐巾。然而，复兴后的唐巾地位却一落千丈，成为丧事中的常用物品。在《金瓶梅》中，西门庆为李瓶儿办丧事时，"外边小厮伴当，每人都是白唐巾、一件白直裰"，这里便是将唐巾当作孝帽来使用。西门庆去世之后，孟玉楼与潘金莲、孙雪娥等人手忙脚乱地替西门庆戴唐巾，穿寿衣。

明代最受士人欢迎的当数东坡巾。东坡巾与方巾同样是平顶四角，但不同之处在于，东坡巾外又增加了一层重墙。方巾佩戴时平面位于正前方，而东坡巾佩戴时角绫位于两眉之间。东坡巾的佩戴范围较为广泛，西门庆去妓院与爱月儿相会时，头上戴的就是东坡巾，身穿补子直身，脚穿粉底皂靴，尽显风流。

洪武三年规定，乐工、伶人、娼妓等地位低下之人，只能穿绿色衣裙，戴绿头巾，以此与士人庶民区分开来。"绿头巾"后来逐渐演变为一种带有侮辱性质的头饰，成为组织卖淫者的别称。在江南地区，如果有人的妻子与人偷情，丈夫就会被辱称为戴"绿头巾"，这便是后世"戴绿帽"说法的由来。

在明代，虽然朝廷制定了关于佩戴头巾的规定，但在现实生活中，这些规定并未得到很好的遵行。洪武二十二年（1389）十二月，朝廷不得不严申巾帽之禁，明确规定："民人常戴本等头巾，乡村农夫许戴斗笠、蒲笠，出入市井不禁，不亲农业者不许。"

头巾在明代，不仅仅是生活中的必需品，更是身份的重要象征，蕴含着诸多寓意。然而，在复杂多变的社会生活里，开国皇帝朱元璋所指定的头巾样式，已无法满足人们对新奇、美好和奇异事物的追求与热衷。于是，人们或是从历史中寻找灵感，复古唐宋，挖掘古老元素，让汉唐之巾重焕光芒；或是发挥创造力，自我创新，开发出各式各样的新式头巾。尽管朝廷设立了繁多的服饰禁忌和森严的等级限制，但在人们对美的不懈追求下，这些束缚渐渐被打破。

正德中期，京城内只要出现一款新的头巾，各行各业的人便纷纷效仿，就连贩夫走卒也戴着头巾从事劳作。顾起元在《客座赘语》中详细记载了南京戴巾的潮流变化："士大夫所戴，其名甚夥，有汉巾、晋巾、唐巾、诸葛巾、纯阳巾、东坡巾、阳明巾、九华巾、玉台巾、逍遥巾、纱帽巾、华阳巾、四开巾、勇巾。"万历年重修的《泉州府志》则记录了明代后期头巾佩戴的混乱局面："下至牛医马佣之卑贱，唐巾、晋巾、纱帽巾，浅红深紫之服，炫然摇曳于都市，古所谓服妖也。"

到了明末，又有一种新的头巾开始流行。这种头巾"低侧其檐，自掩眉目"，佩戴者抬头也难以被人看清面容，因此被称为"不认亲"。《明史·五行志》将崇祯年间平民中流行的"不认亲"帻巾视为服妖，认为这种头巾的流行是明朝灭亡的征兆。

在明代，头巾与身份紧密相连。一些多年参加科举考试的读书人，在屡次科考失败后，最终放弃了入仕的希望，选择

"弃巾""裂巾""裂冠"。万历年间，有一位李姓士人，多次应试都未能中第，于是"弃置衣冠"，改穿布袍，每日唱歌饮酒，成为一名闲适散人。崇祯年间，福建侯官人陈遁，读书多年却屡不得志，一日突然兴起，将所有的科举文章以及士人衣巾全部焚烧，然后入山隐居。

在"弃巾"的风潮中，最为著名的当数松江名士陈继儒。陈继儒与董其昌同为松江的杰出人物，声名远扬四海。然而，万历十四年（1586），年仅二十九岁的陈继儒毅然决然地选择"弃巾"，不再参加科举考试。松江地方的士绅官吏得知后，再三劝说，却都无法改变他的心意。

"弃巾"时，陈继儒发表了《告衣巾呈》："长笑鸡群，永抛蜗角。读书谈道，愿附古人。复命归根，请从今日。"陈继儒虽然放弃了头巾所代表的科举之路，但他生性好标新立异，每件事都喜欢创造新的样式，人们总是纷纷效仿。他首创"用两飘带束顶"的头巾样式，被当时的人称为"眉公巾"。

陈继儒才华横溢，精通书画。不再为科举考试耗费精力后，他反倒过上了逍遥自在的生活，生活状况也得到了改善。陈继儒原本家境贫寒，靠坐馆教书补贴家用。后来，随着他声名渐隆，编撰的书籍热卖，邀请他写作的人络绎不绝，家境逐渐殷实起来。又有好友赠送山田，他得以构筑庭园。从此，他或是吟诗作画，或是教导子弟读书，或是在山林间吟啸忘返，过上了惬意的隐居生活。

赤日炎炎的盛夏，他在树荫下休憩；冬日温暖的午后，他躺在院中晒太阳。有朋友从远方而来，他们便在竹炉藤几旁，一边纳凉一边对弈。他还不时乘着小舟进入湖中，将船停泊在芦苇边，饮酒泼墨，尽情享受。酒足兴尽后，他掉转船头返回，此时山前月色皎洁。好山好水，清风明月，都成为他独享的美好。

屠隆在青浦担任县令时，对陈继儒极为赏识，称他为神仙中人，陈继儒也以弟子之礼对待屠隆。之后，屠隆在官场遭遇挫折，后半生不再出仕，加入了山人行列。屠隆曾以"一衲道人"之名创作《别头巾文》，回顾自己一生为了仕途艰辛奔波、饱受愁苦的历程，决意与"头巾"所代表的仕途告别，从此寻求解脱。没想到这篇《别头巾文》在《金瓶梅》第五十六回中被全文引用，引发了后世无数猜测，人们纷纷探究屠隆到底是不是《金瓶梅》的作者兰陵笑笑生。

晚明时期，出现了一个亦侠亦儒、亦禅亦狂的独特群体，被称作山人。好游是他们的显著特征。山人一词，本意是指隐士，但在明代，其含义发生了巨大的变化。这些山人大多凭借诗文崭露头角，虽号为山人，却常常挟着诗卷，带着书信，四处游历。他们或是与权贵交往，攀附高枝，寻求机遇；或是与文人墨客相互唱和，切磋技艺，附庸风雅。

"昔之山人，山中之人。今之山人，山外之人。"原本只有品行高洁、远离尘世的高士才能被称作山人，可到了明末，山人的名号开始泛滥，几乎什么人都可以自称山人。甚至一些"粗知韵事"的女子，只要与一两名士交往过，便也敢堂而皇之地自称山人，由此还出现了女山人群体。然而，这个群体鱼龙混杂，一些人将山人攻击为大盗、乞儿。不时有山人惹出是非，被戴上枷锁游街示众，身上还贴着"假山人"三字的封条，成为众人唾弃的对象。

陈继儒生平最忌讳别人称他为山人，他曾明确表示"耻作山人游客态"。当时的山人常常交结权贵，其角色类似于门客帮闲，名声普遍不佳。陈继儒的同时代人大多尊称他为"征君""征士"，意思是被朝廷征聘却不肯接受官职的隐士。可没想到，到了清代，他竟被视为山人之首，还遭到攻击，被污蔑为"隐奸"。

陈继儒所交往的都是当时的高官显贵，如首辅徐阶、礼部尚书陆树声、刑部尚书王世贞、大学士王锡爵及其子王衡、礼部尚书董其昌、大学士方岳贡等人。尽管与达官显贵往来密切，但对于政治斗争中的敏感人物，他始终保持着谨慎的避让态度。万历二十八年，东林党领袖顾宪成邀请他去讲学，他婉言推辞，没有前往。

对于明末激烈的党争，陈继儒有着自己独到的见解："自来国家全副财力悉用于辽东，士大夫全副精神又悉用于门户。"在他看来，这些党争不过是空洞的清谈，只会贻误国家大事。因此，对于陷入政治斗争的人物，他刻意保持距离，他曾自言"不求得福，亦宜远祸"。陈继儒还说："要做天下第一奇男子，须要事理圆融。"与李贽、徐渭等明末狂人相比，他多了几分圆通与睿智，一生平安顺遂，并且热衷慈善事业，最终以八十二岁的高龄善终。

与当时那些热衷于出入青楼的文人不同，陈继儒洁身自好，难能可贵。他在《山居谢妓》中写道，即便有美颜如玉的美女主动上门挑逗，他也能不为所动，坚守自己的操守。陈继儒虽然交往的大多是权贵官宦，但他有着自己坚守的底线，即绝不参与任何有害于地方的虚名行为。例如乡饮酒礼，这本是一项旨在推崇长老、树立威望、维持乡间秩序的传统礼仪，到了明代却逐渐变味，沦为官府勒索地方、豪强相互角逐的工具。陈继儒对此深恶痛绝，两次谢绝松江知府与青浦县令发出的乡饮邀请，表明自己的态度。

陈继儒性格淡泊，知命乐天，与世无争，凡事都不走极端，只求平稳。他所热爱的，不过是恬淡宁静的山水。陈继儒对人生有着自己深刻的理解，他认为个体"可以经世，可以出世，可以警世，可以垂世，可以玩世"。他选择退隐江湖，然而当他拥有了声望和能力之后，又积极地入世经世。他积极参与松江地方上的诸多公益活动，致力于维持地方秩序，针对地方弊政，大胆地向官方提出建议。

崇祯二年，当松江开始编撰《松江府志》时，陈继儒积极投身其中，并亲自撰写了所有小序。到崇祯四年完稿时，《松江府志》篇幅近百万字。在这部府志中，陈继儒毫不避讳地对官方的诸多弊政进行了批评，如国家征收无度、役法繁多等问题。正德年间修撰松江府志时，对于如何改良地方风俗，提出由"在位之君"，也就是官员来引导。而到了陈继儒编修时，他提出应当"请自士大夫始"，即由地方绅士来主导地方风俗。这一观点充分反映了他的思想，他认为一方的政治和风俗，绝对离不开本地乡绅们的参与和努力。

陈继儒身为一介布衣，凭借自己的才华扬名于世，改善了生活。他虽隐遁江湖，却始终心系地方，积极参与地方事务，这使他赢得了海内人士的尊重。他隐于山水之间，声名却传遍天下，三吴之士都争相与他结为师友。钱谦益在《列朝诗集小传》中称赞道："眉公之名，倾动寰宇。远而夷酋土司，咸丐其词章；近而酒楼茶馆，悉悬其画像。"他的影响力可见一斑。

崇祯十二年（1639），陈继儒已至八十二岁高龄。此时的他虽无大病，却明显感到身体沉重，皮肤瘙痒，作息不再规律，精神也大不如前。然而，即便如此，陈继儒依然笔耕不辍，坚持创作。到了九月，陈继儒预感到自己大限将至，便请来僧人念诵佛经。九月二十三日，陈继儒在家中安详地与世长辞。陈继儒去世之后，正值明清鼎革之际，战火纷飞，四郊多垒，满目疮痍。有人因此感慨，认为他"来亦得时，去亦得时，第一有福矣"，在动荡来临之前安然离世，不失为一种幸运。

回顾陈继儒的一生，他毅然断绝科举之路，凭借自身才华自力更生，实现了经济上的独立。在当时的社会环境下，他不仅保持了人格的独立与思想的自由，还收获了崇高的声望。同时，他与官方人物往来密切，利用自己的声望与人脉，时刻关注地方事务，积极乐善好施，赢得了世人的广泛尊敬。

然而，到了清代，一些文人对陈继儒提出了诸多非议。他们认为以陈继儒为代表的山人群体，热衷于结交权贵，言谈举止放荡不羁。更有甚者，指责陈继儒文学功底浅薄，文章多为拼凑而成，名不副实。一时间，攻击言论甚嚣尘上，陈继儒竟被视为明末世风、文风败坏的罪魁祸首。但实际上，这些指责对他而言，无疑是无妄之灾。毕竟，在他所处的时代，他以自己的方式为社会做出了贡献。至于陈继儒在历史中的真实形象究竟如何，其功过是非，相信后世自会给出公正的评判。

弇山园中的仙境

王世贞在园林的陪伴下，缓缓步入人生的暮年。园林，承载着他无数的梦想与情感，成为他心灵的栖息之所。

王世贞，字元美，号凤洲，又号弇州山人。他的一生充满了跌宕起伏，官场的挫折并未磨灭他的志向，反而让他在文坛中大放异彩，最终成为天下文坛之主。他在文学、史学、戏曲、书画等诸多领域都颇有建树，尤其在造园方面，有着独特的见解。

明朝初期，朱元璋以凌厉的手段统治天下，江南文人们在他的威严之下战战兢兢。出身平民的朱元璋对土豪的奢华生活深恶痛绝，香米、人参、玉面狸等珍稀贡物，都被他斥责为不合政体。对于南方士人富豪中流行的造园之风，朱元璋在洪武二十六年（1393）立法加以限制。规定官员营造房屋，不许歇山转角、重檐重栱及绘藻井，只有楼居重檐不在禁止之列；品官房舍的门窗、户牖，不得使用丹漆；功臣宅舍之后要留空地十丈，左右各五丈，更不许在宅前后左右多占地，构建亭馆、开挖池塘以供游赏。这些规定，如对构亭馆、开池塘、重栱、绘藻井以及颜色使用等方面的限制，极大地束缚了园林的修建。在明初，这些规定还被严格遵守，但到了明代中后期，随着社会经济的发展，大量私家园林中出现了违规建筑，由于无人追究，这些条文逐渐形同虚设。

从汉代开始，王世贞的祖上就有因仕途不顺而退隐山林的人。官场失意，转而成为山林间的隐逸之士，似乎成了王家人千年不变的宿命。王世贞的伯父王愔，生平对生计之事不闻不问，自诩为闲云野鹤，广泛涉猎群书。王愔耗费了三十多年的时间，为自己打造了一方天地，以寄托自己的隐逸情怀。他还亲自参与园林的修筑，即便栉风沐雨，也从未停歇。

王愔修建的山园，种植了松竹一万多株，各类珍稀花卉树木散布其中。在松竹之间，用假山营造出沟壑的气息，亭榭楼台错落有致，小桥曲径蜿蜒其间。山园建成后，以"静丽"之名闻名于东南地区。苏州向来名园辈出，但没有能与这座山园相媲美的。

王惛在自己的园林中设宴欢饮，宾客们无不惊叹，觉得这样的生活"非仙则神"。王世贞曾有五年时间陪伴在叔父身边，时常搀扶着王惛在园林中游玩。园林中的景色随着四季交替而各有千秋，置身其中，芬芳之气徐徐而来，令人心旷神怡。

在生命的最后阶段，王惛开始安排后事，曾经兴盛无比的园林也逐渐走向衰败。王惛去世后，他的小儿子王瞻美邀请王世贞来到山石近乎倾颓的园林中，一起聚石品茗。面对人世的变迁，目睹园林的兴衰，二人不禁唏嘘感慨。王瞻美因没有心力将山园整顿恢复到往日的模样而感到遗憾，王世贞却有着不同的看法。他感慨道，千百年后，曾经辉煌的建筑必然会倒塌，繁华一时的园林也终将消失。精美的园林终究难以长久保存，而能够传世的是文章，"园之不吾长有""文长在天地"。园林会损毁消逝，但文字却是永恒的，这便是"园以文存"的道理。

王世贞也倾注心血打造了属于自己的园林，并围绕这些园林写下了诸多传世文章。他修筑的第一座私人园林名为"离赘"，寓意着远离恶草，远离纷争。这座园林是在特殊背景下修建的，因为赝品《清明上河图》事件，王世贞的父亲丢了性命，此后王世贞"持丧归，蔬食三年，不入内寝"。在家居期间，王世贞内心悲痛，便通过经营园林来排解痛苦。离赘园原本是太仓朱氏的菜地，被王世贞接手后改造成园林。这座园林面积很小，东西不过十余丈，南北仅三丈。

离赘园虽小，却别有一番天地，尤其在绿化方面十分出色。进入园子，入门处有两棵蟠松，十余株竹子。园中有梅亭，可供赏梅；有竹室，能聆听风吹竹响。园内还种植了桃、杏、木药、海棠等植物，王世贞时常在此抚琴饮酒，享受片刻宁静。然而，离赘园位于闹市之中，嘈杂的环境让王世贞难以忍受。此外，祖父王倬所筑的园林已经破败，也亟待他去收拾整理。

王世贞祖父王倬的园林，因园中饲养麋鹿，故而被唤作"麋泾园"。麋泾园不仅以麋鹿闻名，园内玲珑剔透的峰石更是冠绝吴郡。然而，世事无常，王忬被严嵩父子构陷致死之后，王家门庭逐渐冷落，麋泾园也随之鹿死人散。曾经的楼阁因无人修缮而破败不堪，花木凋零，假山坍塌，杂草肆意丛生，园内一片荒芜，满目皆是凄凉之景。面对这般景象，王世贞心情极度抑郁，遂决定另寻地方，重建园林。

经过多次考察，他在隆福寺旁边购置了七十余亩田地，并邀请松江著名造园师张南阳主持园林的营造工作。同时，他还将麋泾园中荒废的峰石迁移到新园林之中，期望能延续家族园林的部分记忆与风采。

这座由王世贞重新打造的园林，被命名为"弇山园"。其名源于《南华》中"大荒之西，弇州之北"是仙人栖息之地的记载，王世贞生性喜爱道家典籍，每次读到此处，都不禁心动神往。他亲自查阅资料，试图考证出弇州的具体所在。最终在《山海西经》中发现，弇州之山乃玲珑福地，凡人在此也能活到八百岁，且每日神清气爽、无忧无虑。王世贞著有《神仙列传》，其中罗列了众多道教神仙。他内心深处更希望，自己有朝一日能够飞升仙界，"登弇山之巅"。

不过，王世贞始终是个理智之人，对仙界的向往并未让他陷入癫狂。他深知，弇山遥不可及，成仙更是渺茫之事。面对时光的飞速流逝和人世的沧桑变迁，他发出了"夫山河大地皆幻也"的感叹。在悟透这些之后，王世贞将自己对仙界、对弇山的幻想，以园林的形式在现实世界中精心营造出来。

大约在隆庆六年（1572），王世贞开始修建弇山园。整个修建过程前后历时二十余年。起初，王世贞设想"筑一土岗，东傍水，与今中弇相映带，而瓜分其亩，植甘果佳蔬，中列竹柏，作书屋三间以寝息"。从这个设想来看，他初期对弇山园的构思较为简单，若按照此设计建造，弇山园将呈现出一番农田风味，这与他心中所追求的仙境相去甚远。

由于王世贞常年在外为官，便将筑园事宜全权交由管家负责。这位管家为人豪爽，生活作风奢侈，在园林建设上可谓是大手笔投入。也正因如此，他在无形之中竟将主人所追求的仙境打造了出来。计成在《园冶》中提到，园林的建造是"三分匠人，七分主人"，而弇山园的建造，倒可谓是"三分匠人，七分管家"。待园林建成后，王世贞惊愕地发现自己的钱财已所剩无几，"问橐则已若洗"。但弇山园的精美绝伦让他十分满意，觉得一切付出都是值得的。

王世贞曾向陈继儒阐述过自己对园林的理解。他认为，隐居山林虽能追求空寂，但过于冷清；在市井中居住，又难免会被喧嚣所扰。唯有居住在园林之中，方能在闹市之中寻得宁静。所谓芥子能纳须弥，园林虽小，却自有一片天地。成仙之路虚无缥缈，而仙境却可以通过园林营造得以实现。

　　弇山园前有一条小溪，溪水两岸垂柳依依，与溪水相互映衬，营造出清幽冷彻的氛围。溪水南侧是一片田地，每到收获季节，金黄的庄稼铺满田野，农舍中还不时飘散出阵阵饼饵的香气。想要进入弇山园，需先经过小溪、田地和农舍，仿佛是在一步步从尘世踏入仙境。

　　弇山园总面积七十余亩，其中土石占十分之四，水占十分之三，室庐占十分之二，绿化占十分之一。园林内有三山、一岭、二佛阁、五楼、三堂、四书室、一轩、十亭、一修廊、二石桥、六木桥、五石梁，还有洞与滩濑各四处，以及二流杯。园林东部以自然景观取胜，展现出大自然的鬼斧神工；西部、中部则以人工雕琢的精巧技艺见长，体现了工匠们的高超手艺。

　　在早期园林建造中，以"积土成山"为主，石头仅仅作为点缀。这是因为聚石叠山所需的石料开采与运输不仅耗费大量

时间，而且财力成本极高，并非一般人所能承受。例如，今颐
和园乐寿堂前有一块巨大的寿山奇石，号称"败家石"。金国曾
打算将这块石头从开封搬运至燕京，结果还没运到地方就亡国
了。明代米万钟看中这块石头，却因运费过于高昂而导致家道
中落。直到清代，这块石头又被乾隆皇帝看中，最终才被运到
京师。这足以说明聚石叠山的难度与成本之高，也凸显了弇山
园聚石叠山的珍贵与不易。

　　王世贞在修筑弇山园时，对石材的运用极为大胆。他不惜
耗费大量人力物力，从各处搜罗巨石，在平地上堆砌出三座巍
峨大山，又巧妙地叠山理水，使得整个园林宛如仙境琼岛。其
中使用的大石，高达三丈有余，由于弇山园位于城内，搬运这
些巨石时，甚至不惜拆毁城门才得以将其运入。此举在当时引
起了轩然大波，文人雅士们对此议论纷纷，不少人对此表示不
满。如《五杂俎》就曾批评弇山园用石过度，直言"亦近于淫
矣"，认为其过于奢靡铺张。

　　弇山园被水系巧妙分割为上弇、中弇、下弇三个部分，以
一池三岛的布局，营造出海上仙山的美妙意境。一池三岛这种

理水造景方式，常见于北方皇家园林，在江南私家园林中实属罕见。然而，王世贞并不在乎礼法的限制，大胆地将其运用在弇山园的建造中，展现出他独特的审美追求和创新精神。弇山园内的造景多达近百处，景境密度远超此前的文人园林。就连王世贞自己都不禁感叹，弇山园的造景已隐隐透射出"帝释宫苑"的恢宏气息。

在弇山园中，王世贞精心营造出一处处如梦似幻的仙境。弇山堂前有一片开阔的平台，左右两侧各种植着五株玉兰。每当玉兰花盛开之际，洁白的花朵灿烂如雪，宛如一片浩瀚的白色花海，空气中弥漫着沁人心脾的芬芳，营造出一种超凡脱俗的意境。在玉兰花盛开最盛的夜晚，凭栏赏月，即便月亮尚未升起，人已仿佛置身于仙境之中。

超然台建于悬崖之上，下方濒临深渊，站在台上，可以将全园的美景尽收眼底。利用潭水的倒映效果，月亮、楼台、山崖、潭水相互映衬，构成一幅绝佳的画面，人在其中，自然会有一种超然若仙的感觉。

经过多年的精心营建，弇山园终于建成。王世贞居住于此间时，对这座园林赞不绝口，畅言此园"宜花、宜月、宜雪、宜雨、宜风、宜暑，宜晨游、宜晚宿、宜舟舫、宜垂钓、宜丝竹、宜醉客"。月圆之夜，水流蜿蜒曲折，家中的戏班演奏着美妙的音乐，轻舟从水中缓缓出发，四周峭壁嶙峋。歌、舞、酒、月、水、山融为一体，王世贞沉醉其中，尽情享受着这美好的时光，感叹踏遍名园都难以寻得这般惬意，只可惜这般风流韵事，恐怕无人能够延续。

王世贞一生酷爱藏书，其藏书数量多达三万余卷，其中宋版书就有二千余卷。那部珍贵的宋版《汉书》，更是王世贞不惜卖掉一座庄园才购得的。在弇山园中，建有三座藏书楼，"小酉馆"藏书三万卷，"尔雅楼"专门收藏宋版书，"九友斋"则珍藏着珍稀的善本书。在藏书楼中，王世贞每日在"披览之余，焚香燕坐，佐以清茗"，享受着宁静而惬意的阅读时光。藏书楼周围旖旎的风景，也激发了他的创作热情，他创作了多部以弇山园为名的文学作品。到了晚年，王世贞笃信佛道，对书籍的热情逐渐下降，他将宋版《汉书》送给了儿子，所藏的三万卷书也分给了三个儿子。这部宋版《汉书》此后几经辗转，最终被钱谦益从安徽人手中以高价购得。

在弇山园，当时的名士云集，屠隆、徐阶、戚继光、达观、罗汝芳、陈继儒、李时珍等，都曾是王世贞的座上宾。屠隆来弇山园游玩时，常泛舟于水上，采摘青莲和芙蓉。酒酣耳热之后，登上缥缈楼，极目远眺，放声长啸，姿态翩然，仿佛是天际的真人。众人在此留下的"雄篇丽藻，与山川映发"，为弇山园增添了浓厚的文化氛围。

万历八年（1580），李时珍来到太仓弇山园拜访王世贞，将自己写成的《本草纲目》相赠，并恳请王世贞为其作序。彼时王世贞身体欠佳，"仆以倦一切，称病弇园"，此后一直未能动笔。十年之后，即万历十八年（1590）正月，李时珍再次来到太仓拜访。王世贞将他"留饮数日"，觉得再不为《本草纲目》写序实在无法交代，于是在正月半，为李时珍的《本草纲目》撰写了序。同年十一月二十七日，带着无限的感伤，六十五岁的王世贞在弇山园溘然长逝。临终前，王世贞嘱咐子孙，在他去世后，弇山园"能守则守之，不能守则速以售豪有力者"。他认为，若将园子出售后，能使其得到良好的看护，不破坏其原本的风貌和特色，便是对园子最好的保护。

王世贞去世之后，弇山园果然被转售他人，此后几经易主。到最后，园中那些精美的假山石也被分解转卖，用于其他园林，时人称为"弇州石"，其中也带有败家石的意味。如今，弇山园早已不复存在，但王世贞的文章却传颂千古。后人通过他的文字，仍能感受到当年弇山园中的仙境气象，领略到独特的历史文化韵味。

悠游袁小修

在湖北公安，有著名的三袁，即袁宗道、袁宏道和袁中道三兄弟。他们才华横溢，堪称举世罕见。其中小弟袁中道，字小修，与二兄袁宏道仅相差两岁，自幼相伴成长。在两位才华出众的兄长熏陶下，袁小修年少时便在文学方面崭露头角，被众人寄予厚望。长兄袁宗道在万历十四年（1586）考中进士，同年，二兄袁宏道也考取了秀才，此后他们的科举之路颇为顺遂。然而，袁小修的仕途却充满坎坷。他从万历十五年（1587）首次参加乡试，历经十五年才考中举人，又过了十三年，才成功考中进士。科举场上的挫折，与两位兄长的飞黄腾达形成鲜明对比，这让袁小修心中难免抑郁，满是牢骚不平之气。于是，他常出入酒家，视金钱如粪土。青年时期的袁小修，以豪杰自诩，身体强健，好似健壮的小牛犊。他性格狂傲不羁，如同狂躁的野马，时常高歌大骂。他与酒友相约畅饮，"在长江边摆酒设宴，车盖在波涛中时隐时现，歌声激昂澎湃。每次到酒肆，喧闹声震天，仿佛有数千人之多，离开后，酒肆都要冷清好几天"。数年之间，袁小修成了乡里闻名的败家子，被妻子一顿痛骂后，深感羞愧，不愿回家。长期放纵于酒色，也使他的身体日益衰弱。他一度懊悔不已，甚至发誓要在手臂上刺上"戒饮、戒淫"的字样，可最终还是没能刺下去，酒色也始终戒不掉。二哥袁宏道仕途顺利，前往风光秀丽的江南吴县担任县令，却并不快乐。袁宏道曾抱怨道："吴县县令这一职位让我痛苦不堪，苦在清瘦，苦在忙碌，膝盖都要磨穿了，腰都要累断了，脖子也仿佛要掉下来。"官场琐事繁杂，让他不胜其烦，每天只想游山玩水。可每次刚到风景绝佳之地，就有公文送达。两年后，袁宏道终于辞去官职，寄情于山水之间。三袁都生性喜爱山水，热衷游乐。在未能入仕的那些年，袁小修不甘寂寞，跟随兄长游历各地，足迹遍布大江南北，渴望结交天下豪杰。袁小修与当时文坛的诸多大家，如李贽、焦竑、董其昌、谢肇淛、钱谦益等人，都有着亦师亦友的关系。万历二十一年（1593）

三月二十日，三袁一同从公安乘船出发，前去拜访狂禅教主李贽。一路上，他们游山玩水、拜师访友，走走停停，惬意至极。五月初，三袁抵达麻城，与李贽相见。此时李贽已六十七岁高龄。对于这次会面，袁小修有着详细的记载。见面时，李贽对袁小修赞誉有加："小修身上的这身侠气，是古往今来豪杰所共有的。"袁小修却毫不谦虚地回应："古人所拥有的，我不一定有。我所拥有的，古人也未必有。"其狂傲之气，丝毫不输狂禅。袁小修踏遍大江南北，写下了大量的山水游记。他的文字清新明朗，独抒性灵，不拘泥于固定格式，为当时泥古不化的文坛带来了一股清新之风。读袁小修的游记，就像观赏一幅幅山水画卷，美不胜收，情感真挚，风格清逸淡雅。"登上妙高台，只见风涛连天，山川都在动荡。向东眺望大海，水汽浩渺，白茫茫一片无边无际。""只见古木萧瑟，枝叶摇曳，韵律悠扬，石桥横跨流水，静谧无声，仿佛在低声细语。""夜里雨滴落在竹叶上，不时发出清脆的声响。清晨，在枕上听到黄鹂的叫声，圆润悦耳。起身望去，初升的太阳从松林中透出，整座山都笼罩在雾露之中。"夜晚，他行走在山间，明月从寒松上升起，两座山清晰明朗，婆娑的树影映照在山石之上。他独自伫立在山间，侧耳倾听，有泉水叮咚作响，远处听来如同人在轻声细语，越走近，泉声越响亮。泉水飞溅，清韵沁人心脾，仿佛能洗涤人的灵魂。山白鸟鸣，石冷霜结，流泉与月光相伴，水流潺潺，这样的美景，哪怕只能聆听片刻，也能让耳根愉悦许久。

万历三十六年（1608），容与堂刻印《琵琶记》。这一年，袁小修心情十分低落，大哥袁宗道去世，二哥袁宏道前往京城任职。于是，他将自己的日记命名为《游居柿录》，"柿"取其苦寒之意。这部日记记录了此后十年间袁小修的交游、思想等各方面内容，是他后半生的真实写照。袁小修喜爱出游，最钟情的交通工具是船。他觉得乘船旅行别有一番滋味，买一艘小船，自带食物和美酒，这样就不必受赶路的劳累。沿途遇到美丽山水，便停下来悠然游玩；碰上好友，还能一起畅谈。万历三十六年，袁小修静居数月后，萌生出游的想法。与八舅聊天时，偶然提及想乘船出游。巧的是，舅舅正好有艘楼船闲置在江中多日。袁小修听后十分高兴，随即和舅舅前往沙市查看楼船，只见船身坚固完好。他坐在舟中，用江水烹茶，感觉味道十分美妙。袁小修把船修缮一新，搭乘此船在公安和沙市之间往返，十分惬意。他曾写道："乘船返回公安，两岸人家都笼罩在雪中。顺风而行，船帆飞驰，当时园中蜡梅盛开，古梅也正含苞待放。"有了船之后，袁小修出游更加频繁。万历三十七年（1609）正月初一，他乘船前往澧州嘉山。到达山中，老僧出门迎接，邀请袁小修进入寺中。只见寺庙是茅屋泥墙，看起来就像农家。寺中准备的酒很是清冽，袁小修喝了几杯。不久，舟中的美酒送到山上，他便邀请僧人来到松下，坐在石头上一同畅饮，僧人最后大醉。正月初九，袁小修抵达武陵。与友人相聚时，席间有一位三十多岁的妓女陪酒。袁小修初见时没什么印象，再仔细看，竟有一种似曾相识的感觉。经过仔细询问，才知道她是十三年前自己曾邂逅的妓女。后来这女子被一个浪子欺骗，几经转卖，历经苦难，容颜老去，令人感伤。袁小修这位不得志的文人，与这悲情妓女惺惺相惜，再三嘱咐友人要善待她，才肯离去。在武陵，袁小修前往友人龙膺处观赏书画。龙膺是万历朝湖广地区的著名文人，和三袁兄弟是至交。龙膺的园林里有一座太湖石，高一丈多，造型玲珑精巧、挺拔秀丽。

这块石头原本是南京徐氏东园凤凰山的主峰，徐氏求龙膺写文章，便用这座石峰当作润笔之礼。明代中后期，润笔之风盛行，此时文人的心态发生了变化，不再以卖文为耻，而是主动走向市场，靠卖文为生。在各类文章中，墓志铭、碑文、祭文、祝寿词等价格最为高昂。龙膺十九岁就考中进士，与王世贞等人齐名，润笔费高昂也就不足为奇了。徐氏东园是朱元璋赐给徐达后裔、时任太傅徐祯的私家园林，又称"太傅园"，也就是如今南京白鹭洲公园的所在地。离开龙膺园林后，袁小修出山登舟，只见烟雾缭绕，峰峦耸立，充满水墨意境，山水画卷般的美景依次展开。他乘船前往桃源，经过槐花堤时，风飒飒地吹满船帆，船顺风疾驰。两岸的老梅繁花似锦，在树丛中若隐若现。袁小修想去桃花源，有朋友说此时桃花还未开放，风景不够美。袁小修笑着说："如今梅花正盛开，一朵梅花可抵得上十朵桃花，不也很好吗？"前往桃花源的路上，美景众多，袁小修不时停船上岸，登山游览古寺，临水品茶。靠近桃源县时，只见山头起伏如同波涛，又像千万簇花瓣，十分生动，是他生平从未见过的景象。快到桃源县时，经过一座古寺，有人骑马追来，原来是友人日行八十里赶来，要一同游览桃源。当晚，袁小修和友人在舟中夜饮。此时恰逢当地人在江上燃灯祈福，千万烛光飘浮在水面上。到达桃源后，船夫不熟悉当地情况，袁小修便雇了一艘小船作为向导。沿着潭水前行，旁边的石壁高达千仞，鬼斧神工。游山玩水时，突然风雨大作，他们只好把船停泊在乱石边，袁小修披着衣服静坐，听着雨点敲打船篷的声音。有一晚，袁小修借宿在渔家，早起时发现雪深达三寸，远近的山峦都被雪覆盖。他急忙登上船，水面被冰雪封住，无法继续前行，但大致能看到远处山峦的雪景。桃源不仅有美景，还有故人准备丰盛的饭菜相邀，大家通宵达旦地畅饮，喝了几百杯酒。袁小修不胜酒力，友人却不肯放过，跪地脱帽劝他再喝，最终他大醉不起。游完桃源，返程途中经过德山，袁小修停船和友人坐在树下。此时刚下过一场新雨，山中泉水涌入江中，岸上梨树枝繁叶茂。出行一个月以来，袁小修每天都沉醉在酒中，在德山停船听雨、清闲静坐，才终于得到片刻清静。经过洞庭湖时，风雨大作，无数小船尾随而来。袁小修大惊，以为是湖匪，等靠近了才发现是湖中采菱的船。风雨越来越猛烈，他便到岸边的农夫家中投宿。此前每天都是美酒肉食，这次在农家饱食蔬菜，袁小修不禁感叹："我大概可以做个田夫野老了。"二月底，袁小修回到家中。三月二十八日，他又从公安出发，和山人金一甫泛舟南下，前往东南地区游玩。船上备有酒食，载着书画，还有小童随行。袁小修给船取名为"泛凫"，取自楚辞，寓意泛舟偷生、随波逐流。一路上，他们以船为家，时行时停，历时三个半月。到达武昌后，袁小修在驳岸与友人相会。十多年前，他曾在友人的墙壁上题诗《不闲行》。十年后再次游览，壁上的草书还和从前一样，他忽然觉得当年自己的狂放之意，就像是一场大醉。船经过湖口时，江上黑云密布，运粮船遮蔽江面顺流而下，帆连着帆、船挨着船，也是一番奇观。傍晚时分，风雨突然停止，微月照在窗前，溪水潺潺流入，声音清脆悦耳。因为风雨不停，船无法前行，袁小修便焚香静坐。开窗时，风雨凄迷，扑面而来。乘船出行以来，袁小修耳目清净，避开了频繁的应酬。他平生好酒，只是不喜欢夜间豪饮，因为喝多了就会睡不好觉。然而，袁小修豪饮的名声在外，每次到亲友处，若是一桌酒席不喝酒，主人就会感到惊讶，必定极力劝酒。袁小修不得不喝，那种感觉就像喝药一样苦涩。而这次出行，他饮酒随意。有时小船停在鱼市附近，看到有卖鳗鱼的，就叫童子买来下酒。夜晚停泊在湖岸，卷起帘子观赏明月，小酌几杯后就入睡，脾胃也很舒适。他感慨道："人们见我喜欢住在船中，却不知船中可以养生，饮食由自己掌控，应酬极少。"

在雨中泊舟，四周一片清寂，袁小修焚香读书。舟中书籍众多，他偶然翻出自己整理的《苦海》，这本书辑录了古诗中满是哀伤的语句。每次阅读，感慨人世无常、繁华易逝，袁小修心中的烦躁便瞬间消散。船行至安庆，城外景色秀丽，河道纵横交错。小船往来其间，垂柳覆盖着水渠，炊烟袅袅升起。在安庆，袁小修不禁发出"我甘愿此生都住在舟中，舟中便是我的家"的感慨。到了采石矶，他去参拜李白祠堂，祠堂前的老桧树，也是历经千年的古树。几百年之后，古树依旧存活，而李白早已化作黄土。船至南京，从南门远远便能望见金碧辉煌的大报恩寺塔。南京风光绮丽非凡，两岸皆是画阁朱楼，色彩绚烂，"身着翠袖的女子在水波上轻盈行走，如云的发髻映照在

水中，装饰华丽的船只，如霞光般飞逝"。接连经过三四座桥
后，袁小修在珍珠桥上岸。到了南京，秦淮河不可不游。袁小
修特意租了一艘小船，约上友人，备好酒菜，前往秦淮河寻幽
探奇。沿途"画桥边的仕女"，美景令人目不暇接，坐在舟上远
眺钟山，山间烟岚郁郁葱葱。袁小修抵达金陵后，文人墨客纷
纷前来拜访，应酬多得让他苦不堪言。于是，他收拾行李，乘
小船从水西门悄悄溜出。当时天气酷热，他把船暂时停在赛公
桥下。风吹过石桥，水呈现出湛碧的颜色，汗水与水汽交织，
衣服都湿透了。夜里，他经过危桥，投宿在僧舍，环境清幽寂
静至极。出城后，袁小修前往牛首山游玩。古寺之中，松柏繁
茂，山风袭人，他解开衣服稍作休息。古寺里的老僧原本是农
夫，用野菜煮的粥带着药香，别有一番风味。牛首山中有千年
银杏，十七年前，袁小修游览此地时，曾作诗"南唐今日树长
生"。如今故地重游，心中更是感慨万千。僧人展示的历代祖师
像，个个形象奇特、身形丰盈。夜晚，袁小修留宿山寺，月色
从万松之间洒下，清冷绝美，世间罕见。想到与友人游镇江金
山寺的约定，袁小修不再在金陵逗留，登船顺江而下。行船时，

小童不小心失足跌入浅水中，小童站在水里拿着衣服嬉笑，以为并无大碍，突然旋涡袭来，人瞬间就不见了。虽说生死有命，但小童突然离世，袁小修终究难以接受，又想起小童生前悉心服侍的情谊，整夜难以入眠。经过仪征，到达黄天荡，这里水势汹涌，令人心生恐惧。所幸平安无事，顺利抵达金山。在金山寺时，袁小修又思念起被水淹亡的童子，于是在七月初一请山僧为童子诵经超度。他派去寻找尸体的船夫，连找两天，船几乎被浪打翻，也没能找到尸体。游完金山寺，袁小修又前往甘露寺、丹徒、丹阳游玩。他常说："我生平对山水有癖好，梦魂常常萦绕在吴越之地。"江南虽美，但出行一个多月后，会试的日期临近，北上京师迫在眉睫。袁小修不得不将"泛凫"舟遣回湖北，自己动身前往京师。在梦中，他见到了溺亡在江中的童子阿鹭，阿鹭脸上隐隐有不悦之色。梦里，袁小修问他："你已经死了，如今怎么又来了？"童子回答："我虽已死去，但特意来追随侍奉您。"袁小修在梦中感叹："死却如同未死，真是令人欣慰的人。"袁小修青年时期喜好男色，长途出游时，身边总要带上容貌俊美的童子，以消解旅途的疲惫。阿鹭大概也是袁小修泛舟远游时，夜晚相伴之人。此次北行之后，袁小修与兄长袁宏道返回公安。万历三十八年（1610）九月，袁宏道去世。又过两年，他们的父亲也离世了。历经三十余年的科举拼搏，又遭遇父兄相继去世的巨大变故，袁小修身心俱疲，时常发出哀叹，感慨人生实在令人悲泣。他一度前往山中长住，感悟人生，思索生命的意义。万历四十年（1612），袁小修回到公安，将陪伴他多年的"泛凫"舟系在大柳树下。月光如水，他独自坐在舟头，看着千家万户，仿佛置身于尘世的喧嚣之外。停舟上岸后，袁小修的生活，或是看着别人锄竹根、种蔬菜，或是自己栽种橘树，或是独自坐在园中赏树观花。他曾说："中郎（袁宏道）去世后，我对尘世的念想已如死灰，只愿做一个老居士，在山水间游历就足够了。"袁小修自己也说，四十岁之后才真正全身心投入对山水的热爱之中。此前，他因爱好繁杂、交友广泛，对山水的灵韵趣味，并未领略到其中的真正滋味。经历父兄离世的伤痛后，袁小修对仕途不再热衷。从前他游山玩水，人和山是相互遥望的状态，此时他游山玩水，已然达到人和山融为一体、人与景相互交融的境界，仿佛自己就在画中。

在他晚期的作品里，更多地流露出归隐山林的意趣。

万历四十四年（1616），袁小修终于考中进士，此后在徽州、南京等地任职。然而此时的他，心中并无考中进士的激动与喜悦。他参加科举、获取功名，不过是为了了结多年来追求科举的心愿。对于此时的他而言，仕途已没有太大意义。那时的袁小修体弱多病，形单影只，于是他选择以仕为隐，在官场中消极处世，对事务只是敷衍应付。五十六岁时，袁小修辞去官职，次年在南京芝麻营病逝。

梦里寻梦夜航船

浙西大地上，无数村落星罗棋布，被纵横交错、密如蛛网的河流环绕。苏州、湖州、嘉兴、杭州各府及其下属各镇之间，每至夜晚，航船往来如织，川流不息，正如诗句所云："酒市多逋客，渔家足夜航。"航船之上，演绎着形形色色的故事。无论春夏秋冬，夜宿于船，总能让人产生不同的感悟。春夜，万物蓬勃生长，静卧舟中，仿佛能体悟到花朵绽放的生机；夏夜，明月倒映在澄澈的水面，可静静聆听此起彼伏的蛙鸣，微风轻轻拂过，顿时凉意丛生；秋夜，江南不见丝毫肃杀之气，在落叶悠悠飘落间，能真切地感受到春华秋实的生命轮回；冬夜，在舟中温一壶香醇的金华酒，就着几碟精致小菜，与二三同游之人，边饮边谈，惬意非常。在这些夜航船上，无数旅人目睹斗转星移，谈论着人世的沧桑变幻。夜航船上的交谈，并非严肃的学术探讨，只是为了驱散漫漫长夜的寂寞。聊天的话题没有限制，参与的人也不分身份。从农夫口中说出的，满是质朴野趣；士人谈论起来，则充满生活的烟火气息。大才子张岱曾感慨："天下学问，惟夜航船中最难对付。"夜航船上，三教九流会聚，大家都在忙碌奔波。但这并不意味着文人就可以毫无顾忌地高谈阔论。江浙地区读书风气浓郁，浙西的工匠、手艺人往往读过些书，对历史上的名人名字、官爵以及重大事件发生的年号等，都能背得滚瓜烂熟。倘若在航船上遇到读书人，他们就会故意刁难，考验对方，比如问能否完整说出瀛洲十八学士和云台二十八将都是谁。要是回答不上来，便会遭到众人的大肆取笑。在张岱眼中，浙西这些匠人虽然"学问之富，真两脚书橱"，但他们死记硬背的知识，对于真正的文章义理和学术考核并无益处，与不识字的人没什么两样。然而，读书不扎实的书生，却常常难以招架他们的考问，屡屡在航船上出糗。张岱曾讲过这样一个故事：一个夜晚，月光如水，洒落在江面上，一位僧人同一名读书人一同搭乘夜航船。读书人高谈阔论，口若悬河，僧人听了，被他的气势震慑，便把脚蜷缩起来，好让读书人有更宽敞的空间。闲聊时，僧人发现读书人言辞中有破绽，便试探着问："请问相公，澹台灭明是一个人还是两个人？"读书人不假思索地回答："两个人。"澹台灭明是孔子的弟子，即便他的名气不如其他一些弟子响亮，但只要认真读过圣贤书，对他肯定会有所了解。僧人接着又问："那尧舜是一个人还是两个人？"读书人依旧自信满满地说："自然是一个人。"僧人这才明白这个读书人不过是徒有其表，之前的敬畏之心顿时消失，笑着说："既然如此，那就让小僧伸伸脚吧。"张岱专门写了一本书，取名为《夜航船》。书中记载的都是些日常知识，目的是让读书人在夜航船上聊天时不至于出丑，用他的话来说，就是"勿使僧人伸脚则可已矣"。夜航船，是浙北、苏南平原上在夜间航行的船只。它的出现，与江南独特的地理环境和经济发展状况息息相关。环太湖流域水网密布，河道纵横交错，船自然而然地成为人们出行的主要交通工具。江南地区林木资源丰富，价格低廉，非常适合用来造船。在杭嘉湖平原上，常见的是"浪舡"。这种船船体较小，配备有小篷、橹和纤绳，可根据河道的实际情况，灵活选择使用舟橹、船篷还是纤绳来航行。位于吴江东南六十里的盛泽镇，居民大多以绸绫织造为业，生活富庶。"四方大贾，辇金至者无虚日，每日中为市，舟楫塞港。"嘉善与松江之间，有专门运送棉纱的航船，往来穿梭，从未间断。各个市镇之间的棉布、丝绸、茶叶等商品贸易十分频繁，"往来无虚日"。湖州是夜航船数量最多的地方。每天清晨，湖州城的四个城门外，都停满了从各地赶来的夜航船。这些夜航船主要搭载两类人，一是往来的旅客，二是运送待售的桑叶的商贩。湖州有众多养蚕户，对桑叶的需求量很大。桑叶必须保持新鲜，所以商贩们不得不连夜从各地出发，赶在天亮前抵达湖州售卖。夜航船有固定的发船时间和航行线路。例如，从苏州出发，途经吴江、震泽，再到嘉善，每一段路程都有相应的票价。根据各地水路的不同情况，航行方式也有所差异。比如在乌镇，由于小桥众多，就不能使用风帆，只能靠人工拉纤或者划桨；有些地方因为有湖匪出没，像吴江平望一带，船只经过时就得加快速度；江阴至常州一段，河道狭窄水浅，不适合大船通行。明代在华的西方人观察到，中国木材资源丰富，价格十分便宜，而且铁的储量也很大，不仅价格低廉，质量还很好，所以船只众多。全国各地树木繁茂，即使没什么钱财的人，也能比较容易地制造一艘船或者拥有一艘小艇。《天工开物》中记载，浙西、平江纵横七百里的范围内，"浪船（最小者曰塘船），以万亿计"。湖州织里成了造船中心，所造的船种类繁多，功能各异，主要用于生产、娱乐和交通等方面。湖州还有一个突出的产业，那就是印书。印书和造船这两个产业相结合，催生了书船。书船从湖州出发，一路航行到杭州、宁波、常州、苏州等地售卖书籍，自然也多在夜间航行。夜航船的主要功能是载客营利，出于经济效益的考量，其舒适性相对较差。一些夜航船船舱矮小，仅有一扇门，进出时都得弯腰弓背。船身狭窄，人在舱内休息时常常需要蜷缩着身体。所以，僧人在试探出读书人并无真才实学后，才会笑着说让自己伸伸脚。夜航船空间拥挤，倘若有女子夹杂其中，难免会让男子心生诸多遐想。夜航船上，各色人等挤在一起，自然少不了彻夜长谈。叶盛在《水东日记》中记载："船中群坐多人，偶语纷纷，盖言其破碎摘裂之学，只足供谈笑也。"夜航船的拥挤嘈杂，自然不被讲究高雅意趣的士人所喜爱，于是出现了走高档路线的夜航船。这类夜航船主要搭载有身份地位的士人或商人，船舱宽敞舒适，不仅提供茶水酒菜，甚至还有伶人在船上侍奉。一些船只多以夫妻店的形式经营，丈夫负责驾船，妻子则负责准备菜肴，所提供的菜肴大多是新鲜的河鲜。"新丝卖得贯腰缠，一路归途生晚烟。清水港看明月上，观音关趁夜航船。"许多做生意发了财的商人也会选择乘坐夜航船。但这也带来了问题，稍有不慎就可能遭遇谋财害命的危险。怎么办呢？当时出现了牙行，也就是中间人。牙行可以帮忙找船、雇人，为出行提供保障。商人切忌贪图便宜，否则一旦碰上黑船，就可能落得个人财两空的下场。话本《张廷秀逃生救父》讲述的就是张廷秀、张文秀兄弟从苏州前往镇江的经历。因为夜航船过于拥挤，他们便选择了一艘宽敞的便船。便船趁着顺风，连夜赶路，行至焦山时，船主露出了贼人的真面目，将兄弟二人捆绑起来，投入江中。夜航船在航行过程中，不时会遭遇暴风雨。张岱就曾有过这样的经历，一次他乘船时，潮水汹涌向西涌来，狂风呼啸，巨浪拍打着船只，轰鸣声震耳欲聋，巨浪高高涌起，又砸向水面，化作无数碎雨。船在巨浪中剧烈颠簸，船上众人都吓得蒙着被子，僵直地躺着，面面相觑，只能默默祈祷神明保佑。直到半夜，风浪才渐渐平息，众人走出船舱查看，只见明月从山峡中升起，风平浪静，月色洒在水面上，泛起淡淡的金光。远处的群山之中，松涛阵阵。王士性乘坐夜航船行至衢州时，看到河边有绵延十几里的橘林，"花香橘香，每岁两度堪赏，舟楫过者乐之"。后世常常将晚明活跃的经济看作是资本主义的萌芽，这些频繁往来的夜航船自然也被当作了佐证之一。然而在晚明时期，实际上并不具备产生资本主义萌芽的任何条件。在明代的中国，商人数量远超当时世界上的任何一个国家。然而，这些商人却处境艰难，他们既没有社会地位，也毫无政治权力。在服饰、住房、交通工具等生活的各个方面，都受到诸多限制，处于社会的底层。权力被以武力为后盾、三位一体的地主、儒生、官吏阶层所垄断。经济与政治权力之间的壁垒坚不可摧，缺乏流动性，商人若想提高社会地位，唯一的途径便是通过科举考试来改变家族命运。除了对工商业的重重压制，中国社会还缺乏能够有效限制专制皇权的力量。反观西欧历史，由于宗教、部落、诸侯国、商业城市等多种力量的相互制衡，国王的权力并非绝对。更为关键的是，私有产权得到了切实保护，"风能进、雨能进，国王不能进"这句谚语形象地体现了私有财产的神圣不可侵犯，即使是国王也不能肆意侵占私人财产。"无代表，不纳税"的观念深入人心，尽管西欧各国等级代表会议在不同时期发挥的作用有所差异，但在历史的进程中始终有着重要影响。在中国历史上，从未出现过能够对政治权力起到制约作用的力量。城市仅仅是农村的延伸，其存在的意义主要是为统治阶层提供更好的服务。广袤的农村则是一个自给自足的封闭区域，在这样的环境中，真正的资本力量难以成长，所谓的资本主义萌芽，也只不过是低端市场的一种表现。晚明江南地区交通的发达，仅仅是临水区域内自然经济发展到极致的产物。一旦发展到顶点，便不可避免地开始走下坡路，曾经的繁华盛景也难以长久维系。在苏嘉杭平原上，航船络绎不绝，那些腰缠万贯的商旅们望着江南的夜色，心中却别有一番滋味。尽管他们家财万贯，但在"溥天之下，莫非王土"的时代背景下，只要官府稍有觊觎之心，略施手段，所有的财富与繁荣便会瞬间化为乌有。因此，除了购置田地、修建庄园，商旅们常常一掷千金，将财富消耗在奢侈品上。明朝灭亡后，顾炎武等学者总结历史经验，认为社会风气的败坏源于那些沉迷于吃喝嫖赌的文人，其中打着山人旗号四处招摇撞骗的人首先受到批判。张岱也属于山人这一群体，他的忘年交陈继儒生前最不喜欢别人称他为山人。然而到了清代，陈继儒竟被推举为山人之首，倘若他泉下有知，恐怕会气得吐血。张岱一生热衷于夜游，留下了《夜航船》这部著作。《夜航船》全书分为天文、地理、人物、考古等二十部，每部之下又进一步细分，例如天文部之下又分了十四类。全书共计四千多个条目，精选了历朝历代的众多典籍，经过张岱的精心剪裁，形成了独特的体例。张岱撰写此书，一方面是希望后人在夜航船上有丰富的谈资，另一方面也是想改变文人知识结构支离破碎的现状，避免因缺乏常识而闹出笑话。然而，《夜航船》成书之后却未能广泛流传。或许是因为张岱为人过于潇洒不羁、行事作风太过狂妄，官府担心士人们都受到他的影响，故而将此书列为禁毁书目。学者们也因惧怕惹祸上身，不敢轻易翻阅和传播。《夜航船》就如同一只孤独而清冷的小船，在江南水乡的湖泊中漂荡，沉寂了三百多年后，才重新被读者所熟知。

四

跳跃的信仰

老禅之间倪云林

　　"不做蝼蚁梦，游神凤麟洲。青山淡相对，白发忽满头。"
在倪云林看来，富贵荣华不过是一场酣梦，远不如超脱世俗逍
遥自在。对于士人们普遍热衷追逐的功名，他更是不屑一顾，
"富贵真可羞，功名竟何物"，在他心中，及时行乐、享受人生
才是生命的真谛。倪云林出生于巨富之家，明代何良俊在《四
友斋丛说》中提到："东吴富家，唯松江曹云西、无锡倪云林、
昆山顾玉山，声华文物，可以并称。余不得与其列。"家境殷实
的他，无须为生计操劳，也不必操心家族产业，但他同样无心
于功名利禄，一心只想尽情享受生活。由于对世间万物都看得
极为淡薄，倪云林逐渐生出了严重的洁癖。他生性爱洁，书房
中的物品，都需童子手持拂尘，时刻清扫。凡是他出入的地方，
必定要焚香。庭院前有梧桐树，他早晚都要让人打水擦洗，结

果竟致使梧桐树枯死。园林中有苔藓，翠绿可爱，每当风吹落叶落在上面，他就立刻让童子用铁刺挑起落叶扔掉。他每天都要洗漱数次，穿戴衣冠时，更是要反复振拂数十次，宅中的斋舍、树木、石头，也都要时常洗刷。有一次，他留友人在家中住宿，因唯恐友人有不洁之举，半夜起来偷听了三四次。友人也知道他有洁癖，自然格外小心。某夜，他听到友人咳嗽，第二天一大早，就命家仆去寻找痰迹。家仆找了许久也没找到，为了交差，便谎称窗外梧桐叶上有少许痰痕。其实那只是夜露凝结的痕迹，倪云林却没有怀疑，捂着鼻子、闭着眼睛，让家仆把梧桐叶剪掉，扔到三里之外。明初四杰中的高启、徐贲等人，与倪云林往来密切，曾有过同宿一室"让床""对床"的经历。"老来诗阵尚堂堂，过宿曾留让大床"，只是不知，他让床之后，是否会半夜悄悄溜出去偷听。他的洁癖在当时非常出名。他去友人周南老家中，事先会派人投递名帖，告知某日将前来拜访。周南老便会安排家人提前进行大扫除，亭台楼阁、竹木花草，都要清理洗刷得干干净净，若是打扫得不够干净，即使是老友，倪云林也会拂袖而去。有一次，一位富豪招待他吃饭，知道他爱干净，便将家中彻底清扫，仆人也都沐浴，换上新衣服，可谓考虑得十分周到。没想到一个端菜的仆人出现后，倪云林立刻起身逃离，主人感到莫名其妙，追上去询问原因。倪云林说："你不知道吗？须发多的人一定不干净，我实在吃不下。"主人仔细一看，原来端菜的仆人须发较为茂密，也只能任由他离开了。还有一次，在友人家聚会饮酒，诗人杨维桢趁着酒意，偷了在场名妓的绣花鞋，又把酒倒入鞋中，与满座客人传着喝。倪云林见了，顿时大怒，掀翻桌案，大喊"齷齪齷齪"，然后出门而去。然而，后来的文人却流行用绣花鞋饮酒，不再在乎是否洁净。而最喜欢用绣花鞋饮酒的，竟是倪云林的崇拜者何良俊。米元章同样有洁癖，但与倪云林相比，在洁癖的程度上远远不及，而且米元章的洁癖还带有几分做作。倪云林的洁癖则是发自内心，甚至有些畸形，看不出丝毫做作。他的内心或许存在一些缺陷，这可能与他庶出的身份有关。虽然嫡庶子在家族中并没有明显的高低贵贱之分，但倪云林天生俊朗豪爽，自认为才高八斗，这种心理影响了他，导致了他的洁癖。从洁癖又进一步发展为清高，进而延伸到他的艺术领域。在艺术和山水之间，倪云林追求空灵的境界。至顺三年（1332），他曾数月谢绝一切世俗事务，终日与古书古人相伴，忘却一切烦恼，悠然自得。他喜爱画竹，自称："余之画竹，聊以写胸中逸气耳。"他作画时，常用淡墨，不画人物，也不钤印。他的画作被评价为"殊无市朝尘埃气"，呈现出冰痕雪影，一片空灵，山水之间全无烟火气息，堪称一代逸品。苏东坡说："论画以形似，见与儿童邻。"倪云林也认为："仆之所谓画者，不过逸笔草草，不求形似，聊以自娱耳。"倪云林一心追求脱俗，所以他的画作萧远飘逸。他的山水画，极为简约，不着痕迹，空明澄澈，纯净无尘。晚明时期，董其昌对倪云林推崇备至，认为他的画"古淡天真，米痴后一人而已"。到了晚年，倪云林的作品达到了登峰造极的境界："一变古法，以天真幽淡为宗要，亦所谓渐老渐熟者。"倪云林厌恶尘世的污浊，他的画中从不画人物，在他看来，人是污浊的，不配入画。倪云林不画人物，唯有龙门僧的一幅画中有人物。尽管倪云林有洁癖，不媚俗，性格孤傲，但他行事却很有担当。倪云林有一位老师叫王仁辅，年老后没有子嗣，他便承担起奉养的责任。王仁辅去世后，倪云林又为他操办丧事。在无锡，凡是"客死不能归梓者"，他都会割出山地来安葬他们。倪云林到山中时，住在道观的山楼里，有道士偷了他的白玉镇纸狮子，被人抓住。倪云林却说："吾以此结道兄交耳"，不仅不追究，反而将白玉狮子赠给了道士。他特立独行，被世人认为迂腐懒惰，但他"不与悠悠世人，同一悲慨"。从他的迂腐中，能看到他的天真；从他的懒惰中，能看到他的洒脱。倪云林在家中排行最小，上面有长兄倪文光主持家务，他无须过问生计。在他看来，商业是俗务，他所关注的是诗与画，交往的也都是当世名士。在现实生活中，倪云林家中常常座上客常满，樽中酒不空。他交往的都是元末明初文坛的顶尖人物。倪云林的兄长倪文光与黄公望是好友，通过这层关系，黄公望与倪云林也成了忘年交。黄公望曾为倪云林绘制《江山胜览图》长卷。元四家中的王蒙、吴镇，也与倪云林有交往。吴镇与他诗词唱和，王蒙为他画像，称赞他为"有具见之士也"。张雨是茅山道士，元代时曾前往京师面见圣上，交游广泛，遍布天下。张雨比倪云林年长三十岁，二人却结为忘年交。倪云林十分推崇张雨，称其"诗、文、字、画，皆为本朝道品第一"。至顺三年，倪云林曾在玄文馆学习。玄文馆是他的兄长倪文光与友人玄中真师所建，位于无锡锡山东郭门。倪云林在玄文馆中读书问道，远离尘世纷扰，心境淡泊，张雨也常来此小住，二人关系密切。他的友人张经，在张士诚政权中担任高官，曾请倪云林题词刻碑。在元末动荡的局势中，倪云林的态度是与各方势力都保持距离，因此他谢绝了张经出仕的邀请。等到张士诚政权失败后，张经又成为平民。洪武二年五月十二日，倪云林等高士前往张经家中雅集。这次雅集的饮食很简单，不过是红酒、面筋、水饭、酱蒜、苦荬而已，但与会者却感觉"如享天厨醍醐"。倪云林喜欢与名士交友，不过偶尔也会闹出笑话。泗州人陈云峤，性格豪迈，交游广泛，家中的巨额资产没几年就挥霍殆尽。后来陈云峤入朝为官，馆阁中的诸位元老、朝廷中的知名公卿，都降低辈分与他结交，尊称他为公子。陈云峤自视甚高，凡是入不了他眼的人，他终身都不会见。元末时，陈云峤奉命到杭州监督铸造祭祀之器。倪云林听闻他的大名，特意请张雨牵线，前去拜见。当天，倪云林在湖山间设宴，器物陈设十分精美。酒足饭饱告别

时，倪云林拿出一张帖子，表示要赠送百石米。陈云峤看了之
后，举起酒杯，命人奏乐，然后让身边的随从把帖子撕了。陈
云峤对倪云林说："我在京师时，就听说过你的名字，说南方名
士中清高之人，无人能及。今日一见，也不过如此。请从今日
起与你绝交。"接着又大骂那些曾经赞誉过倪云林的人，当时张
雨也在座，感到十分局促。虽然被陈云峤轻视，但对倪云林来
说，这段经历不过是一笑而过。因为家中富有，他对世间的一
切都看得很淡泊，"睡起晴云满涧阿，牛羊日夕下南坡。浮生富
贵真无用，政似纷纷蚁一柯。""野饭鱼羹何处无，不将身作系
官奴。陶朱范蠡逃名姓，那似烟波一钓徒。"他尽情享受生活，
喜爱各种美食，还著有《云林堂饮食制度集》。这本食谱记录了
五十余种菜点及饮料，是元末明初江南一带富豪生活饮食的代
表。这本食谱受到后世众多美食爱好者的追捧，并被他们尝试
制作，如陈继儒、李渔等。袁枚虽然认为，这本食谱中烹制出
来的菜肴，大半没有可取之处，但在他的《随园食单》中，却
收录了"云林鹅"。食谱中，一些菜肴的制作过程极为烦琐。比
如蜜酿蝤蛑（梭子蟹），先把梭子蟹用盐水稍微煮一下，等颜色

改变后捞出，用手把肉拆出来，将肉斩成小块，再把肉铺在蟹壳里。取少量蜂蜜，与鸡蛋搅拌均匀，浇在蟹壳中的蟹肉上。然后再铺上一层肥脂，放入蒸笼蒸熟。蒸的时候不能太熟，等鸡蛋糊凝固就可以了。食用时，配上橙子、醋等调料。再如煮馄饨，用肉末、笋丁做馅，或者用茭白丁、韭菜末等，加入川椒、杏仁酱搅拌均匀。至于黄雀馒头，把黄雀脑子和翅膀，加上老葱、花椒等剁碎，再塞进黄雀肚子里，用面裹起来，做成细长卷的形状，两头呈平圆形，上蒸笼蒸熟。食谱中也有一些普通食材制作的菜肴。比如醋笋，用煮笋的汤汁，加入白梅、白糖，再放少量姜汁调和，然后把笋放进去腌制一会儿，就可以冷吃。煮猪头肉，把猪头肉切成大块，放入水中，加入盐、葱白、花椒等炖煮一夜。吃的时候，放入糟姜片、新橙丝、橘丝。如果要做肉粥，就放入糯米，把山药碾碎一起炖煮。也有一些用普通食材，加入上等香料制作的菜肴。比如熟灌藕，用上等面粉，加入少量蜂蜜、麝香，灌入藕孔中，再用油纸包扎紧实，放入锅中煮，等藕煮熟后，切片就可以食用。如今无锡人吃蟹，大多以蒸蟹为主。而有些地方煮蟹是直接用水煮，还加入生姜、盐、葱等调料，这常常被无锡人认为是暴殄天物。然而几百年前，无锡人吃蟹也是水煮。倪云林记录的煮蟹方法是："用生姜、紫苏、桂皮、盐同煮。大火煮沸后立刻翻面，再煮至再次沸腾就可以吃了。凡是煮蟹，现煮现吃味道最佳。"倪云林对茶情有独钟，曾在惠山时，将核桃、松子肉与粉、糖霜制成如石子般的小块，放入茶中款待客人，美其名曰"清泉白石"。他还记录了多个茶方，像菊花茶、茉莉花茶、莲花茶、香橼煎等，制作过程均极为烦琐。以莲花茶为例，需在太阳初升之际，挑选刚刚绽放的荷花，轻轻拨开其花瓣，将茶叶满满地放入花苞之中，随后用麻丝扎紧。次日清晨，摘下荷花，取出茶叶，晒干包好后，放入锡罐悉心收藏。倪云林逍遥出尘，热衷与名士交往，全身心投入艺术创作，尽情享受美食，故而有"懒瓒先生懒下楼，先生避俗避如仇"的赞誉。他的逍遥隐逸，其实有着家族的传承，其家族世代多有隐逸之士。明代《无锡县志》记载，无锡地方的高隐之人，"屈指五百年，仅得五人"，其中倪家人就占了三位，分别是倪瓒的伯父倪焕、父亲倪炳以及倪云林本人。倪云林早年丧父，由长兄倪文光照料长大。元

天历元年（1328）九月，倪文光不幸离世。长兄故去后，二兄
子瑛又有些木讷，家族的重担便骤然落在了年仅二十岁出头的
倪云林肩上。这让他疲惫不堪，不禁哀叹："抑郁事污俗，纷攘
心独惊。"倪云林掌管家族事务后，家业逐渐走向衰落。究其原
因，一是他既不熟悉商业，也无心经营；二是他在收藏方面耗
费了大量钱财，同时又过着奢华的生活；三是他常以巨资接济
朋友。在经济衰落的同时，他所处的社会环境也日益恶化，无
奈之下，他只好选择出走。元朝建立后，大批文人选择隐逸，
不愿出仕。然而，在这种隐逸的氛围中，文化却得到了发展。
在江南地区，财力雄厚且雅好人文的地方缙绅，担当起了文坛
领袖的角色。他们凭借雄厚的财力，支持文人创作，同时频繁
举办雅集活动，大家饮酒赋诗、鉴赏书画，进行文化交流。倪
云林成长于至元初年，那时时局相对稳定，官方对民间的盘剥
也未过度，营造出了良好的文化交流氛围。但随着时局的恶化，
官方财力紧张，对江南富裕地区的掠夺开始加剧。至正十一年
（1351），为躲避沉重的赋税压力，倪云林开始不定期离家，"便
命扁舟入吴，寓村落中，调气静坐，得以少抒其中磊磊者"。至

正十三年（1353），倪云林带领家眷离开故居，在烟波浩渺的太湖流域，开启了一叶扁舟的漂泊生活。在此之前，由于官差的不断骚扰，倪云林就曾"弃田庐"，变卖了部分田产。当时张雨正好来他家，他便将卖田所得的百千缗钱，全部赠给张雨，以供其养老。四十一岁之前，倪云林一直居住在无锡梅里，度过了人生中平静淡泊的时光。此后，为躲避战乱，他离开无锡，开始了长达数年的漂泊生涯。倪云林的足迹遍布苏嘉杭平原，从宜兴到常州，再到吴江、嘉兴、松江等地。其间，他一度极为落魄，有时寄居于孤舟之中，有时在古庙栖身，有时则投奔朋友。后来，他在吴江笠泽建造了"蜗牛居"，才算有了相对安定的住所。中年以后，倪云林的人生发生了巨大改变，漂泊于江南各地，面对野舟孤岸、近水远山，他感慨"吴市经游几度春，泛泛去来舟不系"，"舍北舍南来往少，自无人觅野夫家。鸠鸣桑上还催种，人语烟中始焙茶"。倪云林的忘年交徐达左，来自苏州光福徐氏。徐达左比倪云林小二十余岁，而倪云林又比张雨小三十岁，张雨、倪云林、徐达左三人皆是好友。倪云林晚年四处漂泊，常到光福居住。在光福时，有一次他们同游山中，饮用七宝泉的泉水，倪云林喜爱泉水的清冽，便命人每日挑两桶供自己使用，前一桶用来饮用，后一桶用于洗漱。之所以如此安排，是因为他觉得挑水之人若放屁，后一桶水会受影响，而前一桶则不受干扰。倪云林的住所距离七宝泉有五里之遥，就这样前后半年，挑夫每日不停挑水。只是这漫长的挑水途中，挑夫难免会换肩，倘若不小心放屁，真不知倪云林会作何感想。明洪武七年（1374），江南地方秩序趋于稳定，倪云林返回故乡，却已无家可归，只好暂住在姻亲邹氏家中。邹家塾师有个女婿叫金宣伯，一日前来拜访邹翁。倪云林听闻金宣伯是读书人，急忙倒屣迎之，没想到金宣伯言谈并不文雅，长相也普通。倪云林见状大怒，抬手就给了他一记耳光。金宣伯又怒又恨，没见到主人邹翁便自行离去。邹翁觉得奇怪，追问倪云林缘由，倪云林直言："宣伯面目可憎，语言无味，吾斥去之。"这一年中秋，邹翁设宴赏月，倪云林因身体不适戒酒，心情凄然不悦，不久便病逝于邹家。后人传言倪云林是被朱元璋投入厕中而死，实则是因为他的洁癖与孤傲，得罪了不少人，才有人编造出这样的故事来诋毁他。据周南老所撰倪云林墓志铭记载，倪云林享年七十四岁。但根据他自己的诗文自述"乙未岁，余年适五十"，乙未岁为至正十五年（1355），据此推测，他享年六十九岁，出生于大德十年（1306）。倪云林自称："据于儒，游于老，逃于禅。"但实际上，他一生除了读过儒家书籍外，并未与儒门有过多实际联系。他的一生，更多是在老庄与禅宗思想间游走，他不追求儒家所谓的修身、齐家、治国、平天下，只专注于自己的生活，与名士交往，精心调配美食，鉴赏古玩。他虽为元末明初之人，却对整个明代文人产生了深远影响，有明一代，诸多文人追随他的脚步，选择隐逸，逃避世俗事务，只求逍遥一生。

昙阳子神话

　　当下，修仙小说风靡一时，众多读者沉醉其中，对小说里奇幻的修仙之路惊叹不已。而在历史上，也真实存在着修仙者，他们的故事精彩程度丝毫不输修仙小说。王焘贞是王锡爵的次女，在十七岁之前，她的生活平淡无奇，如同万千平凡人一般。王焘贞的父亲王锡爵是太仓人，在会试中高中榜眼，此后在官场上平步青云，历任国子监祭酒、詹事府詹事、文渊阁大学士等要职。万历五年（1577），首辅张居正的父亲去世，按照礼法，张居正要回乡守孝三年。然而，张居正贪恋权位，不愿返乡守制。王锡爵等人联名上书，恳请张居正遵守守制之礼。但张居正以皇帝之命"夺情"为由，继续留在京师任职。由于张居正地位稳固，难以撼动，王锡爵接连遭受打压报复，无奈之下，只好辞官回到家乡太仓。而这次返乡，竟使他卷入了女儿的修仙之事。据王锡爵记载，王焘贞刚出生时，身体十分孱弱，饱受疥疮折磨，整日啼哭不止。她皮肤发黄，呈现出隐隐如泡沫般的状态，很多人都觉得这个小女儿恐怕难以养大，王锡爵夫妻对这个女儿也未给予太多关注。但王焘贞顽强地存活了下来，并且展现出与众不同的个性。王锡爵曾请师傅教导她相夫教子等方面的功课，女儿却不愿学习，让她学习女红，同样遭到拒绝。王锡爵无奈，只能由着她去，毕竟名门望族的女儿不愁嫁不出去。王焘贞早早便订下一门亲事，男方是徐景韶。虽然从未与未婚夫谋面，但通过丫鬟和家人的描述，她得知徐景韶才华横溢，容貌英俊，不禁心生欢喜，满心期待着过门成亲。然而，十七岁那年，传来噩耗，徐景韶突然染病离世。若是普通人家的女儿，或许还能改嫁。但作为朝廷大臣王锡爵的女儿，她必须以身作则，遵循礼法，为这位从未谋面的未婚夫守节。从此，她不仅无法享受闺房之乐，还将在孤独中度过余生。王焘贞为徐景韶的死悲痛万分，同时也为自己的命运悲泣不已。无奈之下，王焘贞决定闭关修炼，试图寻求解脱之道。她的父亲向来崇信佛法，而江南地区又盛行融合了佛道两教的修炼方式。在闭关修炼期间，王焘贞开始构建一个属于自己的神鬼世界，以此填补内心的空虚与痛苦。她编造了一个故事，称在未婚夫去世前三个月，她梦到了真君大士。真君向她口授了《照悟灵空真经》，她在梦中领悟了真经要义，醒来后便对父亲说："此是道经而禅语。"悟道之后，王焘贞开始只食用果汁和柏叶，修习修仙法术，断绝人间烟火。因未婚夫去世而深受刺激的王焘贞，加上闭关修炼期间饮食缺乏营养，身体状况越发糟糕，进而出现各种幻觉，"真君袖仙果"前来给自己充饥的场景屡屡在脑海中浮现。王焘贞也告诉父亲，闭关修炼三个月后，她已能阳神出窍，灵魂遨游天外。对于女儿的这些说辞，见多识广的王锡爵并不轻易相信。为了让父亲信服，给自己取法号为"昙阳子"的王焘贞，采取了"绝食证圣"的方式，即通过绝食来证明自己有神灵附体。王锡爵依旧心存疑虑，担心女儿误入歧途，修炼的是妖邪之术，那岂不是自找麻烦。于是，王锡爵多次对女儿进行测试，试图分辨她修炼的究竟是法术还是妖邪之术。据传，身姿飘然若仙的昙阳子，偶然踩到一摊能破除妖术的狗血，却依旧行走如常，毫无异样。她用符水为他人治病，效果显著，屡试不爽。她预言庭院中会生出稻子，后来也果然得到应验。一日，在她的住所上空，突然出现耀眼光芒，所有人都被照得头晕目眩。为了让父亲彻底相信自己拥有神力，昙阳子让父母透过门缝偷看神灵附体的情景。透过门缝，王锡爵和老伴儿只看到房内身着神仙装束的人影，并未见到神仙真容，但自那以后，他们对女儿不再心存怀疑。王锡爵崇信佛法，性格恬淡寡欲，"终生无二色"，平日里的喜好不过是书画法帖。他个性耿直，一旦认定某事，便会不顾一切全力去做。在确认女儿真的具备法力、真神附体后，他不顾世俗压力，拜女儿为师。他四处奔走宣扬女儿的神奇事迹，信誓旦旦地称自己亲眼看见女儿施展法力。昙阳子对父亲的全力支持感激不已，称："吾道赖吾父而就。"女儿能够修炼成仙，对王氏家族而言也是一种荣耀，自然要将此事广而告之，让世人敬仰，使女儿的事迹千古流传。然而，亲生父亲去宣传女儿，即便说得天花乱坠，说服力终究有限，还得借助有影响力的外人。于是，王锡爵想到了老友王世贞。王世贞在郧阳为官时，因惩治了张居正的妻弟，遭到张居正的打击报复。王锡爵与王世贞同为太仓人，二人往来密切，关系亲厚，"虽兄弟不若也"。万历六年（1578），王世贞退出官场，回到太仓。作为当时的文坛领袖，他原本期望在官场上有所建树，成为一代名臣。但因忤逆首辅张居正，仕途已然无望，遂选择辞官退隐。万历七年（1579），失意的王世贞拜入昙阳子门下。第一次拜见昙阳子大师时，王世贞对她的容貌有生动地描写："其唇朱，独貌黄金，色稍淡。"由此可见，昙阳子大师面色欠佳，估计与长期营养不良有关。王世贞希望昙阳子能助他摆脱困境，"能出之苦海迷途"。昙阳子传授给他"八戒"秘法，不过这些内容在各教派中都较为常见，诸如戒淫杀、慎言语、怜恤孤寡之类。但王世贞却深信不疑，认为这"八戒""朴而要，浅而有深旨，盖生人之大纪备矣"。昙阳子要求王世贞每天中午十二点反省自己是否有过错。若有过错，便要悔过。王世贞遵照昙阳子的教导，开始反思自己过往的行为。他后悔自己喜好饮酒、舞文弄墨、诙谐戏谑，以及沉迷于一切雕虫小技。到了晚年，他甚至忏悔自己出仕为官的经历，"违心而出，尤悔万状"。悔过之情主导着王世贞的晚年生活，也让他越发虔诚地拜在昙阳子门下。对于昙阳子，王世贞是发自内心地崇敬和信服。面对社会上的质疑声，他频繁撰写文章为昙阳子辩护。"恨不令兄见之，疑城一破，莲花不远矣。"他不仅写了长文《昙阳大师传》，仍觉意犹未尽，又接连创作了《昙阳子外传》《金母记》《昙鸾大师记》等一系列文章，极力宣扬昙阳子的神奇事迹。作为文坛领袖，王世贞的文章在士人中颇具影响力。由于他的大力鼓吹，一批文人纷纷拜入昙阳子门下，其中包括当时的著名文人屠隆、沈懋学、徐渭、王敬美等人。

屠隆是浙江鄞县人，凭借诗文在当时颇负盛名，还著有《昙花记》等戏曲作品。万历六年（1578），屠隆出任青浦知县，任职期间，他时常召集名士一同饮酒赋诗、游山玩水。在青浦时，屠隆写了一封极尽谄媚的信给王世贞，表达自己的仰慕之情："世无先生，何羡异代？世有先生，又何羡异代。"王世贞看了这封吹捧的信后，满心欢喜，也回信对屠隆夸赞道："诗语秀逸，有天造之致。"在王世贞的引荐下，屠隆拜入昙阳子门下，此后两人互称道友，还时常通过书信交流修道心得。即便是不识字的山野巫师，都懂得自我炒作，制造一些所谓的神迹，骗得众多信徒。而在一群文笔精妙的顶级文人的大力鼓吹之下，昙阳子的各种神奇事迹迅速传遍东南地区，信徒也越来越多。昙阳子被系统地神化，在文人们编造的故事里，她五岁时就擅长剪纸，剪出的观世音像栩栩如生，随后便供奉起来虔诚膜拜。每天清晨醒来，年幼的她都要在被窝里诵读"阿弥陀佛"一百多声，才肯起床。得道之后，每当仙人带着仙果来看望昙阳子时，房间里必定会传出金铃铛的声响，还有仙人佩戴的玉佩发出"佩声和而清，泠泠萧萧然"的清脆声音。仙人们到来时，昙阳子的房间热闹非凡，仙人们或放声大笑，或冷言讽刺，或高声颂歌。甚至有人亲耳听到天空传来飘飘仙乐，还有乐器留在楼上。王锡爵从窗户伸手去触摸仙人的乐器，却难以分辨这是什么物件，"或为螺，或似筝，或为洞箫，而皆坚滑如玉石"。据记载，万历八年（1580），王焘贞突然告诉父亲，自己将于九月九日坐化升仙。对于女儿的飞升，王锡爵并无悲伤之情，反而有一丝欣慰。毕竟一人得道，鸡犬升天，女儿成仙，自己说不定也能位列仙籍。在文人信徒们的极力宣扬下，王家二女儿即将成仙的消息迅速传遍江南。九月九日这天，十万余人蜂拥而至，前来围观这场所谓的神迹。信徒们纷纷顶礼膜拜，焚香祈福，满心期待能沾染一些昙阳子的仙气。昙阳子选择在未婚夫徐景韶的墓前坐化，她觉得虽然生前未能与未婚夫相伴，坐化成仙后，便可与他在仙界成为伴侣。徐景韶的父亲徐廷，对儿子的早逝痛心不已。但在这一天，他又不禁感到自豪，徐家有这样一位好媳妇为死去的儿子守贞至死，如今又羽化成仙，儿子在另一个世界想必不会孤单。飞升当日，徐廷赤膊站在栅栏墓地门外守卫，在场所有人都觉得这并无不妥。这仿佛一场盛大的狂欢，所有人都沉浸其中，如痴如醉，癫狂不已。这也是一场打破一切束缚的盛宴，所有的礼法禁锢都被抛诸脑后，外在的拘束荡然无存。昙阳子飞升之前，来到未婚夫墓前设坛祭祀。祭祀完毕，她突然拿起刀割下自己的右髻，放在几案上，说道："我已得到仙人的度化，死后身体不会腐朽，不能与你一同下葬。留下这发髻作为信物，陪你肉体长眠。"随行众人无不为之感动，他们挖开徐景韶的坟墓，将发髻放入陪葬。九月九日，昙阳子盛装出场。据记载，她"携灵蛇，左手结印执剑，右手执麈，端坐而瞑"。昙阳子成仙之时，两颊热气升腾，渐渐恢复血色。天空中突然出现奇异景象，两道红白长虹横贯天空，仿佛在轻轻播洒净水，水滴如金沙般闪烁着光芒。昙阳子端坐在信徒王世贞捐献的神龛之中，法相庄严，溘然长逝。就在这时，两只黄色蝴蝶翩翩飞来，停在神龛之上，久久不愿离去。据王世贞记载，目睹这神奇一幕的信徒们，"十万人，拜者、跪者、哭而呼师者、称佛号者，不可胜计"。徐渭也记载："而师道成，立以化，红光亘天，趋而仰者，约满十万众。"昙阳子仙去之后，王世贞和王锡爵觉得人生顿时没了乐趣。王世贞捐出钱财修建昙阳观，还到观中出家修炼，与妻儿的关系也日益疏远。王锡爵同样捐资为女儿修建道观，与老友王世贞一同躲在观中，每日刻苦修炼大法。两人断绝荤腥，不再触碰笔砚，也不见亲人，一心只求修炼成仙。王世贞的两个弟弟也在家中刻苦修炼，期望有朝一日能羽化成仙。王锡爵和王世贞对昙阳子仙去时的神迹大肆宣扬，说得天花乱坠，并信誓旦旦地保证一切属实。王锡爵称："不敢轻撰出一字。"王世贞也表示："不敢饰，不敢诬。"不甘寂寞的王世贞，还写了一篇《金母记》，描述了昙阳子成仙后的情景。在仙界，昙阳子受到西王母的亲切接见，西王母赐给她仙药和仙箓，还赠给她一件黄色仙衣，"可以御寒暑"。二王对昙阳子的过度鼓吹，引起了许多士人的不满，他们认为二人行事怪异，宣扬的都是怪力乱神之事。昙阳子成仙事件影响巨大，引得许多渴望成仙之人纷纷结庐苦修。浙江湖州人朱长春，为了成仙，将数十张桌子叠起来，然后爬到最上面，张开双臂，踮起脚尖，模仿鸟飞的姿势。结果不慎摔下，跌得半死。张居正本就对太仓的王锡爵和王世贞心怀不满，借此机会弹劾二人，并让礼部拟定处理意见。二王一时惊慌失措，赶忙找老友礼部尚书徐学谟帮忙说情，此事才得以平息。徐学谟对二王崇拜昙阳子的行为也颇为不满，觉得他们"张皇太过，形迹太露"。此后，二王不得不有所收敛，对昙阳子的崇拜行为也暂时低调了下来。万历十年（1582），张居正去世后，王锡爵、王世贞相继复出。到了万历二十一年（1593），王锡爵被任命为首辅。汤显祖与王锡爵、陈继儒曾有过不愉快，后来汤显祖创作《牡丹亭》，世人大多认为此剧是在讽刺昙阳子一事。但王锡爵却较早地将《牡丹亭》付诸家乐演出，还称"吾老年人，近颇为此曲惆怅"。如此看来，《牡丹亭》似乎并非暗讽昙阳子。

昙阳子的另一位得意弟子屠隆，终生敬畏维护自己的老师。万历十八年（1590），有人造谣中伤昙阳子，屠隆愤怒不已，作《上城隍书》，祈求城隍转达天曹，大显神威，将造谣者用雷劈死，或者让其染上恶疾而死。王世贞直到去世都对昙阳子深信不疑，还不时觉得能感受到昙阳子的召唤。一天夜里，他独自卧于楼上，突然听到楼下传来三声巨响，王世贞顿时有所感悟："恐非仙师示警？"于是决意戒酒吃素，以不辜负昙阳子师父的教诲。

僧尼形象为何不堪

在明代，僧人们面对朱元璋时，心中可谓百感交集。朱元璋出身于和尚，对佛教的运作模式以及教义有着较为深入的了解。然而，登上皇位后，鉴于深知宗教的影响力，朱元璋对佛教采取了防范措施。限制佛教发展的手段很直接，就是将僧人的剃度权收归政府。他推行度牒制度，规定世人只有经过官府许可才能出家，私自剃度者将受到法律惩处。《大明律》明确规定："杖八十，寺观主持及受业师私度者，与同罪，并还俗。"与此同时，僧人出家的年龄也受到严格限制。大量青壮年劳动力出家，既会影响社会生产，又可能导致寺庙势力过度膨胀。朱元璋规定，二十岁以下者不许出家。不仅青年被限制，儿童同样不被允许。朱元璋觉得，幼时出家或许能忍受寂寞，但等年纪渐长，血气方刚，一旦欲念萌动，很少有人还能耐得住寂寞，正如他所说"所以僧中多有泛滥不才者"，这或许也源于他自身出家的经历。朱元璋还规定，寺庙禁止收养幼童为僧，违反者"首僧凌迟处死，儿童父母迁发化外"。妇女想出家为尼姑，必须年满四十岁，目的在于防止少妇难以忍受清规戒律。此外，一些特定职业人员，如军人、工匠、灶人等，也被禁止出家。朱元璋对僧人的日常生活规范同样严格。僧人不得与世俗民众混居。若僧人不住寺院，私自居住在民间，一经告发，将被枭首示众。僧人若娶有妻室，任何人发现后，都可以对其"捶辱之"，并可索要钞五十锭，"如无锭者打死勿论"。此规定一出，娶妻的僧人叫苦不迭，无论走到哪里，都得面对民众警惕的目光。在如此严苛的规定下，本以为各路僧侣会以人生导师的形象示人，法相庄严，善于宣扬佛法，给予心灵慰藉。但在明代的众多小说中，僧侣却多以反面形象呈现，难以摆脱贪财好色、酒气熏天的标签，鲜见超脱尘世的高僧。例如在《金瓶梅》里，西门庆与潘金莲合谋害死武大郎后，请了几个和尚到家中念经。结果这几个和尚一见到潘金莲的妖媚姿态，"一个个都昏迷了佛性禅心，一个个多关不住心猿意马，都七颠八倒，酥成一块"。

西门庆与潘金莲在房中行房事时，"被这秃厮听了个不亦乐乎"。《醒世恒言》中也有类似情节，江西临江府监生郝大卿，清明出城踏青时，被城外"非空庵"的两个女尼勾引，之后便留在庵内日夜淫乐。两个月后，郝大卿想回家，女尼却不肯放行，还把他剃光头发扮成女尼，强行留在庵中。郝大卿每日周旋于两个女尼之间，时间一长，身体不堪重负，最终油尽灯枯丢了性命。《僧尼孽海》共有三十六则内容，每则讲述一个至五个故事，总计五十五个故事。这些故事篇幅不一，文体有文言也有白话，全是关于和尚奸淫民女、尼姑不守戒律之类的情节。余象斗编纂的《皇明诸司廉明奇判公案传》，全书分十六类，共一百零五则，其中涉及僧人的有十三则，这十三则里有十二则与僧人为贪财好色而致人丧命的事情相关，且大多是奸情案例。在明代各类小说中，僧尼成为常见角色，且多数与色情描写有关。小说源于生活，僧侣形象不佳，这与明代僧侣的世俗化现象密切相关。明代的僧侣主要分为两类，一类是禅门僧侣，他们以受戒为标志，远离尘世，专注于佛教义理的研究。另一类是应门僧侣，以纳牒为途径，专门从事诵经等佛事活动。禅门僧侣必须系统学习佛教经典，并参加考试。这种考试类似科举，从佛教经典中出题，只有通过者才能正式成为僧侣。由于禅门考试严格，通过的人数较少。而应门僧侣则无须考试，只要对佛事略懂皮毛，会吹法螺、做法事，便可获取度牒。因此，很多想出家的人都选择应门，他们不学佛教经典，只掌握些法事门道，混到度牒后就能成为僧人，进而通过法事赚钱。在将佛教义理研究与佛事活动区分开来的同时，朱元璋规定，应门僧侣进行法事并非无偿服务。官方还制定了详细的诵经费用价目表，如《华严经》一部，收费一万文;《涅槃经》一部，收费二千文;《莲经》一部，收费一千文;《楞严咒》一部，收费五百文。原本庄严神圣的法事活动，经朱元璋的商业化运作，变成了一种市场交易行为。交钱念经，使得宗教的神圣性被金钱的利益所掩盖，僧侣们频繁穿梭于尘世，为了生意而忙碌奔波。又因为出家为僧、诵经作法是一项收益颇丰的经济活动，吸引了更多人渴望加入这个行列。如此一来，在民众眼中，僧侣不过是一群会吹吹喇叭唢呐、念几声"阿弥陀佛"，借此赚取香火钱的群体。当僧侣成为热门职业时，官方在僧侣数量的管控上又有所放松。

　　在明代，度牒发放的时间，初期并没有明确规定，直到洪武十七年（1384）才定下每三年发放一次度牒的规则。而度牒发放的数量同样没有确切标准，每次发放，多的时候可达四万张，少的时候则仅有一万张。到了明英宗正统年间，在太监王振的奏请下，朝廷将度牒发放时间改为一年一次。每次发放的具体数量也没有固定数额，全凭皇帝个人意愿决定。这就使得有权势的太监能够利用皇帝的决策，大量颁发度牒。原本佛门应是清净之地，然而度牒制度的推行，却让大量罪犯有了可乘之机，纷纷遁入佛门。明代实行严苛的户籍管理制度，出行之人都必须携带记录本人详细信息的路引。罪犯一旦遭到通缉，没有路引便难以潜逃。此时，弄到一张度牒，摆脱俗世身份，摇身一变成为僧人，就成了他们的出路。如此一来，各类罪犯纷纷混入僧侣队伍，使得僧侣群体的犯罪率居高不下，其形象也随之严重受损。明代皇室尊崇佛道，上行下效，达官显贵们也大多礼佛敬道。皇室设有专属的香火院，豪族也有自家的寺院。一些僧人凭借各种旁门左道迷惑皇帝，进而影响朝政。

当时社会风气呈现出"上自王公贵人，下至妇人女子，每谈禅拜佛，无不洒然色喜者"的景象。僧侣与权贵相互勾结，使得出家之人的清净之气荡然无存，反而增添了浓重的趋炎附势色彩。在明代，太监中信奉佛教的人数众多。高僧们若要兴建寺院、扩大影响力，就不可避免地要与太监们打交道，这一现象引发了民间的诸多非议。比如明代四大高僧之一的德清，在与同为四大高僧的紫柏于东南地区争夺名利失利后，前往山东自创海印寺。消息传出，京城内的太监们纷纷慕名前往，"争往顶礼"。太监在官员面前往往颐指气使、威风凛凛，还时常勒索钱财，但在民众眼中，他们的群体形象却是低贱卑劣的。民众虽在心理上鄙视太监，却只能眼睁睁看着太监群体作威作福，这种不平之气便转化为对太监的诅咒。而太监们为了祈求福运、寻求精神寄托，时常捐资修建寺院，并与僧人们往来密切。于是在民众看来，僧人与太监狼狈为奸，沆瀣一气。更有一些僧侣公然招摇过市，行为浪荡不羁。高僧雪浪无视清规戒律，每日与文人士大夫四处游玩，毫无顾忌地出入青楼酒馆，狎妓看戏。雪浪身边的随从，皆是天生丽质、唇红齿白的青年，身着大红大紫的服饰，"几同烟粉之饰"。雪浪来到吴越地区后，"仕女如狂，受戒礼拜者，摩肩接踵"。连高僧都无法脱离世俗，在红尘是非中徘徊，普通僧人就更不用说了。朱元璋曾明令禁止僧人娶妻，违反者民众可以责打，并向其索要钱财。但到了明代中后期，僧人娶妻已不受限制，几乎普遍"荤娶"。在福建的一些地方寺院，数百名僧人中仅推选一人削发，其余人都过着世俗生活。《寓圃杂记》记载了僧人升日南，在南京时"犬马鱼鳖之肉无弗食，俳优妓女之家无弗游，长发为浪子者数年"。至于僧侣吃肉喝酒、打架闹事、敲诈勒索等行为，更是屡见不鲜。据《玉光剑气集》记载："赵头陀自云终南山来，不知其所证，成化中游吴几十年，所丐食往来啖肉能顿尽数十斤。"吕坤的《吕公实政录》也提到，游方僧人寄宿寺庵，常常五七成群，勒索斗米匹布，稍有不如意，"或含怒结仇，或咒诅魇镇"。他们白天四处恐吓勒索，夜间与盗贼勾结，劫掠地方，成为地方一大公害。在明代的各类小说中，道姑、尼姑声名狼藉，被视为极易招惹是非的群体，是大户人家必须防范的对象。尼姑被列入"三姑六婆"行列，被当作"三刑六害"之一。当时流传着

"其间一种最狠的，又是尼姑""尼庵不可进，进之多失身"等说法。在明代的家训中，常常能看到这样的教诲，即良家女子务必远离尼姑，绝不能让她们进入家门。《西园闻见录》记载，沈鲤的家训要求家中男女"莫山顶进香，莫庙宇烧香，莫狎近尼姑"。民间还流传着"不交僧与道，便是好人家"的说法。平日里不与僧尼往来，不入庙庵烧香拜佛，成为女性必须遵守的德行。而"遣尼僧""毁尼庵""令尼还俗"等举措，成为明代一些官员维持地方风化的常用手段，并被视为他们的政绩。南京地区的宗教事业格外发达，僧尼数量比其他省份更多，"淫污之俗视别省为尤剧"。尼姑庵中，存在与僧人相互勾结的情况，还有勾引良家女子入庵的现象，更有一群恶少每日在尼姑庵外游荡，一旦勾搭上便夜宿不出。嘉靖年间，霍韬到南京出任礼部尚书，大力整顿这一乱象。他将五十岁以下的女尼遣返回家，拆毁了名声不佳的尼姑庵，金陵地区顿时清静了许多。然而，霍韬刚离开，众多尼姑又纷纷回归，尼姑庵再度兴起，香火比以往更为旺盛。在明代，妇女平日里被禁锢在家中。大户人家的女子，还能通过读书、学习女红来消遣娱乐；而一般人家的女性，则要从事各种繁重的劳动。总体而言，女性的生活灰暗乏味。她们唯一的娱乐活动，便是打着烧香拜佛的幌子，参加庙会，顺便进行购物等娱乐活动。明代中期以后，民间烧香的风气逐渐蔓延开来。每月月初和十五，大批民众以烧香游山为名，进出寺观。各地的妇女也借着庙会烧香的机会，频繁出入寺观，习以为常。在庙会和寺院中，打扮得花枝招展的女性，极易吸引好色之徒的注意，偶尔发生的一两起调戏女性事件，借助舆论的力量，很快就会传播到各地。

在当时，女性前往寺院烧香属于违禁行为。法律对此有明确规定："若有官及军民之家，纵令妻女于寺观神庙烧香者，笞四十，罪坐夫男。"然而，即便有禁令在身，女性们依旧不顾阻拦进入寺院烧香，这种行为也为一些秉持正统观念的士人所鄙视。于是，这些士人凭借自己的口才，编造出一个个女性入寺院烧香后发生的离奇故事，诸如被淫僧掳走，或是与僧人暗中勾搭等情节。而僧侣利用法事与妇女勾结这类事，也并非文人完全凭空想象。《留青日札》记载，大户人家的妇女倘若没有子嗣，会在家中口诵佛号、供奉神像，还会前往寺院，求僧人传授诸如"磨脐过气之法"之类的法术，认为修行之后便能生育子嗣。到了明代中后期，随着社会风气逐渐开放，文人开始大量创作包含色情内容的小说。士人既受当时社会舆论影响，又亲眼看见了僧侣们的种种胡作非为，还听闻了无数离奇故事，这些自然而然地成为他们创作的素材。更为关键的是，僧尼破戒贪淫的故事广受欢迎，人人爱听。为了迎合市场需求，士人们在创作时更是大肆添油加醋，使得一个个淫荡僧尼的形象跃然纸上。明代高僧湛然圆澄对僧尼形象不佳的原因洞察深刻，他认为社会风气的堕落根源主要在于世俗。虽然僧侣中确实存在奸淫之徒，但与世俗中的不良现象相比，仍是少数。而僧尼形象变得如此糟糕，文人在其中起到了推波助澜的作用。文学作品的影响力是持久的，僧尼的形象也因此在笔墨间被固定下来。倘若僧侣们要为此怨恨，恐怕得归咎于朱元璋，毕竟是他将原本清净的寺院变成了充满商业气息的场所。

"妖言"的力量

在中国，一些男人心中暗自潜藏着皇帝梦，这或许就是二月河历史小说大行其道、备受追捧的原因。即便自身条件受限，哪怕像太监一样身有残缺，也怀揣着帝王心思。于是，各类玄幻、穿越小说深受欢迎，读者们随着作者的笔触，尽情体验追逐帝王梦想的快感。然而，这些小说中的内容，放在古代，就等同于妖人散布的妖言。"妖言"与"妖人"的影响力，令历代王朝的统治者深感恐惧。心怀异志的谋反者在揭竿而起之前，往往会先编造各种神迹，蛊惑信众，进而对朝廷发起挑战。朱元璋登基后，对民间的"妖言"采取重刑打击。《大明律》明确规定："凡造谶纬妖书妖言，及传用惑众者，皆斩。""皆斩"二字，尽显刑罚之严酷，无论主犯从犯，一概处以斩首之刑。尽管朱元璋对民间进行了诸多限制，但社会经济的发展、文学作品的传播以及人们梦想的萌动，并非他所能完全掌控。官方虽有严格规定，可民间并不理会，为了生计、为了美妾、为了心中梦想，一个个"妖人"纷纷涌现，四处散布妖言，引得信众云集，朝廷屡次禁止却难以杜绝。嘉靖年间，有个叫胡大顺的人，炮制出一本《万寿金书》，宣称此书为吕祖所作，还称吕祖亲自传授他三元大丹，服用后能祛病延年、青春永驻。得知有大仙转世，官员绅士们纷纷前去膜拜结交，全然不顾所谓的"妖言"与"妖书"。成化年间，山东人张中先遇到一位奇人，获传一本《金锁洪阳大策》。张中先苦心修炼，自觉颇有心得，认为自己扭转乾坤、执掌山河指日可待。在帝王欲望的驱使下，张中先在左右臂膀上各纹了一条龙，左右手掌分别纹上"山""河"二字，自号"白毛祖师"。每次登坛传道，张祖师便袒露上身，双手一展，"山河"二字醒目异常，信徒们见状无不顶礼膜拜。同样是山东人，于原也从奇人处得到一本《紧关周天烈火图》。于原声称此书源自孙膑，拥有无上法力，宣称"你即便不识字，只要将其揣在怀里，便能逢水不淹、逢火不烧、逢刀不砍、逢箭不射、逢虎狼不伤"。一时间，当地民众对其敬畏有加，连知县也被这本"仙书"震慑，成为于原的忠实信徒。
如今金庸小说中，奇人传授秘籍是主角成为高手的关键捷径，
与明代这些"大仙"的套路倒也有相似之处。江湖上如此多
"大仙"横空出世，他们要么宣称得到高人秘籍，要么自称神灵
附体，其中不乏野心勃勃之辈，摩拳擦掌，妄图夺取天下。这
些人在一些小地方兴风作浪，自称帝王，分封臣子、纳娶妃嫔，
风光一时，最终却落得个身首异处的下场。河南永城县有个无
赖刘天绪，流落到朱元璋的老家凤阳府临淮县谋生。到了凤阳，
刘天绪似乎受到某种启发，自称"无为教主"，开始传教。要
吸引教徒，自然得编造神迹。刘天绪虚构了一个神话故事，称：
"距离此地七千里外，有一处脱骨塘，在塘中洗浴一次，就能脱
骨成佛。"如此低级的谎言，竟有人深信不疑。刘天绪很快招
募到几名忠心的徒弟，他们也各自称佛称仙。徒弟们四处为他
宣传造势，没过几年，刘天绪手下竟聚集了几千徒众，势力遍
布南北。看着徒子徒孙众多，这个昔日的穷光蛋，心中生出争
雄天下的念头，凤阳府已然无法满足这位"无为教主"的野心。
在徒弟们的策划下，刘天绪转战南京发展，并改称"辟地定夺

乾坤李王"。南京的繁华让刘天绪大开眼界，他在南京成功与一名寡妇岳氏勾搭上，正所谓英雄需有美人相伴。万历三十四年（1606），刘天绪郑重其事地拿出一本所谓的神书，书中写道"冬至日李王出世"。刘天绪捧着神书，对众弟子说："十一月你们随我去神烈山，如果我真有当皇帝的命，必定会有豪气升腾。"到了十一月，众弟子跟随教主一同登上钟山。到了山上，刘天绪摆开架势，先是施展法术，然后拜天望气，结果并未出现任何神迹。众人垂头丧气准备下山时，突然看到二道白气，形状如同天河，从西北横贯东南，极为壮观。众弟子见到这般神迹，无不惊叹，都认定刘天绪就是真命天子，必将成为皇帝。既然已有"神迹"证明刘天绪是真命天子，接下来便谋划着如何夺取天下。众徒弟慷慨解囊，暗中购置刀枪弓箭，添置盔甲。由于刘天绪崇尚红色，大红衣服也成为起事的必备物品。刘天绪改称"龙华帝王"，寡妇岳氏摇身一变，成了观音化身。岳氏与亡夫育有一子，她借助搭上"真龙天子"的机会，为儿子谋得了官爵。刘天绪封岳氏的儿子为护国大将军。寡妇的儿子成了大将军，也不能亏待了贴身亲信，于是十余人被封为国公、侯、伯、将军、指挥使等官职。当月二十三日，刘天绪"上朝"，"百官"前来祝贺，共同商议大业。正当他踌躇满志之时，有两个徒弟因事被捕，将刘天绪准备起事的消息供了出来。官府随即秘密部署，将"龙华帝王"及其"文武百官"一网打尽，送上法场。这个憨汉痴迷于帝王梦，最终害了寡妇的性命。此次事件中，刘天绪尚未行动便被官府抓捕，按说并无争议。然而，这起案件在官场上却引发了激烈争论。对于如何处理此案，南京官场形成了两派意见。一派以兵部官员为主，认为应定为"谋逆罪"，严厉清剿；另一派以刑部官员为主，主张息事宁人，按照"妖言律"处理，仅处死刘天绪一人，其余人等从轻发落。

刘天绪准备起事时，计划"烧毁陵寝"，也就是要焚毁朱元璋的孝陵。这等妄图烧毁皇帝祖陵的行径，无论如何都称得上是谋逆大罪，万历皇帝得知后龙颜大怒，严厉斥责南京刑部，要求对其严惩不贷。然而，南京刑部却阳奉阴违，坚持以"妖言"之罪论处。万历皇帝被南京刑部的做法弄得头疼不已，无奈之下下令将此案移交北京刑部处理，最终还是以"妖言"罪结案。刘天绪及两名头目被锉尸，另有五人被处斩，其余党徒则得到赦免。南京兵部尚书因对刑部的处理意见不满，愤而辞职。刘天绪想要称帝，一步一步发展信众、集聚力量，这是源于他自身的野心。但还有些人，在一两个江湖术士的怂恿蛊惑下，竟也生出帝王之心，扯旗造反。《大明律》对术士有严格规定，"术士妄言祸福"条明确记载："凡阴阳术士，不许于大小文武官员之家，妄言祸福，违者杖一百。其依经推算星命、卜课者，不在禁限。"既然禁止在文武百官家中妄言祸福，那么术士们施展手段、传播秘籍的对象就只能是民间百姓了。话说正德年间，在西安府乾州有个叫樊绅的人。樊绅的长相，无论在哪个时代，都足以让人"印象深刻"。他嘴巴奇大，眼睛狭长，舌头竟能舔到鼻子。由于长相丑陋，父母早早便为他娶了个妻子，妻子刘氏也是相貌奇特，左眼竟是重瞳，二人倒也堪称绝配。父母离世后，凭借殷实的家境，樊绅衣食无忧，整日无所事事。有一天，他在街头闲逛时，看到一个道人在摆摊售卖秘籍。樊绅便凑上前去，想问问自己的前程。道人仔细端详他一番后，猛地一拍大腿，夸赞道："口大容拳，舌顶鼻尖，两目见耳，这可是非常贵相啊！"樊绅平日里常因长相不佳遭亲友嘲笑，听到道士这般夸赞，顿时心花怒放，只是不明白自己这"非常贵相"究竟贵在哪里。时光匆匆，又过了六年。樊绅带着妻子在街头闲逛时，碰到了一名游方道人辛自然，便上前询问祸福。辛自然抬头一看，只见樊绅嘴巴大得能放进一个拳头，舌头长到能舔到鼻子，心中一惊，赶忙说道："您这可是大贵之相啊！"接着又看了看樊绅的妻子刘氏，见她"左目重瞳"，也是天生异象，顿时大为拜服，口中滔滔不绝，将樊绅夫妇说得心花怒放。说到激动处，辛自然把随身携带的三本秘藏经书赠送给樊绅，并郑重嘱咐他要好好学习，从中可悟出一场富贵。樊绅得了经书，又被老道一番吹捧，心中越发自信，重重答谢了辛自然后才告辞离去。樊绅的奇特相貌，很快在江湖上传开了。此后樊绅每次上街，总少不了碰上一两名道人，凑过来便是一声赞叹："公子，您这是大贵之相啊！"一名慕名远道而来的陈道士，还特意送了本奇书给樊绅。书中除了大谈王朝鼎革、历代兴废之事外，更有一幅形似"樊"字的图，寓意着逐鹿天下。樊绅被众道士多次蛊惑，不但不再觉得自己长得丑，反而坚信自己是身负天运的大贵之人。到了嘉靖三年（1524），樊绅已苦修法术数年，自觉颇有收获，时常与一位名叫秦韶的道人探讨天文，观察人世变化。一日，二人聊着聊着，樊绅突然问道："今年星象变化如何？"秦韶掐指一算，说道："恰逢帝王兴替，正是改朝换代之时。"樊绅听后欣喜不已，起义的决心更加坚定，开始日夜筹划，准备起事夺取天下。嘉靖四年（1525）正月，樊绅邀徒弟杨朴前来密商，称："我看天书里记载，后朝君主姓樊。又常有人说我是真命天子，命中注定有天子之份。咱们齐心召集四方人马，约定日期起事，大事一成，便可同享富贵。"杨朴精通武术，在各地教授拳术，顺便为樊绅做宣传。他到泾阳县韩恭家中教拳时，鼓吹道："有个真人樊绅，你们可以供养他，日后必有好处。"韩家众人听了樊绅的种种"神迹"后，无不深信不疑，纷纷张罗着为他宣传。韩家很有宣传手段，用木板印刷了数千张传单，宣扬樊绅的"神迹"。一时间，乾州当地的无赖光棍们，纷纷依附于樊绅，借此勒索地方，谋取钱财。此时，四十三岁的樊绅自觉羽翼已丰，准备起兵。嘉靖四年七月，樊绅、杨朴来到三原县，弟子们杀羊备酒，热情招待。酒足饭饱后，徒弟们四处奔走宣告："樊绅是真人，命中注定有天子之份。

眼下就要起事，先攻破乾州，杀掉知州，震慑人心。随后夺取陕城，就能安定天下，到时候大家都能封官晋爵。"在杨朴的策划下，樊绅正式登基称帝，年号定为"大中天武"，随后分封太子、诸王、将军、总兵等官职。又印刷"大中令"四处散发，宣称持有此令"全家免戮，杀伤者抵罪返坐"。九月十四日，樊绅从徒弟家牵来一匹好马，带着杨朴等弟子，手持弓箭，先到韩恭家歇息。到了韩家后，樊绅对韩恭说："我是教主，你把女儿韩金儿献给我做妾吧。"韩恭一听自己能成为国丈，顿感幸福感爆棚，立刻将女儿献给了樊绅。九月二十一日，樊绅召集了上百名弟子，骑着马骡，带着弓箭器械，打着"大中令"的旗帜出发。沿途有正在田间收割的农民，也被樊绅等人挟持，一同去攻打乾州。樊绅带着徒弟及裹挟来的农民，共计五百余人，将乾州城四门团团包围，喊杀声惊天动地。不料作为内应的弟子，早已被城内知州擒杀，四门皆被堵死。樊绅只好在城下发起猛攻，交战结果是，攻守双方各有二人被箭射伤。樊绅攻城无望，只得带着弟子撤退，打算另寻出路。陕西地方官员得知樊绅在乾州闹事的消息后，调遣精锐将士在各处要隘设下关卡。

二十八日，樊绅带着二十六名亲信，被官兵拦住，双方展开对峙。这二十六人抵挡不住，全部被擒。樊绅及骨干二十五人，依照"共谋者不分首从"的规定，被凌迟处死。樊绅以下，总计有八十四人被处死，二十三人沦为奴仆。

有明一代，无数好汉在江湖术士巧舌如簧的鼓吹之下，纷纷揭竿而起，妄图登基称帝。他们的热情与斗志，犹如汹涌浪潮，难以阻挡。对于江湖术士们妖言惑众的手段，朝廷深感头疼。天顺二年（1458）十一月，礼部提议："凡精通天文、历数、地理、课命之术者，不分军民，皆起送赴京。"对于那些犯下罪行后隐匿于江湖的术士，也一并赦免其罪。朝廷此举旨在将这些术士集中到京师进行管理，以防他们在民间惹是生非。这一建议得到了朝廷大臣们的一致赞同，并随即付诸实施。然而，那些惯于行走江湖的术士们，怎肯轻易进入朝廷设置的"牢笼"，受其束缚。毕竟，只需一本秘籍，就能点燃一个粗俗莽汉的称帝野心，让他们体验操控他人命运的快感，这是何等惬意且充满诱惑的事情。于是在江湖之上，术士们依旧仗剑游走，一本本秘籍不断被抛出，而一个个妄图称帝的"土皇帝"

也接连涌现。"公子，您生有异相，实乃有九五之尊的天命，老道这里有本秘籍，今日就送给你了。"这般说辞，在江湖上不断上演。

狂禅徒手缚蛟龙

　　为了更贴近世俗生活、亲近普通民众，禅宗提出"吃穿住行，饮食男女，皆是佛道"的观点。如此一来，佛教原本的一些重要功课，诸如深入研修佛法、严格遵守戒律等，相应地受到了一定程度的忽视。禅宗此举因体察民意，深受民众欢迎，得以迅猛发展。然而，在这一过程中，禅宗内部也出现了一些无视戒律、纵情浪荡于世俗，甚至呵骂佛祖的特立独行之人。禅宗的这种异类思想，在晚明时期与儒家中的另类——泰州学派相互碰撞，擦出了思想的火花，二者相结合，便催生了狂禅。狂禅并没有系统的组织架构，也不存在统一的思想体系，主要是指那些反对程朱理学僵化思维、卓然屹立于当世的一群人。狂禅的成员涵盖了士人、僧人、商人等不同阶层，代表人物有王艮、王龙溪、何心隐、李贽、汤显祖等人。泰州学派的创始人王艮未曾接受过系统的教育，少年时期就跟随父亲在盐场烧盐，"生长在灶间，年至三十才刚刚识字"。成年后的王艮，通过水陆两路贩卖私盐，逐渐积累起财富。二十五岁时，王艮第三次前往山东经商，途经曲阜时拜谒了孔庙，由此沾染了些许书香气。此后，他做了一个奇特的梦，梦中天空突然坠落，众人惊慌失措、奔走呼号。在这世界末日般的危急关头，王艮挺身而出，奋力托天而起。梦醒之后，王艮觉得自己肩负着拯救万民于水火的重任，于是发奋读书，希望从书中探寻出济世之道。在当时，可供选择的书籍主要是儒家经典。就这样，已然成为富豪的王艮开启了研学儒家经典的生涯。知识固然可以从书本中获取，但个人的见识唯有在生活的磨砺中才能不断增长。王艮作为一个精明的生意人，具备敏锐的洞察力和刻苦钻研的精神，假以时日，其在学术领域的造诣丝毫不逊色于那些深居象牙塔内的老夫子。王艮将自己读书的领悟讲给友人听，友人听后惊讶地说："这与王阳明所说的如出一辙啊。"王艮听闻后，对王阳明这个人充满了好奇，于是身着红色衣服，头戴纸糊的高帽，手持笏板，前往南昌拜见王阳明。见到王阳明后，二人展开了一场激烈的辩论，王艮对王阳明的见解深感佩服，当下决定拜他为师。然而，刚一出门，王艮便后悔了，他心想，自己可是要拯救天下苍生的人，怎能如此轻易地折服于他人呢？于是第二天，他又去找王阳明辩论，经过一番激烈的舌战，王艮才真正心服口服。王阳明为人洒脱，自称拥有狂者的胸怀。王阳明的高足王畿（王龙溪）更是个性鲜明的人物，年轻时豪迈不羁、行侠仗义，好酒且随性而为。王畿主张佛儒融合，将禅宗思想引入儒家学说。他对狂人持肯定态度，大力鼓吹狂者，认为狂者光明磊落，率真自然。泰州学派在传承发展过程中，代代都有突破，时时都有创新。该学派吸收了禅宗"即心即佛"等思想内容，极力倡导自由，主张打破传统礼法的束缚，充分张扬自我个性，以无畏的勇气去挑战一切。泰州学派传至何心隐时，其思想已不仅仅是摒弃经书、单纯放任心性，更具一种掀翻天地的磅礴气势。何心隐组织了"萃和堂"，以宗族为基础，管理一切事务。他还将非血缘关系的师友之情置于父子兄弟关系之上，彻底打破了以往的三纲五常。何心隐的学说与行动，对当时的主流价值观形成了强有力的挑战，因此被视为

"妖人"。万历七年（1579），何心隐被逮捕，最终在武昌被杀害，临刑前他悲愤地说："杀我者，张居正也。"在世俗人的印象中，僧侣与佛法往往代表着清净无欲、恬淡自得。倘若寺庙中真出现一个像鲁智深那样的猛和尚，恐怕这座寺庙会香火断绝、门庭冷落。然而在晚明时期，却有一批僧人以及世俗中的佛教信徒，他们以雷霆之势，如鲁智深般路见不平一声吼。狂禅信徒们率性而为，不受世俗的约束，更具侠肝义胆，为天下苍生振臂呼号。每当看到世上有欺天罔地之徒，他们便恨不得手刃仇敌，取下其首级。僧人达观与李贽，并称狂禅两大教主。达观生性慷慨激昂，与人一言不合，便会挥拳相向。年少时，达观是一名游侠，行走于江湖之间。十七岁那年，他来到苏州阊门，天空突然降下暴雨，达观到一处避雨时，遇到了虎丘僧人明觉。明觉见此少年相貌威武不凡，便邀请他一同前往虎丘寺。当晚，达观聆听僧人诵念佛经，心中有所感悟，第二天便请求剃度出家。出家为僧后，达观身上的侠气并未褪去，他继续四处游历，影响力也逐渐扩大。他在江南地区以棒喝的方式立教，所到之处，信众纷纷云集。有一天，弟子冯梦祯与达观同席而坐，席上摆上了一盘肥美的蟹子，冯梦祯抓起蟹子便大快朵颐，还一边吃一边解释说"按道理是不宜吃的，无奈实在嘴馋"。达观见状大怒，抄起大棒就打了过去，"直欲顿断其对美食的欲望之根"。达观看书时，看到忠臣自杀的情节，感动得泪流满面，却发现旁边的侍者没有哭泣。达观顿时大怒，吼道："应当把你推下悬崖。"汤显祖深受狂禅派的影响，十三岁时便师从泰州学派传人罗汝芳。汤显祖与达观交往密切，深知他这样的性格迟早会惹出是非，于是劝他尽早归隐山林。然而，达观疾恶如仇，在世俗中摸爬滚打，为世间不平之事大声疾呼，怎肯退隐山林。万历皇帝为了增加税收，派遣太监担任矿监税使，到各地征税。这些矿监税使打着皇帝的旗号，在各地巧取豪夺，肆意盘剥百姓，荼毒天下万民。达观晚年发誓要以生命为代价，请求朝廷取消这一苛税。达观北上京师时，汤显祖预料到他此行凶多吉少，便婉言相劝。达观却笑着说："我当年剃度断发时，就如同已经断头了。"万历三十一年（1603），达观因受京师"续妖书案"牵连，被捕入狱。入狱后，达观遭受酷刑，最终坐化。狂禅的另一教主李贽天生叛逆，一生历经坎坷。李贽晚年总结自己的一生，说自己四十岁之前什么都不信，见到道人厌恶，见到僧人厌恶，见到道学先生更是厌恶至极。四十岁时，李贽从友人处接触到王阳明的学说，顿时为之倾倒，于是拜王艮之子王襞为师，并与泰州学派的传人焦竑、耿定理、罗汝芳等人频繁来往。李贽对禅宗极为喜爱，晚年更是剃发出家，以居士的身份立言护法。李贽的狂禅精神，在他评点《水浒传》时展现得淋漓尽致。在《水浒传》众多好汉中，他最喜爱的是鲁智深和李逵。在他看来，鲁智深的所有行径都符合狂禅精神。鲁智深出家却不肯学习坐禅，李贽认为这是真佛的表现；鲁智深在佛殿后随意大小便，李贽觉得这也是佛性的彰显；鲁智深喝醉酒后在禅床上呕吐，李贽依然觉得这是佛的行为；鲁智深吃狗肉、打僧侣，李贽更觉得这才是真正的佛。鲁智深在野猪林救下林冲时，说出"杀人须见血，救人须救彻"这样的豪言壮语，让李贽对他膜拜不已，狂呼其为："仁人，智人，勇人，圣人，神人，菩萨，罗汉，佛。"鲁智深吃肉喝酒，行为狂野不受拘束，完全不符合出家人的形象。但李贽却反问那些质疑鲁智深不像出家人的人："请问，那些看似符合出家人模样的，究竟又能做什么济世之事呢？"李贽在评点《水浒传》时，一方面对李逵、鲁智深不遗余力地赞美，另一方面则对道学先生进行了大力鞭挞。

宋江起初曾劝说花荣要与刘知寨和睦共处，说着诸如"自古冤仇可解不可结"这般冠冕堂皇的话。然而，当宋江遭到刘知寨夫妇迫害后，一旦抓住这对夫妻，便将他们剜心斩首，以解心头之恨。李贽看到此处，评论道："这可真是十足的道学做派。"张横被官兵俘虏，阮小七奋不顾身前去营救，张横的弟弟张顺起初虽心有畏惧，但勉强跟上。可途中一看形势不妙，便全然不顾营救哥哥，"扑通一声先跳下水去"。李贽对此批注："道学先生大多就是这副模样。"在评点宋徽宗狎妓一事时，李贽说："这样才像个皇帝。"在他眼中，狎妓的宋徽宗反而更有皇帝的样子，那些正襟危坐、一本正经的皇帝却不像。这与他对佛道的理解紧密相关，李贽认为，成佛成圣关键在于明心见性，若本心澄澈，即便一日接受千金馈赠也不算贪婪，一夜与十名女子欢好也不算淫荡。李贽极度憎恶道学先生的矫情与虚伪，他全然不顾世人的非议，特立独行。社会上流传着诸多关于他风流之事的传言，说他与好色之徒同游庵堂，大白天与妓女一同沐浴，勾引士人的妻女，还夜宿尼姑庵等，他却丝毫不以为意。汤显祖对李贽极为仰慕，将他与达观一同视为影响自己一生的重要人物。万历三十年（1602），李贽在狱中自杀，汤显祖悲痛万分。他写下《叹卓老》来纪念李贽："自是精灵爱出家，钵头何必向京华？知教笑舞临万杖，烂醉诸天雨杂花。"李贽去世后，他的作品被列为禁书。但士人们却争相收藏，汤显祖为《李氏全书》作序，高度赞扬李贽的作品，认为其既能传世、经世、济世、训世，即便骇世也无可厚非。汤显祖在他的名作《牡丹亭》《南柯梦记》中深刻诠释了狂禅精神，主人公为了追求真爱，无视世俗的眼光，尽情放纵情欲，将情的了悟视为成佛的境界。狂禅起源于王阳明，本意是批判传统儒学的不足之处。然而，在引入禅宗思想后，狂禅开始摒弃礼乐，甚至对孔子学说发起挑战，进而形成了与儒家思想相对峙的异端思想，这是王阳明始料未及的。晚明的狂禅思潮，是有明一代那些不羁且具有自由意识的先行者们思想的集中体现。他们对僵化、沉闷的主流思潮深感不满，也对儒家学说中诸多对社会生活的管控极为反感。他们内心都怀有共通的叛逆精神，因各种诱因被激发出来。此时的他们，已然不在乎世俗的眼光，也不畏惧严酷的律法。他们挥笔如挥利剑，无情地鞭挞虚伪、保守和腐朽的一切。他们的行为和言语，就像一杆杆标枪，一次次地冲击着旧势力。他们看似消极、颓废，可内心却燃烧着炽热的火焰。他们拥有赤子之心，李贽大声呐喊着去寻找童心，汤显祖则用笔墨书写至情之作。他们就像狂野的战士，以笔为武器，骑着瘦骨嶙峋的战马，孤独地冲向由千百年陈旧势力构筑的坚固城堡，即便枪折、马倒、鲜血四溅，也始终无怨无悔。堂吉诃德这样的人物，只能在小说的世界里四处闯荡。而狂禅们，却在现实的俗世中孤独地拼搏奋斗。

江南淫祀五通神

在明代，皇帝们对宗教信仰各有所好，有的崇佛，有的信道。对于各类民间信仰，朝廷采取的态度不一，或打击，或扶持，但总体趋势是将信仰纳入皇权的掌控之下。洪武元年（1368），朱元璋下令在全国范围内搜寻适宜官方祭祀的神祇。凡是名山大川、圣帝明王、忠臣烈士，以及那些对国家社稷有功、对民众有益的各路神灵，都由官方每年进行祭祀。而那些未经官方许可，由民间私自祭祀的庙宇，则被视为"淫祠"。能够被官方纳入祭祀体系的神灵，无一不是出身正统，其事迹感人且具有教化意义。然而，这类官方认可的神灵，民间百姓却未必喜爱。到了明代中后期，随着社会生活日益活跃，民间信仰呈现出百花齐放的态势。各行各业、各地民众依据自身的需求和喜好，纷纷推出自己供奉的神灵，建起小庙，塑起泥像，自行开展祭拜活动。江南地区作为当时经济最为发达的地方，民间信仰发展得尤为蓬勃。在江南，五通神颇为流行，此神的形象既淫荡又猥琐，与官方所推崇的高大、庄严、肃穆的神灵形成鲜明对比。鲁迅在《朝花夕拾》中的《五猖会》里，记述了五猖庙中，端坐着五个男人，看起来并无猖獗之态，后面还坐着五位太太。这座让鲁迅感到惊奇、来历奇特的五猖庙，所供奉的便是在江南流行的五通神。五通神，又名五显神，但二者的来历并不相同，只是到了后世常常被混淆。宋代有这样一个传说，在婺源地区，有五名神人从天而降，宣称要享用当地的香火，同时会福佑地方百姓，言罢便升天而去。当地民众为其设庙，并塑造了五尊神像进行祭祀。五神下凡显灵的传说，不知为何惊动了朝廷。北宋时期，这五神被封为"侯"，因其封号中都带有一个"通"字，所以又称"五通"。到了南宋，五神被加封为"公"，封号中都含有"显"字，故而又被称作"五显"。在宋代，五显神是官方认可的重要神灵，被列入国家祀典，具有较高的地位。后来，"五显神"又与佛教产生了联系。佛教中的华光菩萨，又名"五显灵官大帝"，华光菩萨一般被认为是佛祖十大弟子之一、号称智慧第一的舍利弗。由于二者名字中都有"五显"，便被牵强地联系到了一起。对于佛教而言，这样做可以扩大影响力，招揽更多信徒；对于五显神来说，归入佛门不仅提升了地位，还能在理论层面得到升华。在民间信众的认知里，华光菩萨与五显神就是同一神灵，各地的五显庙也常被称作"华光庙"。《西游记》中也有相关记载，当唐僧师徒四人路过一处破败的华光行院时，长老下马说道："华光菩萨是火焰五光佛的徒弟，因剿除毒火鬼王，降了职，化作五显灵官。"早在宋代，苏州就已经开始崇信五显神。苏州上方山旁有一座南朝人顾野王的庙，顾野王生有五子，皆被封为侯，号称五侯，他们都被供奉在庙中。五显神的信徒看到后，认为这五个儿子皆被封侯，这不就是五显神嘛。到了明初，苏州上方山顾野王的祠堂正式更名为"五显灵顺庙"。明初五显神同样得到了官方认可，洪武年间，朝廷还在南京鸡鸣山建立了五显灵顺庙。然而，五显神却逐渐尴尬地被与邪神五通混为一谈。这淫邪的五通神，来历更为久远。唐代就有关于"五通"的记载，不过那时的五通还是鬼，如"牛阿房，鬼五通"，主要在阴间从事收魂行刑等勾当。据柳宗元记载，"柳州旧有鬼，名五通。余始到不之信"，柳宗元对柳州当地的"五通"小鬼进行了打击，杜绝了当地的妖邪崇信之风。宋代有大量与"五通"相关的故事。五通神的来历各不相同，有的是战场战死者的孤魂，有的是各类动物草木化成的精怪。它们极为淫邪，时常在乡间奸淫妇女，若有人不顺从五通神的心意，往往会遭到报复。宋代笔记小说中常常能看到有人因不肯祭祀五通神，最终抱病身亡的故事。此外，五通神还有一个特殊的神通，即能帮助人发财。人们认为不信五通神就会遭殃，信了则会有财运。如此一来，尽管五通神淫邪，但因其能助人发财，在江南地区备受尊崇。由于五显神在北宋时封号中含有"通"字，也称"五通"，于是官方认可的五显大神与民间流传的五通淫神便被混淆了。南宋时曾有人特意对二者进行区分，五显是尊贵的正神，五通是卑下的邪神。到了明代，官府虽然能够分辨"五通"与"五显"，但民间百姓却难以区分。在民间，"五通"与"五显"被画上等号，原本供奉五显正神的庙宇，如今也被五通邪神占据，苏州上方山甚至有成为五通邪神道场的趋势。邪恶的神灵往往喜欢称圣，五通邪神又被称为"五圣"。根据其所在位置不同，在田间的称田头五圣，在树上的称树头五圣，在屋上的称为檐头五圣，在路上的称路头五圣，在桥上的称桥前五圣，在水里的称水间五圣。五通神在明代深受民间信奉，因为它身上兼具金钱、美色、权力三种特性。世间好色的男人众多，而世人中不追求财富的人也寥寥无几。传说五通神淫邪，只要它看上的妇女，都能用各种手段占有，同时它又能让人暴富，虽然淫人妻女，但会赐予大量钱财。五通神还能操控疾病，既能使人患病，也能让人痊愈。而且它报复心极强，睚眦必报，谁要是在背后说它坏话，必定会遭到报复。因此，民间对五通神又敬又畏：敬是希望能发财，畏则是害怕它勾引自己的妻子，或是背后报复，让人染上疾病。据记载，明代的五通神比以往更加淫邪好色。冯梦龙讲述了一些与五通神有关的故事，大多是美貌妇人被五通神霸占，家中丈夫虽戴了绿帽，但因五通神在霸占其妻后会给予丰厚馈赠，便看在金钱的份上忍气吞声。当然，也有不甘心妻子被霸占的，比如长洲县的顾孝，因其老婆与五通神相好，便持兵刃与五通神格斗，结果祸及妻子，不久妻子便暴毙。在这类五通神勾引女子的故事中，五通神常常化身为富家公子模样，相貌英俊，出手大方。妇人们或是因为家庭不和睦，或是丈夫远行，或是年轻守寡等原因，处于孤独状态。此时五通神的出现，填补了她们内心的寂寞，使她们在精神和肉体上都得到满足，并与之产生感情。例如高邮李甲的妻子，不到三十岁就守寡，因其貌美，"遂为五郎神所据"。后来被其子设计，五郎神"与妇呜咽而别，自此杳然"。照理说，五通神在各类故事中淫人妻女，应该遭到世人唾弃。然而，由于它能让人暴富，信仰它的人日益增多。"五通神"在苏州地区也被称为"五路神"，寓意东西南北中五路之神，有"出门五路皆得财也"的说法，五通神便因此被附会，并传说正月初五是五路神降临之日。《警世通言》记载了当时苏州的习俗："正月初五，苏州风俗，是日家家户户，祭献五路大神，谓之烧利市。吃过了利市饭，方才出门做买卖。"不过，五通神是在矮小逼仄的庙宇中被祭祀的。民间传言五通神喜欢低矮小屋，于是百姓便顺应其"喜好"，在高广不过三四尺的空间内，设置五尊神像。兄弟五人在如此狭小的空间里已十分拥挤，可信徒们还为五通神配上了五个妇人，一人一妻，以免五通神心生杂念，出来捣乱。由于五通神具有使人患病的能力，巫师在为人治病时，常常将病因归结为五通神作祟。又因为五通神与瘟疫神有所关联，它被进一步演变为瘟神五帝，受到人们祭祀。"杭人最信五通神，亦曰五圣。"在明代的杭州，无论是大树下、空旷的园子中，还是桥梁旁边，时常能看到矮小的庙宇中供奉着五通神。杭州法力最强的五通神被供奉在西泠桥旁的神庙中，人们纷纷前往祭祀。杭州人前往五通神庙求财时，事先会用纸张折好大量银锭，供奉在五通神庙前。然后测算好自己想要借的银两数目，将相同数量的纸折银锭带回家，这被称作"借"。过一段时间后，要前往五通神庙，加倍献上纸折银锭，称为"还"。正所谓有借有还，再借不难。明初规定，凡是民间塑造未获官方认可的神像，并鸣锣击鼓举办迎神赛会的，为首之人要杖责一百。五通神并非官方认可的神灵，可民间依旧举办庙会，也没见有人因此被杖责。五通神诞辰日，江南各地会举行隆重的迎神会。"每会出旌旗队仪，舆服歌吹，费以千计。四方观者，舟车阗隘，亲朋高会，酒食宴乐之费复以千计。"五通神会，有的地方称为"五方贤圣会"，比其他神灵的庙会更为热闹。五通神会举办时，热闹非凡，观者如堵，却也常乐极生悲。弘治七年（1494）九月，杭州举行五通神会，无数人拥挤着观看，北新桥上也挤满了人。嘈杂之中，有人被挤下桥落水，有人惊呼"桥崩了"。围观者惊恐奔走，当场踩踏死了三十余人，落水者更是不计其数。五通神虽不被官府认可，但在民间却备受推崇。有钱的人家会在家里设庙祭拜，穷人则在木板上绘像祭拜。上方山石湖的五通神庙，在春秋时节，游人众多，画舫相连，香火旺盛，官府也难以抑制。然而，五通神的淫邪本质以及其追逐钱财的色彩，与官方的宣传相悖，因此从中央到地方，一度开展了打击"淫祀"的专项行动。弘治年间，新蔡人曹凤到苏州担任知府，看到五通神崇拜盛行，便下令严禁，拆毁庙宇神像。但曹凤离职后，五通神崇拜再次流行起来。上方山上的五通神庙，在后世历经多次拆毁，却总是死灰复燃，屡拆屡兴，香火不断，一直延续至今。弘治元年（1488），浙江慈溪人杨子器，进士出身，到昆山担任知县。杨子器到昆山后，先是表彰先贤祠墓，对于民间私自设置的祠堂，则全力打击，撤毁淫祠百余座，将塑像投入水火之中，同时禁绝各类庙会。各类淫祠被拆毁后，部分祠堂被改为学校、文庙，用于教化民众。杨子器调任常熟知县时，又将当地的"淫祠"撤去，改祭对地方有贡献的"和孝廉"。杨子器改庙的举动引发了地方上的诸多议论，人们认为"为政者好奇立异"，甚至有地方民众前往官府抗议，详细陈述庙不可改的理由。不过，和孝廉祠的命运也颇为坎坷，此后经历了多次变更，最终还是变回了"淫祠"。借着打击"淫祠"的名义，官方还将寺院中的财富收缴，以充实国库。嘉靖三十五年（1556），朝廷因剿灭倭寇，军需告急，于是在东南地区打击"淫祠"。在这波行动中，就连正经寺院也未能幸免，需缴纳大量金银才能过关。明代的五通神虽已堕落，但尚未完全露出原形。到了清代，五通神原形毕露，或为猪，或为马，或为青蛙，或为龟。由于其淫邪好色，在各类小说中，五通神时常被擒获，并遭受阉割的悲惨命运。在蒲松龄的笔下，就屡屡出现五通神被阉割的描写。对五通神的崇拜，其实反映了凡人心思。世俗之人，所求所愿不过是一生平安、财源滚滚。怀着敬畏之心，后世的人们依旧崇拜着各类类似五通的神灵。

玉茗堂中追梦人

　　回想过往，一切仿若蜉蝣一梦，而汤显祖，用一生追逐着自己的梦想。汤显祖自幼研习孔门圣贤之书，然而终其一生，却深受佛道两教的影响，于这两种信仰中寄托心灵，追寻奇幻之梦。他曾自述，学文不成，便转而学道；学道无果，又回头学文。他的祖父在科举之路上拼搏多年，最终仅获廪生之位，失望之余，投身于道学。祖母魏氏同样是道教信徒，时常诵读道家经文，还宣称有各种神奇之事降临于身。后来汤显祖回忆年少时的学习经历，调侃道："家父拼命督促我学习八股文，祖父却邀我一同遨游仙境。"在多次会试失利后，他一度选择从道教中寻求慰藉，渴望前往仙山，寻觅仙人，炼制仙丹，发出"东南要麻姑，去看沧海尘"的感慨。他还曾因未能寻得仙方，觉得有负祖父期望而叹息"空承大父言"。汤显祖少年时便接触心学，十三岁起师从罗汝芳。罗汝芳属于泰州学派，该学派由王艮创立，经颜钧二传，至罗汝芳为三传。泰州学派主张秉持赤子之心，认为顺应此心便是善，而赤子之心更蕴含着一份深情。毫无疑问，罗汝芳的思想对汤显祖产生了深远影响，使其一生洒脱不羁，热爱自由，执着追求真情。罗汝芳融合佛教思想于儒学之中，以佛家理念阐释泰州学派。他自称一生与道士、僧侣为伴，还拜僧道为师，学习佛道之法。汤显祖也曾自述："弟一生疏放洒脱，年少时受教于明德师，成年后得益于可上人。"其中，明德师指的就是罗汝芳，可上人则是达观。汤显祖与佛道两家缘分颇深。隆庆四年，秋试结束后，中举的汤显祖前往南昌西南六十里的西山云峰寺，向主考官表达谢意。傍晚时分，他路过寺外莲池，"晚过池上，照影搔首，坠一莲簪"。为此，汤显祖特意创作两首诗，并题于壁上。后来达观驻锡此处，看到这两首诗后，对汤显祖的才情大为赞赏，认为他颇具慧根，只是二人一直未能谋面。汤显祖十四岁考中秀才，二十一岁中举，年少成名的他极为自负，觉得自己"颇有过人谋略，足以改变天下"。隆庆五年（1571），他入京参加会试，却不幸落第。坊间传言，此次落第是因为他得罪了陈继儒。据说，陈继儒在王锡爵门下奔走效力，在王锡爵家中的一次宴席上，同席的汤显祖讽刺了陈继儒。陈继儒因此记恨汤显祖，便在王锡爵面前诋毁他。而此科的主考官正是王锡爵，所以汤显祖才名落孙山。但这仅仅是传说，事实上陈继儒与汤显祖之间并无矛盾。况且当时王锡爵尚未拜相，官职不过六品，直到万历十二年才成为宰相。万历四年（1576），汤显祖来到南京游历。他一心向佛，每日前往长干寺（报恩寺）研读佛经。长干寺中有一座琉璃塔，高耸入云，夜间光芒闪耀。面对此景，汤显祖感慨道："裁量百年中，兰膏几辉烨。"万历五年（1577），汤显祖再次入京参加会试。彼时张居正意图提携自己的儿子，又怕遭天下人非议，于是想让名士汤显祖和沈懋学为其子做陪衬，一个当状元，一个做榜眼，如此他儿子取得第三名，便可堵住众人之口。结果，沈懋学答应了，而汤显祖果断拒绝。说起来，张居正刚刚掌权时，曾想招揽汤显祖的老师罗汝芳，却遭到拒绝，最终将罗汝芳外放。此前，江西同乡刘台弹劾张居正，汤显祖对此表示赞同，而刘台被革职一事，也引发了汤显祖对张居正的不满，所以他自然不愿投入张居正门下。此年考中进士的屠隆、冯梦祯等人，后来都成为汤显祖的好友。屡次科举失利，让汤显祖胸中满是抑郁之气，他曾说"定有欢悲，终焉翰墨"。在临川家中居住时，宅院不幸被大火焚毁，所幸有年迈的祖母安慰他。祖母魏氏陪伴他在池塘、林木间散步，祖母身上散发的道家闲适淡泊之气，稍稍缓解了他心中的烦闷。三年后，汤显祖又一次入京参加会试。张居正以为，汤显祖三年前已吃过苦头，这次必定会有所觉悟，便又安排儿子去拉拢他。没想到汤显祖毫不理会，称："吾不敢如同未经人事的女子般轻易失身。"汤显祖拒绝张居正的笼络，被官场视为异类，众人评价他："这是个狂傲之徒，不可亲近。"但汤显祖认为，士人应胸怀千秋大志，宁愿做狂狷之人，也不当乡愿之辈。到了万历十年，张居正去世。次年，即万历十一年（1583），汤显祖入京，这已是他第五次参加会试，此次他终于考中三甲进士。考中进士后，首辅张四维、次辅申时行也想拉拢他，又被他拒绝。汤显祖主动请求到南京礼部任职，宁愿坐冷板凳，也要避开北京的官场纠葛。在南京，汤显祖闭门读书，自称"掷书万卷"。

由于对道教极为着迷，连神乐观的道书都被他读遍。道家书籍读得多了，他撰写了一本《阴符经解》，阐释道家的清虚思想。然而，道家思想并未完全解开他的心结，他心中依旧充满不甘。在他看来，天下虽大，诸事也可尽数掌握，他既自信又自负。万历十八年的冬季，汤显祖与达观终于在南京相遇。在此之前，二人已神交二十年，虽未曾谋面，却彼此相知甚深，达观对汤显祖满怀期待。相逢之时，达观吟诵出二十年前汤显祖在南昌西山云峰寺所题之诗，而后大笑道："吾盼你已久矣。"此情此景，怎能不让汤显祖为之折服、感动。万历十九年（1591），达观在南京雨花台高座寺，为汤显祖授记，并赐予法号"寸虚"。同年，汤显祖染上疟疾，服用了包括罂粟在内的各种药物都不见效，达观教他以四大皆空的理念来应对痛苦。病愈后不久，汤显祖上疏朝廷，纵论朝中种种弊端。此疏一上，得罪了众多官场人物，汤显祖因此被贬到广东徐闻县，担任"典史添注"，负责缉捕等事务。被贬之后，众人皆以为他处境危险，他却不以为意，自称平生向往各处仙山，喜好道家修仙之术。此番被贬南方，正好可以了却夙愿。汤显祖因上疏被贬往徐闻县，途中携带了几部佛经，以供阅读。一路上，他游历各处佛教名山、大寺以及道教洞天福地，感悟佛道之法。在罗浮山，他曾夜间独坐在道观中，小酌一壶酒，写下"夜酒朱明馆，参差倚户开。梅花须放早，欲梦荚人来"的诗句。他还前往澳门，见到了美丽的葡萄牙少女，留下"花面蛮姬十五强，蔷薇露水拂朝妆"的描述。汤显祖期待在徐闻县能沾染一些海上的神仙气息，若运气好，能遇到仙人，便随其一同修仙。在徐闻县仅待了六个多月，汤显祖就被调到浙江遂昌担任知县。临行时，徐闻知县特意赠送他鸡舌香，其中蕴含着期待他在官场上大放异彩的寓意。自汉代起，上朝的大臣都要口含鸡舌香，鸡舌香也因此成为出入朝堂的象征。在返回临川的途中，汤显祖在肇庆遇到两名"碧眼愁胡"的天主教传教士。据后世考证，其中一人便是利玛窦。与西洋传教士的交往，也体现了他寻道求仙的一种期待。

遂昌这片土地，山清水秀，汤显祖在此度过了一段快活的时光。他自称为"仙令"，置身于满堂的溪谷风松之间，对着睡牛山，酣然一觉。老友屠隆虽遭遇风波，仍特意跑来看望他，二人把酒言欢，将烦恼忧愁抛诸脑后。在任期间，汤显祖也有所建树，他扩建书院，除去地方上的虎患，修建尊经阁，还重建了启明楼。启明楼原本是县衙门口报愿寺中的钟楼，早已荒废多年。重建之后，汤显祖每日听着那悠悠钟声，净化着自己的灵魂，"初惊梵唱凌空静，还隐钟声入定闻"。汤显祖秉持这样的理念："世有有情之天下，有有法之天下"，他认为为政者应当用情感去感化万民，以情治理天下，如此方能实现天下太平。在遂昌时，他做出了惊人之举，将监狱中的囚犯释放回家过年，让他们正月初三再返回狱中服刑。元宵节时，他又放犯人出狱，去县城观看花灯。他对自己的这一做法颇为得意，觉得这是自己教化的成果，彰显了自己的人格魅力。但这背后，也透露出他的单纯，甚至有些书呆子气。随意释放犯人出狱，显然不符合法律规定，在汤显祖弃官三年后，吏部对他进行考察时，给出了"浮躁"的评语。在遂昌，汤显祖虽做出了政绩，却感到身心疲惫，于是决定弃官归乡，过上逍遥如散仙般的生活。汤显祖的性格实在不适合官场，他既没有政治上的热忱，更做不到忍耐与卑躬屈膝，他所拥有的是独立与自由，以及浪漫的情怀，这样的人格特质，注定无法在官场站稳脚跟。万历二十六年，汤显祖辞官回到故乡，移居城内沙井巷。他在堂前种满玉茗花，并将此地命名为"玉茗堂"。返乡之后，他纵情山水，寻仙问道，炼制道家丹药，探讨佛家禅理。汤显祖悠然自得，全身心投入创作之中。次年秋天，玉茗堂中繁花盛开，他的不朽名作《牡丹亭》横空出世。万历二十六年十二月，应临川知县吴用先（达观俗家弟子）的邀请，达观从庐山前往临川。汤显祖事先并不知道达观要来，当二人意外相见时，喜悦之情溢于言表。达观曾自述，此番相遇，如同云水相逢，双方皆无刻意，却都感到清旷自足。这一次，两人相聚的时间稍长，常常彻夜长谈。达观曾劝说汤显祖皈依佛教，但汤显祖并未应允。达观教导他要出离迷情、回归明理，可汤显祖始终无法忘情、断情。汤显祖信佛，他曾花三百文钱，为一名少年买了度牒。少年剃发为僧后，汤显祖却感慨道，三百文钱不可惜，可惜的是一头秀发就此剃去。万历二十八年，汤显祖寄予厚望的长子不幸离世，在此之前，他已经历过一次丧子之痛。此后两年，他视为心灵导师的李贽自杀，达观在狱中坐化，这些接连的打击让他痛苦不堪。达观曾作诗相赠："踏入千峰去复来，唐山古道是苍台。红鱼早晚迟龙藏，须信汤休愿不灰。"达观将汤显祖比作红鱼，常年吞吐水幻月影，终会化而为丹，飞身成龙，逍遥于九天之上。接连遭遇子丧师亡的悲剧，汤显祖万念俱灰，一度想去庐山出家，也正是在这一时期，他创作出了《邯郸记》。汤显祖晚年创作的《南柯记》《邯郸记》，融入了大量佛道思想，其中更饱含着对人生无常的感慨。但他又深受罗汝芳的影响，始终关注着俗世与民众，在他的文字里，除了宗教思想，更多的是对世间的关怀，对美好大同世界的憧憬。《南柯记》中描绘了一个美好的世界："青山浓翠，绿水渊环。草树光辉，鸟兽肥润。但有人家所在，园池整洁，檐宇森齐。"淳于棼治理南柯二十年，"人间夜不闭户，狗足生毛"，宛如一个大同世界。只可惜，这个大同世界，不过是他追梦历程中的文学结晶。达观去世五年后，汤显祖阅读达观所作的诗文时，不禁涕泪纵横，痛哭不已。在一连串的丧痛之后，他沉浸于宗教，以此来缓解内心的悲伤。他热衷于佛教事业，四处帮助名寺化缘，热情款待游方僧人，还作文宣扬佛法。有一次，他想为寺庙迎请佛像，向朋友求助，可朋友们都没理会他这个失意文人。汤显祖无奈叹息，"不必隐向鸡鹜索食也"。他心里明白，宗教不过是精神上的麻醉剂，并不能真正解决俗世的痛苦，他感慨道："秀才念佛，如秦皇海上求仙，是英雄末后偶兴耳。"在佛教之中，汤显祖既能让心灵得到栖息，也找到了创作的灵感火花。佛教主张众生平等，他将其吸纳为灵魂自由的理念；在戏剧中，他发出惊世骇俗的呐喊："君臣眷属，蝼蚁何殊？"佛教主张一切皆空，达观也劝他出情归理，可他始终无法跳出情感的羁绊，依旧执着于情，痴迷于情，"因情成梦，因梦成戏"。汤显祖在中国文学史上，留下了声名赫赫的"临川四梦"，即《紫钗记》《牡丹亭》《南柯记》《邯郸记》，他在这四部作品中探寻情的真谛。汤显祖对梦有诸多精彩的描述："知向梦中来，好向梦中去。来去梦亭中，知醒在何处？"在临川四梦中，《紫钗记》是他退隐之前的作品，其余三部则是退隐之后创作的。仕途上的挫折，让官场少了一个普通官僚，却让文学史上多了一位才华横溢的天才。这四部作品都以梦为核心，在奇幻的梦境中讲述故事。《紫钗记》里有霍小玉的"鞋儿梦"，《牡丹亭》中杜丽娘的生死情梦,《邯郸记》中的"黄粱梦",以及《南柯记》里的"南柯一梦"。梦源于潜意识,实际上是一种愿望的满足。在梦幻之中,汤显祖激情迸发,将梦化作优美的文字,创作出一系列名作。情是他文学作品的主线,通过梦得以展现,进而引发各种动人的故事。《牡丹亭》一经问世,便令世人痴迷,就连王锡爵也为之沉醉。这部剧给予理学沉重一击,剧中描绘的人间男女之情,刻骨铭心,即便面对死亡也无所畏惧,甚至死后还能还魂复生,再续真爱。雨尽秋天远,云空野壑深,汤显祖一生坎坷,虽有满腔抱负,却未能实现。他流连于风花雪月,对世间万物充满感慨,心中的郁闷,又该何处消解?他有自己的坚持和认知,多与世俗格格不入。在仕途上无法施展拳脚,他便将天赐的才华投入情梦之中,投入文学创作里。他曾说过,天下文章之所以富有生气,全在于有奇士。士奇则心灵,心灵则能飞动,能飞动则上天下地,来去古今。在他的作品中,扑面而来的是对自由的追求,是梦中焕发出的蓬勃生命力,他无疑是一位能飞动天地的奇士。六十八岁时,汤显祖与世长辞,他生于明嘉靖二十九年(1550),卒于万历四十四年(1616)。临终之前,他口中念叨的，仍是情。这份情，包含着亲情，他自认为问心无愧的，是为父母养老送终，而他难以忘怀的，是自己的亲友与后辈。这情之中，更有深刻的爱意。他也十分豁达，早早交代了身后事，一切从简。至于玉茗堂，已不是他能考虑的了，"清远楼头笑一场，后辈谁开玉茗堂"。点残棋斟寿酒，笑傲乾坤，汤显祖有这样的豪情。但在俗世中，他无法完全超脱，也无力抗拒权力，于是他转而专注于内心的自由，在文字中寄托自己对自由的想象，将情感倾注于临川四梦之中。他对真情至情的追求，在当时及后世引发了无数非议。卫道士们甚至诅咒汤显祖，死后要下阿鼻地狱，永不得超生。甚至造谣说，汤显祖死后已入地狱，"人间演《牡丹亭》一日，则笞二十"，要到人间无一人演唱此曲，他才能解脱。然而，人间依旧传唱着《牡丹亭》，直至永恒。九泉之下，汤显祖或许正在高歌欢笑，而玉茗堂前，繁花依旧灿烂盛放。

不羁的性

屠隆的二重世界

明嘉靖二十二年（1543），屠隆出生于宁波鄞县。他原本名叫屠龙，然而在参加童子试时，提学公看到他的名字后，笑着说道："龙象征九五之尊，怎能屠戮呢？"于是屠龙便改名为屠隆。屠隆祖上三代皆为平民，以从商为生。他的父亲屠濬，生性豪爽，深明大义，可惜中年经商失败，致使家道中落。此后，屠濬不再过问世事，每日以花木竹石为乐，种植了数百株菊花，朝夕观赏把玩。因担心所种菊花被人偷走，屠濬夜间常在室外看护，却不幸于嘉靖四十五年（1566）感染风寒而离世。屠隆是屠濬最小的儿子，他出生时，屠濬已四十五岁。屠濬曾告诫屠隆："勿以浮躁雕玄真之心"，希望他在尘世中能始终保持赤子之心。父亲的教诲对屠隆影响深远，他一生都谨记这一教导，特立独行，始终保持着真我的本色。屠隆兄弟六人，兄长们在仕途上均未取得突破，于是将振兴家业的期望寄托在了幼弟身上。二十岁时，屠隆前往龙游设馆教书。龙游当地民众大多经商，发家后的商人们，对穷困潦倒的读书人并不友善。屠隆在龙游的五年，留下了不少不愉快的回忆。此时的屠隆尚未展现出后来的放荡不羁，他的个性受到诸多压抑。路过青楼时，姑娘们拉客，牵着他的衣角进行挑逗，他竟"恚怒而去"。在三十五岁之前，屠隆在男女之事上颇为节制，因为他没有纵情声色的资本。尽管他在外已有些许名声，但家境贫寒，根本无法支撑他放纵自我。屠隆直到三十四岁才娶了年仅十五岁的娇妻，面对美貌贤惠的妻子，他十分爱怜，也更加坚定了在科举上取得成就的决心，希望能给勤劳的妻子一个安稳的生活。而待他成名之后，似乎想要弥补往昔在这方面的缺失。万历四年（1576），屠隆在乡试中以第九名的成绩中举，次年便要进京参加会试。但由于屠隆家境贫困，筹集路费耗费了不少时日，直到腊月他才踏上行程，一路上历尽艰辛。屠隆为此写诗道："北地非吾土，萧条不见人。日光沉马足，风色隐车轮。尘起孤城莫，霜回独树春。长安天不远，咫尺欲沾巾。"万历五年（1577），三十五岁的屠隆考中进士，殿试位列前三甲第一百一十名。虽然考中进士，但屠隆并未立刻显达。这一年四月，一位同年考中的进士不幸去世，屠隆为其撰写了一篇悼文，得到了京师士人的赏识。此后，各路达官贵人纷纷邀请屠隆参加各种宴会。沉默多年的屠隆，终于声名远扬，多年的压抑之气一扫而空。同年九月，屠隆被外放为颍上知县。离开京师时，他对这里的奢华生活有些不舍，不禁感慨："奈何登高复送远，令人对酒不能酬。"然而，在安徽颍上为官，对屠隆来说却是一种煎熬。官场上烦琐的礼节和森严的等级制度，让他浑身不自在。由于官位卑微，每当各路官员到访，他都不得不卑躬屈膝、跪拜逢迎，他不禁感叹"丈夫之气，摧颓尽矣"。在给友人的信中，他也叫苦不迭："屠生苦令，令苦屠生。"在颍上任职一年后，万历六年（1578）年底，屠隆调任青浦。到了青浦，他彻底抛开了在颍上时的种种掩饰，开始追求自己向往的生活。在青浦，屠隆与江南文人频繁往来，并拜昙阳子为师。他拜师昙阳子，一方面是出于交好王世贞的考虑，另一方面，也是他在压抑的环境中，主动寻求解脱的一种方式。通过昙阳子，屠隆对道家修仙有了自己的见解，他认为修仙的关键在于灵魂成仙，而非肉体成仙。此后的半生，他始终努力追求着灵魂的超脱。万历八年（1580），昙阳子羽化，尸身被安置在神龛中，移入特意为她建造的昙阳观。在屠隆眼中，昙阳子已然灵魂成仙，获得了永恒的超脱。万历十年（1582）年底，屠隆任期满后返回京城，任职于礼部仪制司。途中，他还特意前往太仓，拜谒昙阳观。到礼部任职后，屠隆结识了一位终身挚友，那便是同样考中进士，也在礼部任职的汤显祖。屠隆的一生充满了矛盾。他既痴迷于修道，渴望抱气栖身；又主张及时行乐，享受当下的快意。他曾说："世间乐事惟两端，第一修真悟道为神仙，第二快意当前但行乐。"在京城，屠隆过着灵与肉相互矛盾的生活。一方面，他将官署视作僧舍，燃一炉沉水香，手捧一卷丹经，焚香煮茗，一心悟道，其赤诚之心可见一斑。他仿佛参透了一切，发出富有禅意的感慨："风流得意之事，一过辄生悲凉。清真寂寞之乡，愈久愈增意味。"而另一方面，他又物欲横流，惹来了无数是非。他与西宁侯宋世恩交往密切，并结拜为兄弟。宋世恩祖上因征西有功，被封为西宁侯，屠隆评价他为"纨绔武人子"。宋世恩就如同西门庆一般，年轻气盛，性格豪放，生活奢靡，热衷于举办聚会。屠隆参加他举办的宴席，席间诗酒不断，男女杂坐，众人放浪形骸，喧闹无比。在此之前，屠隆的人生还算顺遂。他考中进士，在文坛颇有名望，当世文人无不希望与他结交。即便他内心潜藏着狂野和奔腾的欲望，也被束缚在礼法的框架内，最多只是偶尔稍有松弛，并不会做出惊世骇俗之事。哪怕屠隆已有足够的实力和名望开宗立派、领袖文坛，他也未曾挣脱枷锁，获得真正的自在。然而，这束缚他的枷锁，却被外力突然砸断，此后屠隆以狂生的形象，出现在众人面前。屠隆在礼部担任的是闲职，终日无所事事。于是，他亲自登台，客串伶人。每当屠隆上台表演时，有一个人默默地关注着他，这个人便是宋世恩的夫人。宋夫人才貌双全，精通音律。每逢屠隆下台休息，宋夫人总会让人送上一杯香茗，以表达自己的仰慕之情。久而久之，屠隆与宋夫人之间的暧昧传闻，在京师传得沸沸扬扬。万历十二年（1584）九月，屠隆被人举报"淫纵"，与宋夫人有不正当关系。举报者是刑部主政俞显卿。二人的矛盾早在屠隆主政青浦时便已结下。当年尚未在科举上取得突破的俞显卿，向屠隆投献诗文，却遭到屠隆的冷淡对待。此后，屠隆在审案时，做出了不利于俞显卿家族的判决，这更让俞显卿怀恨在心。万历十一年（1583），俞显卿考中进士，被授予刑部主政一职。此后，他便一直寻找机会报复屠隆。虽然"淫纵"一事并无确凿证据，但屠隆还是因"诗酒疏狂"以及在青浦任职时"放浪废职"，被罢职削籍。削籍是一种极为严厉的处分，意味着将士人贬为普通百姓，退休官员所享有的各种特权也随之取消。罢官返乡后的屠隆，仕途彻底无望，友朋也逐渐疏远，陷入了内外交困的境地。在困境之中，屠隆灵与肉的二重世界越发分离，也越发肆意放纵。如果说拜昙阳子为师是他的第一次修道，那么罢官之后，屠隆开启了第二次修道历程。此次修道，他全身心投入。他邂逅了道士聂道亨，相见之下，便跟随聂道士到道观修行，一去就是一个月。在给老师王世贞的信中，他兴奋地写道："道民得遇方外异人，授金精玉液口诀，更得先天上药，行之颇有效。"王世贞看着屠隆一心痴迷于学道，心中不禁苦笑。屠隆先是拜李海鸥学道，后来又拜李海鸥的老师金先生学道，而金先生的一个弟子曾用所谓的神仙道术，从王世贞处骗取了大量钱财，用于购买娈童和妓女。王世贞深知修道圈的复杂，好心提醒屠隆："足下才太高，志太锐，气太扬。不要沉迷于这些玄妙之事，在家好好孝敬老母，勤奋写作，才是正道。"在没有罢官之前，由于酒量有限，屠隆在饮酒时还会有所节制，在宴席上不至于过度放纵。罢官之后，他彻底放开了自我，自述"跳地仰天大呼浮白"。当初在京师的欢场中，与宋世恩宴饮时，他还会故作老僧趺坐、双目瞑闭之态。屠隆也好男风，万历十二年（1584），在给顾养谦的信中，他提到了自己所养的娈童采菱。某次采菱在席间行酒，酒酣之际，醉态尽显，屠隆不禁感叹："麽幺娈童，便令销魂。"他甚至认为，要笼络英雄，只需这样的小童就足够，根本不需要"顾长七尺美男子"。屠隆返回家乡后，采菱一直陪伴在他身边。万历二十一年（1593），采菱已经长大，依旧陪伴在屠隆左右。屠隆与胡应麟在衢州相遇时，向胡应麟介绍采菱道："此子知诗。"并请胡应麟作诗相赠。胡应麟遂作诗调侃："风情老去似徐娘，犹逐王孙负锦囊。"屠隆时常带着娈童出游，众娈童"侍身旁不少离，时时耳畔私语，手过酒窗食之"。屠隆还得意扬扬地吹嘘："一夕可度十男女。"万历二十五年（1597），五十五岁的屠隆前往金陵，嫖宿名妓寇文华。此次嫖妓，背后另有缘由。屠隆被削籍多年后，朝廷颁布恩诏，恢复了他的冠带，允许他冠带闲住。然而，屠隆却穿着一身官袍去狎妓，以此来发泄心中的不满。屠隆的内心始终天人交战。他蓄养娈童、狎妓，公然宣淫，却又时常警醒自己："政恐儿女情深，道心退堕，须从爱河急猛回头。"他还写了一些文章进行说教，告诫世人要警惕淫色。就连说教，他也与众不同，念叨着："歌姬舞女非乐人，破家之鬼魅乎。颠鸾倒凤非乐事，妖媚之狐狸乎。"屠隆的人格呈现出分裂状态，他虽被尘世欲望所左右，却又始终孜孜不倦地追求空灵的灵魂，渴望将俗身与灵魂分离，以缥缈虚幻的灵魂获得最终的解脱。万历二十五年（1597），在金陵穿袍服狎妓，成为屠隆人生的一次重大转变。在这几年间，他经历了几次重大的人生冲击，彻底放弃了重返官场的希望，转而潜心修道。对母亲的敬爱，使他不敢做出过于违背道德伦常的行为，唯恐惊吓到母亲。然而，当他的母亲于万历二十四年（1596）去世后，他便再无顾忌，灵与肉彻底解脱，在自己向往的世界中尽情放纵。金陵狎妓后，屠隆意犹未尽，创作了充满色情的《叨叨令》。此曲一出，士人们皆将他视为一世狂徒。屠隆彻底挣脱了以往的束缚，从佯狂走向真狂，从此一发不可收拾。晚年的屠隆，灵与肉皆狂，心与身皆幻。他撰写了《彩毫记》《昙花记》《修文记》等作品，毫不掩饰地表达自己的情欲。他四处游历，歌舞欢饮，还自组家班，四处演出，亲自以狂生的形象登台表演。万历三十年（1602），屠隆"晚年出盱江，登武夷，穷八闽之胜"，又抵达福州参加中秋大会。当夜，屠隆裹着头巾，身着僧衣，突然奔跃而起，奋袖出臂，擂起鼓来。"鼓声一作，广场无人，山云怒飞，海水起立。"擂鼓结束后，屠隆忍不住捏了下林茂之的手，感叹道："快哉，此夕千古矣！"屠隆的最后岁月，却是在病痛中度过。关于他的疾病，汤显祖曾说"苦情寄之疡，筋骨毁坏，号疼不可忍"。后人据此认为，屠隆是因患性病而死。在生命的最后时刻，屠隆让家人念诵《观世音》，以此获得些许安慰。万历三十三年（1605）八月二十五日，在家人念诵佛经的声音中，屠隆与世长辞，享年六十三岁。

谁家男儿润无瑕

在明代，龙阳之好的称谓丰富多样。徽州称塌豆腐，江西称铸火盆，宁波称善善，龙游称弄苦葱，慈溪称戏虾蟆，苏州称竭先生等。北方常把这种行为叫作"炒茹茹"，南方则多称"打蓬蓬"。在《绣榻野史》里，有个京师小唱，因长相出众，有人"新讨在家炒茹茹"。还有这样的描述："近来世道尚男风，奇丑村男赛老翁。油腻嘴头三寸厚，赌钱场里打蓬蓬。"在明代艳情小说中，"烧饼"常被用作断袖关系的隐称，像翻烧饼、翻饼儿、做个烧饼会之类的说法屡见不鲜。《金瓶梅》中，陈经济被吴月娘赶出西门庆家后，流落街头，只能靠卖身维持生计。他穷得"钻入冷铺内存身，花子见他生得清俊，叫他在热炕上睡，与他烧饼儿吃"。《龙阳逸史》里也写道："专道近来一等小官，自家门户不曾脱得干净，又要思量到别人身上，见了个略小岁把年纪的，就和他翻个饼儿。"这里的"与他烧饼儿吃""和他翻个饼儿"，都是龙阳关系的隐晦说法。烧饼之所以会成为断袖行为的代称，主要是因为臀部圆润，肤色通常较为白皙，与烧饼有相似之处。再者，烧饼的烤制过程，也和断袖行为有一定的相似性。其中，翻烧饼意味着彼此互换男女角色，双方处于平等地位；而贴烧饼则是单向的，一方掌握主动权，另一方被动接受，所以用"贴"来形容。在明代，士人狎玩的对象主要有两类：一类是具有人身依附性质，身为仆役的娈童；另一类是带有交易性质的，比如妓院中的"小官"，酒楼里的"小唱"。如果富家童仆生得眉清目秀，又碰上喜好男风的主子，那可就苦不堪言了。他们一方面要承受男主人的压迫，另一方面还得面对女主人的欺凌。丈夫的同性嗜好必然会对家庭生活产生影响，引发妻子的妒意。冯梦龙在《挂枝儿·男风》中，生动地描绘了一位妻子对迷恋小官的丈夫的幽怨："痴心的，悔当初错将你嫁，却原来整夜搂着个小官家，毒手儿重重地打你一下。他有的我也有，我有的强似他。你再枉费些精神也，我凭你两路儿都下马。""两路儿都下马"这句话，寓意香艳，引人遐想。《金瓶梅》里，潘金莲发现西门庆与书童的私密关系后，指责他们是"没廉耻的货"。西门庆则急忙掩饰："你信小油嘴儿胡说，我那里有此勾当？我看着他写礼帖儿来，我便歪在床上。"《龙阳逸史》中，马天姿被卖到陈员外家后，因与陈员外交好，被陈夫人灌醉后装进袋子，投入河中。他侥幸被救起，却也不敢去官府告发。富贵人家常常蓄养家庭乐队和戏班，其中充当歌童与演员的，大多是容貌俊美的男子。冒辟疆在如皋水绘园中，就蓄养了多名风流俊美的歌童，吸引了众多同好。词人陈迦陵前往如皋投奔冒辟疆，在水绘园见到歌童徐紫云时，顿时惊艳不已，写下："阿云年十五，姣好立屏际。笑问客何方，横波漾清丽。"徐紫云是扬州人，在冒辟疆家做青童，聪明伶俐且擅长唱歌，与陈迦陵年纪相仿，二人十分亲昵。这里还有一段有趣的插曲，陈迦陵迷恋上了紫云，两人常常在暗香疏影间徘徊。冒辟疆见后假装发怒，要杖责紫云。陈迦陵十分着急，长跪求情。冒辟疆便开出条件："必得先生咏梅绝句百首，成于今夕。"如果能写成，就把紫云送来陪侍陈迦陵。陈迦陵听后大喜，通宵达旦，写成绝句百首。冒辟疆读后，"笑遣云郎"。此后，陈迦陵与徐紫云苦恋十七年，直到紫云去世。其间，冒辟疆拒绝了陈迦陵将紫云带走的请求，二人甚至择机私奔，这让冒辟疆十分伤感。小唱并非明代才出现的新鲜事物，早在宋代就已存在，主要在宴饮时吟唱小曲，为宴会增添欢乐气氛。明代官方规定，官员不得嫖宿妓女，"凡官吏宿娼者杖六十"。之所以禁止宿娼，一是因为妓女属于"贱民"，高贵的官员怎能在她们面前袒露隐私，与之一起淫乐；二是担心官员不小心染上花柳病，如何为地方百姓服务。明初虽然禁止官吏宿娼，但并不禁止携官妓饮酒，后来朝廷严禁官妓陪酒，挟妓饮酒与宿娼同罪，于是便由小唱伴酒。饮酒时，男性小唱内穿女装，外罩男衣，"酒后留宿，便去了罩服，内衣红紫，一如妓女也"。京师的小唱数量最多，官员们饮酒时，常常争夺其中姿色最为出众的小唱陪酒，并以此为乐。小唱最初由歌童担任，一开始还会唱唱小曲，后来干脆专门侍酒，揣摩客人的心思，出卖色相。小唱大多来自乐户，籍贯多为浙江。京师中正宗浙江籍的小唱数量有限，难以满足士人对男色的需求，于是京郊许多男子便冒充浙江乐户，从事性交易。只是这些冒牌小唱，一旦碰到浙江籍的官员，就很容易露馅。京师的小唱让士人如痴如醉，严世蕃宠幸小唱金凤，甚至到了"昼非金不食，夜非金不寝"的地步。在明代，从事男色产业的人一般统称为"小官"，还有专门出卖男色的妓院，如"南院""榻坊"。小官的出场价格各不相同，有三钱一夜的，有五钱一夜的，也有一两一夜的。男妓主要来自穷苦人家长相清秀的男子。由于业务繁忙，男妓供不应求，明代开始出现拐卖现象。小官出卖色相的时间较为短暂，从十三四岁开始，到十七八岁结束。在明代艳情小说中，男妓戴"网巾"，意味着成人，就要脱离男妓行列了。很多男妓失业后，失去了昔日的万千宠爱，就像落魄的"浔阳妇"，门前冷落，无人问津。小官有他们供奉的祖师，明代称之为"小官精"，也有"兔儿神"的说法。据《龙阳逸史》记载，本地的小官每年都要出五分银子，供奉小官精。小官精"头如巴斗，身似木墩。卷罗发披在两边。大鼻头长来三寸"。在小唱、小官与那些在身份和财力上占据优势的人之间，后者占据主动权，可以肆意占有前者。而小唱、小官则利用这种性关系，获取钱财，博取主人的欢心。双方各取所需，正如沈德符所说："宇内男色，有出于不得已者数家。"小官生意火爆，惹得妓女们十分眼红，甚至引发了官司。《龙阳逸史》对此有详细描写，妓女们的生意被小官抢得"断根绝命"，于是写了揭帖，把小官说得十分不堪，在各处乱贴。小官们担心坏了名声，身价下跌，就把妓女告到县衙。没想到，这个官司落到了一位不喜好男风的官吏手中，他判小官败诉，并贴出告示，严禁男色。小官们的生意因此一落千丈，最终关门歇业。实际上，明代妓女归教坊司管辖，她们不仅要承担官府的各类娱乐节目，还是诚实的纳税人，定期缴纳"脂粉钱"。所以在判决时，官府自然会偏向妓女。晚明时期，士人之中同性恋风气盛行，"从吴越至燕云，未有不知好此者"。热衷于此的士人，将同性恋视为真气深情。某位士人读《汉书·佞幸传》，读到断袖之类的同性恋故事时，心弦被触动，恨不得立刻找个貌美才子，一起体验龙阳之好。屠隆非常喜好男色，认为这是风流才子的表现，"古来才子多娇纵，直取歌篇足弹诵"。士人之中流行同性恋，原因是多方面的。士人在游学途中，会产生性需求，但携带女眷出行多有不便，又不能随时随地去嫖娼，于是就把随身的男仆当作泄欲对象。袁中道

（小修）说，自己的"分桃断袖"之癖，都是因为远游。袁中道年轻时对男风情有独钟，且色欲强烈。他的二兄袁宏道足迹遍布大半个天下，长途旅行中，少不了要结交各地艳妓名优。但当只有主仆相对时，就只能把男仆当作艳妇来排解寂寞了。《金瓶梅》中，西门庆带小厮王经进京，夜宿时无聊，就把王经叫上床，搂在被窝里满足自己的欲望。对于官员来说，由于官方禁令不能宿娼，于是就转而找小官之类的人暖床。崇祯年间刊行的《型世言》中，有位朝廷要员到无锡巡视，无锡县令为了讨好他，下足本钱，把自己的男宠送来做童仆。要员看到如此标致的童仆，心中大喜，安慰童仆："你是要早晚服侍我的，不要怕。"到了晚上，就把童仆留在房中享用。而无锡县令在这次巡视中，自然轻松过关。诸暨县令谢与思，平时温柔得像个女子，可一看到美少年，就显露出强横的一面："出行见有童姣者，无论富家士人子，必欲强得之。"如果对方不从，就治其罪。也有原本不喜欢男风的士人，在尝到甜头后改变了态度。昆山人周用斋很有文名，但久试不第，便到南浔董家设馆教书。到了南浔后，周用斋生活寂寞无聊，没过几天就想回乡。

主人很欣赏周用斋，再三挽留，知道他耐不住寂寞，便提议给他找几个男仆解闷。周用斋一听，顿时大怒，斥责这是禽兽盗贼的行径。主人也不勉强，把周先生灌醉。到了半夜，让技术高超的男仆"乘其醉，纳其茎"。周先生在梦里尽享欢愉，惊醒之后，男仆更是施展浑身解数，让他"益畅快舒适"。事后，周先生一脸满足地询问男仆，得知是主人的安排后，连呼"主人真圣人"。到了崇祯年间，涌现出多部以龙阳关系为中心的短篇小说，如《龙阳逸史》《宜春香质》《弁而钗》。这些小说描绘了晚明时期男风盛行的景象，饮醇酒、狎男风已成为当时的潮流。士人把狎玩小唱当作风流韵事，富豪则把蓄养男仆视为身份的标志。这几部描写男风的小说，原本已鲜为人知，只因清人笔记《在园杂志》中的一段记载，才重新进入人们的视野。文中记载，这些书籍的刻板被斧砍碎，已印行传世的也被全部焚毁。人们从笔记的记载中，才知道了《龙阳逸史》等书的名字。几百年后，保存完好的崇祯五年刻本《龙阳逸史》等书，在近代于日本被重新发现。京师男风之盛，让老外利玛窦都大为震惊。他描述北京街头的场景时说："公共场所充满了刻意打扮得妖艳模样的男人，一些人买回这些男人，教会他们弹琴、唱曲和舞蹈，然后这些可怜的男人浓妆艳饰，涂脂抹粉，变得恍若美女，就这样正式开始了可怕的卖淫活动。"沈德符说男风在南方盛行，逐渐传到中原地区，所以明人也把男风称为"南风"。

杭州男风盛行，这一现象在诸多文学作品中均有体现。《金瓶梅》第三十六回记载："原来安进士杭州人，喜尚男风。"《龙阳逸史》中也提到，杭州小官极为流行，土豪们走在街上，只要看到未戴网巾、模样周正的少年，"走去就是一把现钞"，以此来表达对他们的青睐。在南京城内，同样弥漫着这样的风气，"世情颠倒，人都好了小官"。娈童、狎客、杂技名优们，纷纷献媚争妍，往来不断。苏州的娈童更是凭借俊美的外貌、柔媚的举止以及出众的才艺，在江南地区独占鳌头，以至于状元与娈童并称为苏州的特产。南方地区男风最盛行的当数福建，"闽人酷好男色，无论贵贱，各以类相结"。在男风最为猖獗的时候，漳州地区的诉讼案件，十件当中有九件与鸡奸有关。在福建的同性恋关系里，处于主动地位的一方被称作"契兄"，被动的一方则被叫作"契弟"。那些长得眉目清秀的男子，很早就会有"契兄"前来下聘礼。聘亲时，如果"契弟"还是处男，就会有人愿意出重金，"三茶不缺，六礼兼行，一样的明婚正娶"。聘礼下过之后，"契兄"便会住进"契弟"家中，"契弟"的父母会像对待女婿一样对待他。"契兄"也需要承担相应的责任，"契弟"成年后结婚的费用以及生计都由"契兄"负责。其中感情最为深厚的，即便各自娶妻成家，仍会像夫妻一样同住同吃。福建人喜好男风，与当地沿海的海运业密切相关。明代时，福建前往菲律宾、日本等地经商的人众多，而沿海地区有这样的风俗：女子不能上船出海，否则在海上就会遭遇不测。在海洋上漂泊的男人们，时常面临海洋风暴的威胁，长期处于巨大的压力之下，便转而将同性作为性对象。龙阳风气的流行，引起了当时人们的警惕。万历年间，江阴的李翊制定家训，明确规定"家无俊仆""家童无鲜衣恶习"，避免家中出现容貌出众、行为举止易引发不良风气的童仆。陈龙正要求家人"勿蓄优伶"，防止因蓄养优伶而助长男风等不良风气。刘宗周则警告说，家中的俊俏男仆会导致"淫罪多端"，提醒人们注意此类现象可能带来的道德风险。虽然晚明时期男风盛行，但在整个社会中，喜好男色的人仍然只是少数。在这类群体中，占据主动权的一方，大多是衣食无忧、在社会中拥有一定地位的人。在明代，男风之好主要在士人阶层中流行，因为只有他们有足够的财力蓄养家童、狎玩小官。他们妻妾成群，却仍不满足，试图通过男风来寻求别样的刺激。然而，对于男风关系中被动接受的一方来说，他们的命运却十分悲惨。他们早年或是被卖入豪门，或是进入专门从事男色交易的场所。他们被社会强行剥夺了自身的性别符号，被迫接受强加给他们的女性特征。他们需要学习女红，以取悦主人。他们的青春岁月充满了黑暗与隐晦，甚至连最基本的生命安全都难以得到保障。在士人、富豪、官僚们眼中，他们仅仅是供人玩乐的玩偶，是无条件服从的附庸。这些人可以随意将他们抛弃，或者当作礼物送人，还要求他们像女子一样对主人效忠守节。明代的士人，试图通过男风来挣脱皇权施加的枷锁，可与此同时，他们又将枷锁重重地套在了他人的身上。身处其中的人，有的自得其乐，有的却呼号无门。后人看待这段历史，或许会将其视为文人逸事，却往往忽视了其中无数被强行扭转性取向的男子的悲惨遭遇。真正理想的状态，应该是让一切回归正常，顺应自然，只有基于两相情愿的选择，才是对待性取向的最佳态度。

举世魂销媚金莲

　　王婆口中的"潘驴邓小闲"一经问世，天下男人皆以具备"邓小闲"特质自诩，然而真正能够做到的人却寥寥无几。《金瓶梅》的男一号西门庆，无疑契合王婆心中极品男人的标准。他长相英俊，堪比潘安，足以令女子见之倾心。其体魄强健，又精通房中术，满足"驴"所代表的身体素质要求。他家财万贯，可与历史上的富豪邓通相媲美，且出手阔绰，一掷千金，拥有纵情风月场所的雄厚资本。对于心仪的女子，他总是心思细腻，小心揣摩对方心意，投其所好。此外，身为武官的他闲居在家，有大把的闲暇时光。《金瓶梅》传入西方后，被译为《中国的唐璜》，但西门庆的"风流"程度远胜唐璜。西门庆有一妻五妾，书中与他发生性关系的女人多达十余人。在宅中，他被一众温香软玉环绕，如众星捧月般，女人们围绕着他争风吃醋，竞相讨好。这些女子对西门庆心悦诚服，孟玉楼在前夫去世后，本有机会改嫁给尚举人做继室，却毅然放弃，坚决要给西门庆做妾，还表示不计较西门庆"打妇熬妻""眠花宿柳"的行为。女子们对西门庆付出真心，不顾一切与他在一起，既有性的吸引，也有情的因素。然而，像西门庆这样的浪子，其心不会被某个女子轻易拴住。风流放浪的他，总是不断寻求新鲜刺激，以满足自己无尽的欲望。为了讨好他、迎合他并获得宠爱，女人们也竭力投其所好。西门庆堪称明代恋足男的典型代表，三寸金莲对他有着无与伦比的吸引力。他只要看到穿红色绣花鞋的小脚，便会浑身颤抖，正所谓"举世魂销媚金莲"。潘金莲，其名字就仿佛蕴含着独特魅力，她的三寸金莲在摇曳间，铸就了与西门庆的一段孽缘。在《金瓶梅》第一回中，潘金莲在家闲坐，躲在帘子后面嗑瓜子，不经意间露出一双小金莲，引得浪子们在门前徘徊，渴望一亲芳泽，西门庆最终在众多浪子中胜出。在饭局上，西门庆借筷子掉落之机，在潘金莲的绣花鞋头上轻轻一捏，妇人随即笑了起来。这一捏一笑，胜过千言万语，传递出别样的情愫。小脚本就令人心动，绣花鞋更是具有催情的魔力。西门庆对红色绣花鞋极为喜爱，将潘金莲纳入房中后，便说道："我的儿，你到明日做一双儿穿在脚上。你不知，我就喜欢穿红鞋儿，看着心里爱。"当西门庆外出狎游整日不归，或者潘金莲为了巩固自己在西门庆心中的地位时，她便会使出撒手锏——红色绣花鞋。一日白天，二人在葡萄架下调情，趁西门庆暂时离开，潘金莲"脱得上下没条丝，仰卧于衽席之上，脚下穿着大红鞋儿，手弄白纱扇儿摇凉"。西门庆回来看到此景，怎能不色心大动？潘金莲与西门庆在葡萄架下纵情声色，激情之中不慎丢了一只绣花鞋。之后潘金莲决定再做一双红绣花鞋，孟玉楼对此不解，问道："六姐，你平白又做平底子红鞋做甚么？不如高低鞋好着。"孟玉楼同样拥有一双不逊色于潘金莲的小脚，初登场时，书中描述她"裙下映一对金莲小脚，果然周正堪怜"。西门庆见到孟玉楼穿着大红遍地金云头白绫高低鞋儿，顿时失魂落魄，爱恋不已。出于对孟玉楼小脚的警惕，潘金莲刻意隐瞒西门庆对红绣花鞋的嗜好，含糊回应道："不是穿的鞋，是睡鞋。"穿上"新做的两只大红睡鞋"，潘金莲浑身"搽得白腻光滑，异香可掬"，自然再次俘获

了西门庆那颗浪子之心。三寸金莲与红色绣花鞋，已然成为性
的重要组成部分，具有勾魂摄魄的魅力。就如同品茶时总要焚
香营造气氛一般，士人的性事常常从把玩小脚开始。关于小脚
为何被称为金莲，历史上说法众多。一种说法与南朝齐东昏侯
萧宝卷的潘妃有关，潘妃赤足走在金箔剪成的莲花之上，步步
生莲。也有人认为小脚裹成之后，形状类似莲花。然而，小脚
裹成后如弯弓状，与莲花的形态并不相符。对小脚研究颇为深
入的李渔就认为，最小的莲瓣也不止三寸，若依照莲花的形状，
脚应当宽阔而大，远不止三寸，因此发出"此'金莲'之义之
不可解也"的感叹。金莲的由来，大概与佛教中"鹿女"的故
事相关。在佛教故事里，鹿女足迹所到之处，都会生出莲花，
于是莲花与女子之足便产生了联系，"莲"逐渐成为脚的代称。
又因在中国古代社会，人们常在重要事物前加"金"字，故而
衍生出"金莲"这一称呼。齐东昏侯的潘妃赤足走金莲，便是
模仿鹿女的行为。在缠足风俗出现之前，金莲只是女子足的代
称。小脚出现后，人们以小脚为金贵，大脚为粗贱，金莲便成
为小脚的专属称呼。小脚爱好者们将三寸之内的脚称为金莲，

大于三寸小于四寸的为银莲，大于四寸的则为铁莲。三寸小脚最受追捧，最终形成了"三寸金莲"的说法。不过，小脚的称呼多种多样，例如，因小脚弯折如弓、形如弯月，故而得名新月；若小脚瘦且长，则称"竹萌"；小脚形似菱角，便称"红菱"。文人们不遗余力地鼓吹小脚之妙，各类关于"小脚"的文章层出不穷。其中高手唐寅写道："第一娇娃，金莲最佳，看风头一对堪夸。"在文人们的极力吹捧下，小脚被升华为世间绝美之物，成为最雅致可人的事物。小脚瘦如寒梅瘦影，轻如落地无声，弯比虹桥，纤嫩如玉笋纤纤，柔软如一团新絮触肤即融。经过士人巧舌如簧的吹捧和锦绣文章的包装，女子裹小脚这种原本丑陋畸形的行为，竟堂而皇之地流行起来，成为社会主流，甚至让人产生古今美人皆为小脚的错觉。实际上，汉唐时期，女性尚未缠足。一些女子跳舞时穿着类似后世高跟鞋的"利屣"，只是为了获得优美的舞姿。五代南唐时，南唐李后主令嫔妃窅娘"以帛缠脚"，在金莲上起舞，窅娘可被视为缠脚的开山鼻祖。到宋徽宗宣和年间，汴梁出现了缠足专用鞋"错到底"。南宋时，临安妇女以缠足为时尚，称"杭州脚"。元朝时，中原地区缠足之风依旧盛行。明代，女子缠足风气越发盛行，缠足技术、小脚造型以及小脚品鉴都得到了充分发展，还出现了一些缠足领先地区。山西大同、宣德府等地的缠足女子，深受各地小脚爱好者喜爱，他们纷纷前来挑选最美金莲。从正德年间开始，大同每年六月初六庙会时会举行"赛脚会"。大同有十二大寺庙，各庙轮流承办，十二年一个轮回。比赛开始前，自认为小脚出众的女子，会沐浴熏香，精心打扮，然后来到庙会现场，端坐在帘后，将小脚伸出，供爱好者鉴赏。第一轮评选后，胜出者再进行评比，第一名称王，第二名称霸，第三名称后。入选前三名女子的亲友团会欢欣鼓舞，认为该女子今后能嫁入好人家。在赛脚会上，小脚人人可以观摩，但严禁窥视女子芳容，违规者将被逐出。更令人惊叹的是，明代出现了长度不满二寸、如同婴儿脚般的金莲。宜兴周相国耗费千金，买下一位脚不满二寸的美人。因其脚太小，寸步难行，每次出行都需有人专门抱着，故而得了个"抱小姐"的外号。裹小脚成为高贵身份的象征，是大家闺秀的必修课。若女子不裹小脚，即便才华出众、容貌艳丽，身价也会大打折扣，落得个"半截美人"

的恶名。媒婆说媒时，一提到大脚姑娘，心里便会发怵，底气不足，因为大脚姑娘很难嫁人。相反，小脚裹得好，能弥补几分长相的不足，即便长相普通也能嫁个好人家。而地位卑微者，甚至连裹脚的资格都没有。曾经与朱元璋对抗的张士诚旧部，被朱元璋编为丐户，备受歧视，"浙东丐户，男不许读书，女不许裹足"。不过丐户不论男女，每日为生计奔波，根本无暇顾及裹小脚。在明代，缠脚与绣花鞋被发展成一种隐秘文化，甚至演变成一种变态的审美。小脚讲究瘦、小、尖、弯、香、软、正。品鉴小脚时，可看其畸形之态，闻其味道，在手中把玩感受其软若无骨，还可远观女子行走时如风中弱柳般的摇曳姿态。小脚的把玩更是被演绎到极致，把玩步骤包括解缠、行缠、濯足、制履、行步等。从角度上，有下拜俯视、脱鞋时侧视、跪着平视等。把玩小脚时，可对着名花赏其艳丽，对着新月赏其妍媚，对着雪景赏其幽静。甚至还有用嘴、用脚把玩的极端方式，用嘴可吮、舐、啮、咬、吞、食，用脚可提、搔、挟、舞。

随着缠足之风的发展，小脚文化变得越发幽秘，绣花鞋也因此被视作女子最为私密的物品。越是这种隐晦的事物，越能勾起人们内心的渴望与追逐欲。倘若绣花鞋被他人偷走，或者小脚被男子摸上一把，对于女子而言，就如同失去贞操一般严重。所以，女子对绣花鞋、袜子、缠脚布、小脚乃至鞋上的饰物，都看护得极为严密，绝不允许丈夫以外的男子窥探。在艳情小说里，绣花鞋常常成为私订终身的绝佳信物。当然，对金莲的碰触也是男女之间传情的一种方式。就像西门庆，故意将一根筷子从桌子上拂落，使其掉到潘金莲裙下，然后借着捡筷子的机会，在潘金莲的绣花鞋上轻轻捏了一把，潘金莲见状笑了起来。这一捏一笑，情意便在其间传递，进而引发后续进一步的亲密举动。由于绣花鞋的隐秘性，它还被赋予了一些独特的功能，比如可以用来判断丈夫归来的日期等。占卜时，把绣花鞋扔在地上，通过观察绣花鞋的仰卧情况来判断吉凶。西门庆一个多月没去看望潘金莲，潘金莲骂了几句负心贼后，便脱下两只红绣鞋，试着打了一个相思卦。绣花鞋在一些爱好者眼中，还被当作了酒器，由此出现了"金莲杯""双凫杯"等说法。明初诗人杨维桢对这种做法极为热衷，每当在酒席上看到小脚特别纤细的舞女，就会让其脱下鞋子，"载盏以行酒"。何良俊到苏州与王世贞相见，老友重逢，自然免不了夜宴欢歌。何良俊袖中藏着一只绣花鞋，这只鞋是他从名妓王赛玉那里偷来的，被他视如珍宝。酒至酣处，何良俊拿出这只鞋来盛酒，一时间满座皆欢。王赛玉以小脚闻名，粉丝众多，王世贞一见此鞋，顿时大喜，次日还作诗纪念："手持此物行客酒，欲客齿颊生莲花。"何良俊经常随身携带这只偷来的"金莲杯"，每逢重要场合都要拿出来炫耀，引得众人常常因此酩酊大醉。在明代，裹脚界还出现了一位被奉为神明的人物，据说能庇佑天下裹脚女性。相传明末有位相国，生前极为喜爱小脚，他的众多妻妾皆是小脚。每当妻妾们的小脚出现疼痛时，相国都有办法应对，于是他死后便被尊为小脚神。相国墓前，前来烧香礼拜的裹脚女子络绎不绝，据说各种脚疾"痾症累累，迎刃而解"。虽说有小脚神的庇佑，但裹脚的过程却漫长且痛苦。女子从幼年便要开始裹脚，在一些地方，女孩三四岁时，家人就会故意给她穿上狭小的尖头鞋，限制脚部发育。到了缠足的合适年龄，再用缠脚布将脚重重包裹，使其扭曲变形。为防止刚缠脚的女孩因忍受不了痛苦而解开缠脚布，人们常常会用针线将裹脚布密密缝牢。裹脚是一个循序渐进的过程，第一步先追求脚型尖小，第二步追求弓弯，最终形成一种畸形恐怖的形状。裹脚界有句俗语叫"不烂不小，越烂越好"。因为肌肉糜烂后更容易裹成小脚，所以在裹小脚过程中，人们会故意在裹脚布中放入碎石、瓷屑，划破肌肉。甚至有人将肌肉划破后放入各种虫子，让伤口感染致使肌肉腐烂。还有人故意把小脚弄破，放入刚刚开膛的鸡、羊肚内浸泡，以感染伤口，促使肌肉腐烂。而缠脚布在当时的社会生活中，还有一个特殊作用，即用来悬梁自尽。《金瓶梅》中，李瓶儿最后痛哭一场，用缠脚布悬梁自尽，所幸被人救了下来。宋惠莲气愤不已，找了两条缠脚布，拴在门楹上，自缢身死。不仅女子缠脚，男子也有缠脚的情况。成化年间，京师有个漂亮寡妇，两足纤细，还不足四寸，她擅长女红，常到富贵人家传授针线活。因其脚小，一时间受到京师小脚爱好者的追捧。这位女子性情刚烈，从不理会男子的搭讪，传授女红时，只肯与跟她学习的女子同眠。有个庠生，见到女子的小脚后心痒难耐，便谎称妻子是自己的妹妹，请她来家中授课。

庠生事先嘱咐妻子，临睡之前假装出去上厕所。当夜，庠生妻子借口上厕所，打开房门。庠生趁机钻进房间，准备强行非礼寡妇。寡妇见状大惊失色，拼命抵抗，但终究难敌庠生的欲火。没想到庠生扯下寡妇裤子后却发现，这位"寡妇"竟然是男子。次日，庠生将"寡妇"送交官府，经查明，此人叫桑翀，年仅二十四岁，他缠足扮成女性，借授女红之机玩弄女性。万历年间，面对蒙古人的频繁入侵，裹小脚甚至被一些人当作抵抗外敌的"武器"。小脚爱好者瞿九思发表奇谈，称蒙古人之所以不远万里侵入中原，是因为草原上缺少美女。若想控制这些"蛮子"，只有让他们沉迷于美女的诱惑之中。而所谓的美女，自然是小脚美女。为此，他提议派人去蒙古，教当地女子缠足，并仿效中原的装束。等蒙古女子都缠脚后，走起路来柳腰莲步，娇弱可怜，蒙古人"惑于美人，必失其凶悍之性"。可惜，尽管朝野上下有不少人喜好小脚，却没有一人主动前往塞外传播缠足秘诀。缠足，本质上是女子在男性威权压迫下的一种自虐行为。女子并非生来就愿意缠足，在男性的压迫下，她们无奈只能进行这种自我折磨。而那些将女子裹足后楚楚可怜的行走姿态视为风情万种的人，便是这场施虐行为的主导者。所谓的"天堂"，不过是这些人居高临下俯视"地狱"。三寸金莲的癖好，实际上就是男子从女子的痛苦中获取自身的快乐。

青楼艳事难穷尽

袁宏道曾谈及人生的五种真乐，其中一种便是"千金买一舟，舟中置鼓吹一部，妓妾数人，游闲数人，泛家浮宅，不知老之将至"，描绘出一幅买妓于舟、逍遥行乐的惬意画面。明代中晚期，娼妓业极为繁盛，甚至被赞为"为我明一绝耳"。然而，明初对娼妓业曾进行严格管控。洪武九年（1376），《大明律》修订，其中新增了惩戒官员宿娼的条款，这让一些风雅官员颇为沮丧。在明朝前期，这一规定对娼妓业产生了一定影响。但到明中期以后，青楼生意逐渐兴隆，官员们也开始摆脱束缚，与富豪一同频繁出入青楼。娼妓业繁荣之时，青楼遍布各地，大都市里青楼数以千百计，即便在穷乡僻壤也不在少数。官府管理的教坊，需按时缴纳名为"脂粉钱"的税款。而民间私营妓院中的"土妓"，更是多得数不胜数。娼妓业最为发达的地方，当属南北两京。北京城中，处处歌舞升平，皇亲国戚、文武官员、土豪富商们，皆有燕赵胭脂、苏杭金粉供其享乐。普通民众也能前往所谓的"小教坊"寻欢作乐，可谓各有各的消遣去处。不过，与金陵相比，北京在娼妓业的繁华程度上还是稍显逊色。金陵作为都会之地、靡丽之乡，娱乐事业极为发达，最终超越北京，引领当时娱乐业的潮流。秦淮河两岸青楼林立，这些青楼被称为"河房"。白日里，纨绔子弟与潇洒词人往来穿梭，车水马龙，热闹非凡。到了夜间，秦淮河上更是一番别样景致，游船如游龙般穿梭，雕栏画槛精美绝伦，珠帘之内传出的丝竹管弦之声，撩拨人心。秦淮河上呈现出一片奢靡华丽的景象，两岸屋宇精致美观，繁花似锦。客人行至青楼门前，轻轻叩响铜狮环，门缓缓开启，珠帘低垂，老鸨热情相迎，鹦哥清脆呼喊上茶，狗儿欢快奔走。进入室内坐定后，丫鬟便会搀扶艳丽的妓女出来，随即歌舞弹唱，酒席丰盛。纨绔子弟与才情出众的文人，至此无不沉醉于这声色之境。秦淮青楼多为独门独院，自成一方天地。为营造高雅意境，青楼在房舍建造与内部陈设上煞费苦心。名妓李湘真的居所，曲房密室，帷帐与尊彝摆放得楚楚有致，中间建有长轩。轩左种着一株老梅，花开时节，香雪纷纷，洒落在几案与坐榻之上；轩右种着两株梧桐和十几竿巨竹。她每日早晚清洗桐竹，那翠色仿佛可餐。进入她房间的人，都仿佛置身于尘世之外。青楼女子隶属乐户，曲艺杂谈是她们的基本功。金陵各家青楼，每至入夜，笙歌艳舞，响彻云霄。在明代文人眼中，女人若能识字，便自带一种儒雅之风，若还能鉴赏书画，那便是闺中的学问大家。名妓们也有意识地追随名师，学习文化知识。徐翩翩十六岁时还默默无闻，在跟随名师学习书法琴曲一段时间后，名气大增，成功跻身一线名妓行列。秦淮名妓中，卞玉京知书达理，擅长小楷，又善画兰花、鼓琴；卞玉京的妹妹卞敏，擅长绘制兰竹；寇白门精通音律，擅长画兰，还能吟诗；顾眉才貌双全，通晓音律，尤其擅长画兰竹。与名妓们的才华气质相匹配的，是她们日常所用的器具。家具需有天然几、藤床、小榻、醉翁床、禅椅、小墩、香几等。笔砚、彩笺、酒器、茶具、花樽、镜台、妆盒、绣具、琴箫、棋枰等杂物，也一应俱全。踏入青楼，便能感受到一种刻意营造的意境。墙上挂着名人山水画作，香几上的博山古铜炉中，龙涎香饼袅袅生烟，花瓶里插着几枝海棠，案上摆放着几卷古书，壁上挂着锦囊古琴，连宠物都是鹦鹉和白鹤。日常饮食也十分讲究格调，饮用甘露，食用橄榄、蛤蜊、百合，烧饭要用桐柏为柴、薏苡为米，如此清高卓然，方能彰显品位。精美佳肴、精致装扮，再加上各类价格不菲的器物，秦淮青楼的开支堪比大户人家。有投入就有回报，青楼精心打造出高雅的外在环境，让貌美佳人置身其中，然后等待以士人为主的消费者前来一掷千金。在青楼之中，文人们常常一掷千金，只为博红颜一笑，但也有人因此将家业败光。风月场中充满各种陷阱与机关，于是出现了《嫖经》这样专门总结嫖娼心得的狎玩指南。《嫖经》包含一百三十余条经文，一万多字，将青楼中的机关陷阱详细列出。对于与青楼女子的感情，《嫖经》作者认为"其趣在欲合未合之际，既合则已。其情在要嫁不嫁之时，既嫁则休"。书中还归纳了青楼女子常用的手段，包括走、死、哭、嫁、守、抓、打、剪、刺、烧等。比如"剪"，就是青楼女子以剪头发来威胁；"烧"，即拿香烙烫皮肤；"抓"，则是在嫖客脸上留指痕，在脖子上留齿印，让嫖客家人一眼便能认出。面对青楼女子的种种攻势，嫖客若想掌握主动权，反过来俘获青楼女子的心，最关键的，一是要舍得花钱，二是要肯花时间精力。若嫖客还有才情情趣，便更容易赢得佳人青睐，因此嫖客最好能喝点酒，懂点音乐，还能背诵几首诗词。青楼产业的发达，催生出了一条完整的产业链。在老鸨、妓女、嫖客之间，还有一批被称为帮闲篾片的人。这类人大多是无业游民，常年在青楼混迹，对行业内幕了如指掌，对青楼女子的品性、风姿也十分熟悉。他们在青楼与嫖客之间牵线搭桥、居中调和。帮闲群体最初多为地痞无赖，随着大批文人涌入青楼，一些精通文墨、熟悉青楼行情的士人也扮演起帮闲的角色。在文人帮闲中，王稚登做得最为出色。王稚登出身富豪家庭，自幼生活优渥，他自称"年十二而游青楼"。在青楼厮混了几十年，他结交了大批名妓，帮助许多士大夫找到了满意的名妓，自己也赚得盆满钵满。秦淮河畔的青楼，以虚拟家庭的模式经营，妓女称老鸨为娘，称嫖客为姐夫，嫖客则称老鸨为外婆。虽然以虚拟家庭形式运营，但其中并无多少真正的亲情。老鸨培养妓女是为了赚钱，若妓女不听话，便会被施以刑罚惩戒。青楼中的保镖，每日负责监视妓女，防止她们出逃。被困在这牢笼中的女子，改变命运的途径唯有苦学才艺，成名后赚足本钱，赎身脱离苦海。青楼女子有举办"盒子会"的习俗。青楼女子们结为金兰姐妹，到清明节时，她们用食盒携带佳肴相聚，互相攀比，输的人要被罚酒。盒子会期间，美酒飘香，珍馐罗列，如猩唇熊掌等。《桃花扇》中也对盒子会有所描写，文人若是看中哪个名妓，就将物品抛上楼，楼上则抛下果子回应。明代青楼供奉白眉神。白眉神长髯伟貌，骑马持刀，与关羽形象相似，只是眉毛雪白，眼睛赤红。因为"白眉赤眼"是妓女所供奉的神，所以京师中若有人吵架时骂对方"白眉赤眼"，那便是极大的侮辱，必然会引发一场争斗。妓女初次与嫖客交易时，要一同在白眉神前跪拜，而后定情。青楼中用果品供奉白眉神，若生意清淡，妓女们便会对着神像脱光衣服，祈祷一番，再用筷子在碗上连敲几下，然后将神像藏在床头，认为这样生意就会好转。据传，白眉神还有一个奇特功效。每逢农历十五，妓女们用手帕汗巾之类捆在白眉神头上，然后祈祷。之后若遇到心仪的子弟，用这手帕汗巾在他面前一晃，"子弟之心，自然欢悦相从，留恋不已"。到除夕夜，妓女要准备好鸡鸭鱼肉、一碗米饭、三杯酒，装在盆子里供奉白眉神。然后将平日所用的马桶洗净，把装有酒菜的盆子放进去。次日，若有相好的嫖客来，就取出酒菜给他吃，妓女们认为这样嫖客便会时刻思念自己。所以当时有说法，好人家的好子孙，正月初二、正月初三必定不会去青楼，以免吃了这马桶里的菜肴，被迷乱心智。至于白眉神的由来，说法不一，有说是洪崖先生，也有说是盗跖。传说洪崖先生是上古时期的乐人，由于青楼娼妓隶属乐籍，便将他视为保护神。而关于盗跖，传说他死后，打劫的财物无法带到阴间，饥寒交迫。阎罗王怕他投胎再为盗贼害人，不许他转世，连做畜生都不允许。盗跖无奈，只好费尽心思，请青楼为他修建了矮小庙宇，以便混些酒食解馋。在《斩鬼传》中，白眉神（盗跖）现身说道："俺自春秋以来，至于今日，娼妇人家，家家钦敬，大小奉祀，竟如祖宗一般。"文人们长期往来于青楼，逐渐创造出了独特的青楼文化，其间还涌现出了许多佳话。

　　对于文人来说，青楼是一个独特的场所。在这里，他们可以谈诗论画，将诗文的意趣与青楼中的欢愉相互交融，从而摆脱八股文的束缚，释放科场带来的巨大压力。在这温柔乡中，文人与青楼女子无拘无束地唱和，尽情品味女子的艳丽风姿，自身才情也得以充分展现。而妓女们同样渴望能投入名士的怀抱，脱籍从良，摆脱烟花之地的生活。晚明时期，青楼女子嫁给名士已然成为一种流行风气。江夏营妓呼文如与湖北文士丘谦之一见钟情，并订下婚约。然而，丘谦之的父亲极力反对这门亲事，丘谦之无奈之下，只好修书婉拒。呼文如悲痛万分，刺血写诗："岂是黄金能买客，相如曾见白头吟？"数年之后，两人在武昌再次相见，于石榴树下饮茶。呼文如询问婚事进展，丘谦之回答："以官为期。"文如则笑着说："看你性格，不能长久于官场，你散发，我结发。"呼文如苦苦等待多年，这份执着最终打动了丘谦之。万历十年（1582），丘谦之不顾一切，冲破重重阻力，将呼文如娶进家门。此后，丘谦之与妻子呼文如一同畅游天下，寄情于山水之间。万历十年的这段故事，深深感染了后世。像钱谦益与柳如是，冒辟疆与董小宛，龚鼎孳与顾媚，他们之间一段段文士与名妓的故事被人们传唱，被视为千古佳话。在青楼这个特殊的世界里，尽管所有女子都身处被压迫、被迫害的境地，但她们之间也存在着高低贵贱之分。张岱曾记载扬州风月场的情景，在高级妓院中，财力雄厚的嫖客需要向导引领，才有机会亲近那些高等妓女。这些高等妓女衣食无忧，然而面向底层民众的妓女们，连个安身之所都没有。每天常常有四五百人，在茶楼酒肆中展露色相，招揽生意。每当有妓女被客人选中带走，她们便会兴高采烈。而那些没接到生意的，只能凑钱买点蜡烛，哼唱小曲，展示妩媚姿态，期望能吸引顾客。要是一整天都没有生意，轻的晚上没有食物可吃，重的还要遭受老鸨的责罚。在京师，最穷困的人群，如贩夫走卒、乞丐苦力，收入微薄，生活艰难，甚至连老婆都娶不起。正如明代小说《玉闺红》中所写"一般肉长的身子，一样也要闹色"，但他们手头拮据，逛私娼小教坊，往往需要存上半个月的钱才能去一次。于是，一些奸猾之人从中发现商机，开设了面向底层民众的"窑子"。窑子通常设在穷人聚集的外城，找几处破窑洞，再招募几个女叫花子，便可以开张营业，因其位于破窑之中，故而得名。窑子的经营者会挑选稍有姿色的丐女，给她们购置一些胭脂头油，稍加打扮，并教她们唱些低俗的小曲。至于老鸨负责提供的服装，干脆省去，丐女们赤身裸体地招揽生意。窑子破败简陋，连屋顶都没有，面向路边的墙壁上挖了几个小洞，丐女们裸体坐在洞中，口中吟唱各类小曲，摆出各种撩人的姿态。屋外的好色之徒路过时，可从小洞窥探，若看后情欲被挑起，就会进入窑子，投入七文钱，便可以与丐女携手登床。窑子本是几个泼皮无赖想出的赚钱门道，没想到开业后生意异常火爆，门庭若市。在窑子里"工作"的丐女们忙得连上厕所的时间都没有，经营者见状，便继续招募新人，增设营业点。看到窑子生意如此兴隆，内城中低档会所的姑娘们也十分眼红，纷纷投身窑子。没过多久，外城的窑子数量众多，将内城的中低档会所的生意全部抢走。然而，一到冬天，窑子的好光景就结束了。窑子里的姑娘们无法再裸体招揽顾客，而且窑子四处透风，寒冷刺骨，姑娘们很快就会生病。窑子的经营者赶忙另寻他处，找了几间有屋顶的民房继续营业，而墙壁上的小洞依然保留，用来招揽顾客。不论是高级妓女，还是低级妓女，她们终究都只是供人玩乐的物品。她们虽每日过着莺歌燕舞的生活，却时常羡慕那些身着荆钗布裙的普通女子，她们日夜渴望着能脱离这苦海，哪怕只是嫁与他人为妾，也算是命运的重大改变。但从良之路谈何容易，她们不仅要面对老鸨的百般阻挠，还得有人愿意付出赎金，更要有接纳她们的家庭。即便成功从良，她们在新家庭中的地位也极为低下。许多无法从良的妓女，在年老色衰后，只能在贫困中度过余生，甚至冻饿而死。青楼女子们常常长叹："莫攀我，攀我太心偏。我是曲江临池柳，这人折了那人攀，恩爱一时间。"

纳妾与扬州瘦马

　　利玛窦来到中国传教后，把传教目标锁定在士大夫阶层，期望通过在士人中间发展教徒，来打开传教局面。然而，在发展教徒的过程中，利玛窦面临着一个棘手的难题——纳妾。基督教秉持一夫一妻制，而在中国社会，纳妾现象极为普遍，本质上属于多妻制。对于一些士人来说，入教还是纳妾，如同鱼与熊掌，该如何抉择，成了一个难题。纳妾在中国有着悠久的历史，其主要目的是繁衍后代。古人认为，传承香火是人生头等大事，"不孝有三，无后为大"。婚姻的目的在于繁衍后代、维系家族，这就导致它对自由恋爱有所忽视。婚后若不能生育，或者没有生出男婴，便会被视为大不孝。婚姻中，即便没有性爱，它依旧是婚姻；但若没有生育，婚姻的本质就无法达成。如果一个女人婚后不能生育，往往会通过给丈夫纳妾来弥补。有妻的人可以纳妾，但正房只能有一位，正所谓"夫为日，妻为月，妾为小星"。妾有众多别称，比如小老婆、小星、小妇人、侧室、偏房、属妇、副房等。妾的地位低于妻，但拥有良民身份，与婢、奴有着明显区别。妻与妾在身份地位、吃穿住行等方面存在显著差异。朝廷封赏官员妻子（即命妇）时，只有正房妻子能受封，可穿着赏赐的命妇礼服。妾被排除在命妇封号之外，不过也有胆大的官员，用妾冒充妻子骗取封号。这种以妾充妻骗取封号的事情，在明代并不罕见，且无人因此受到惩罚。若妾生的儿子有出息，出仕做官并飞黄腾达，妾便可以凭借儿子光明正大地获得封赐，这就是所谓的母以子贵。妻、妾不仅生前地位悬殊，死后待遇也截然不同。正妻死后，可以与丈夫同穴合葬；继室作为妻子，同样可与丈夫合葬，但妾不能与丈夫合葬。顾炎武祖父的两位小妾，死后都"葬之域外"，也就是不与丈夫合葬。顾炎武父亲的小妾对他有养育之恩，这位"养母"去世后，为了维护礼法，顾炎武坚持不让她与父亲同穴合葬。《大明律》对妻妾之间的秩序作出了严格规定：凡把妻子当作妾的，杖打一百；妻子尚在，却把妾当作妻子的，杖打九十，并责令改正；已有妻子，又再娶妻的，杖打九十，责令离异。李瓶儿去世后，西门庆悲痛欲绝，要求幕僚温秀才在孝帖上写上"荆妇奄逝"，也就是正房妻子的意思。"以妾为妻"明显违反了法律，温秀才十分为难，便悄悄与应伯爵商量。应伯爵也对此表示反对，最终此事不了了之。随后在题旗幡时，西门庆要求写上"诏封锦衣西门恭人李氏柩"。明代只有四品官员的母亲与妻子才能被封为恭人，西门庆只是从五品，李瓶儿又是妾，若这样写就违背了法律，应伯爵再次反对，最后写上了"室人"这个较为模糊的称呼，"室人"在古代是妻妾的泛称。妻妾的地位差异，在日常生活的吃穿住行以及座位安排上都有所体现。《金瓶梅》中，正妻吴月娘的穿着是"两套大红通袖遍地锦袍儿，四套妆花衣服"，而众妾则是"每人做件妆花通袖袍儿，一套遍地锦衣服"。西门庆开宴席时，西门庆与吴月娘坐在上座，李娇儿、孟玉楼、孙雪娥、潘金莲等小妾只能在两旁列坐。"正房"顾名思义，居住的自然是院中的正房；而妾被称作"侧房"，只能住在偏隅之处。西门庆说："惟有我第五个小妾潘氏，在这前边花园内独自一所楼房居住。"不过，如果正房妻子性格彪悍，丈夫就得另外购置住宅安置小妾。这样一来，妾反而因祸得福，在别处能享受到部分正房妻子的待遇，这被称为"两头做大"。妾从属于丈夫，丈夫可以随意买卖或转嫁妾。一旦丈夫去世，妻子也能将妾转手卖掉，或者让其改嫁。对于妾的处置，较好的方式是"聘嫁"，也就是将小妾再嫁他人。孟玉楼再嫁时，可以带走自己房中的物品，还能乘坐大轿出门，这就是"聘嫁"。较差的处置方式是"打发"，给小妾一些物品，将她逐出家门，让其自谋生路。潘金莲被吴月娘赶出家门时，只得到了"两个箱子，一张抽屉桌儿，四套衣服，几件钗梳簪环，一床被褥"。除了正房妻子能处置妾，家中诸子在父亲死后，也可以将妾打发或聘嫁。妾在家中地位低下，面对正房时必须恭恭敬敬。要是让正房不高兴，正房趁男人不在家将妾卖掉的情况并不少见。纳妾也会引发家庭纠纷。宰辅焦芳的儿子焦黄中，为了一名姬妾与老父激烈搏斗；大清官海瑞一生纳了多名妾，六十多岁时还纳了两个妾，最终妻妾争风吃醋，两个妾在同一天上吊自杀；嘉靖中叶，山西保德十四岁的少年崔键，看到父亲宠幸小妾魏氏，还时常呵斥生母，愤怒之下，竟然亲手杀死了魏氏。弘治十一年（1498），泗州知府许弼的妻子孙氏，嫉妒妾朱氏有了身孕，先下毒但没毒死，又用铁锥击打朱氏的脑袋，仍未致死，再用石头压其腹部，用羊毛塞住口鼻，终于将朱氏杀害。没想到把朱氏装入棺材后，她又神奇地复活了。此事曝光后，皇帝也被孙氏的狠毒震惊，下令杖打孙氏八十，并责令离异。依照法律规定，命妇将妾殴打致死，也只需赎罪即可；处以杖刑，这是皇帝在愤怒之下的法外加刑。明代法律明确规定"凡男子年满四十而无后嗣者"，可以纳妾，"民年四十以上无子者，方听娶妾"，同时规定，违背该法律者笞打四十。由此可见，明代纳妾的合法条件是年满四十且无子。这条法律最初针对的是普通百姓，后来也被应用到官员群体。但在现实中，纳妾法规并未得到严格遵守，许多官员不符合条件却纳了妾，也没有受到处分。聂洪二十九岁出任丹徒知县，他的妻子张氏早已生下一子，按法律他没有纳妾资格。可他却接连纳妾，过着妻妾成群的生活。已经有了子嗣还要继续纳妾生子，背后有着诸多考量。当时卫生条件有限，人们担心一个儿子难以健康成长，所以违反规定纳妾，希望多生几个儿子，多一份保障；纳妾的成本比娶妻低，而且妾可以作为后备妻子。当时医疗卫生条件落后，妇女分娩死亡的概率较高，一些士人的妻子去世后，再娶正房开销较大，于是干脆将小妾扶正，节省一笔费用。明代男子纳妾时，年龄普遍比妾大很多。一般男子接近四十岁时纳妾，妾的年龄在十五岁至十九岁之间。也有高龄老翁纳妾，山人沈飞霞年近七十，以"添丁"为由买了一个妙龄婢女为妾。袁中道得知后，写诗调侃"闲当更为图枯木，付之荷叶待添丁"。在官场中，新科进士纳妾的欲望最为强烈。士人一旦考中进士，通常要做两件事，一是纳妾，二是改号。新科进士纳妾时，首选京师女子，京师有谚语说"改个号，娶个小"。考中进士意味着家族地位上升，为了进一步巩固家族地位，多生儿子、壮大家门成了进士们的普遍想法。此外，进士们进入官场后要四处为官，妻子需要留在家中孝敬父母，此时他们需要一个美妾在身边，排解长夜寂寞，照顾衣食起居。对于纳妾，也有一些禁忌。比如居父母丧期间不得娶妾、祖父母或父母被囚禁时不得娶妾、同姓不得娶为妾、亲属妻妾不得娶为妾、逃亡妇女不得娶为妾、奴婢不得私自嫁与他人为妾、品官不得娶娼妓及良家女为妾、大臣出使途中不得娶妾等。虽然法律规定"凡官吏娶乐人为妻妾者，杖六十，并离异。若官员子孙娶者，罪亦如之"，但在现实中，并没有人切实遵守，晚明官员中流行纳青楼女子为妾，也没有人因此受到处罚。关于纳妾的数量，礼法也有明确规定。《明会典》对皇亲国戚、普通官员以及庶民纳妾的数量做了详细规定：亲王最多可纳十人，郡王最多可纳四人，镇国将军最多可纳三人，镇国中尉最多可纳二人，官员与庶民依照法律只能纳一人。不过在现实中，纳妾数量完全取决于个人的身体状况和财力。利玛窦曾说："另外再娶一个、两个，多少都可以，没有任何限制，只要有能力供养。因而许多人有十个、二十个、三十个妻妾，皇帝及皇子皇孙则有上百上千的妻妾。"

在高官群体中，纳三五个妾实属平常之事，甚至有纳妾数十上百的情况。例如明初开国大将汤和，"家畜妾媵百余"；正统年间的工部尚书吴中，也纳有宠妾数十人。张居正由于纳妾数目过多，有时难以应付，不得不借助壮阳药来维持。甚至在某些情况下，纳妾问题还会上升到政治层面。清军兵临扬州城下时，史可法膝下无子，他的妻子劝其赶紧纳妾，以免家族香火断绝。倘若士人终生只有一妻，往往会引发世人各种猜测。像古板清高的于谦，一生未曾纳妾，因其德行高远，备受世人赞誉。纳妾时，双方同样要订立婚契，其中会约定女子系亲生自养，且自愿嫁给他人为妾，同时已接受婚聘财礼，还会注明若女子逃亡，男方负责追还等内容。由于纳妾本质类似买卖，所以所订文书称为"婚契"，而非"婚书"。对于女方家庭而言，纳妾是可以接受的。迎娶正妻讲究明媒正娶、门当户对，而纳小妾则无此严格要求。一些贫寒家庭通过将女儿嫁与他人为妾，有望攀附富贵亲戚，从而改变家族命运。倘若小妾运气好，遇到正房去世，还有可能被扶正。纳妾之风盛行，使得培养知书达理、才艺双全的妾成为一项投资回报率极高的生意，进而催生了与妾相关的一条龙产业，扬州地区此产业最为兴盛。扬州素以美女闻名天下，正所谓"维扬居天地之中，川泽秀媚，故女子多美丽，而性情温柔，举止婉慧"。在扬州，收养女子并转卖给他人为妾的行为，俗称"养瘦马"。"养瘦马"这一说法源自白居易诗句"莫养瘦马驹，莫教小妓女"。从事"养瘦马"的人家，被称作"瘦马家"。在"瘦马家"中，通常由老妪主持各项事务，"瘦马"称老妪为母。"养瘦马"是一种高回报的投资，"鬻女例一岁值一金，稍稍有姿容，则昂其值"。"瘦马"卖出后，若在主人家得宠，还能给"瘦马家"带来更多回报。扬州地区，上至豪门贵族，下至普通人家，大多热衷于"养瘦马"，少则收养几人，多则数十人。这种风气不仅在扬州盛行，南京、苏州等地也颇为流行，名妓陈圆圆就出自苏州的"瘦马家"。"养瘦马"时，会挑选相貌姣好的女童，买来后精心"娇养"。为使"瘦马"日后能卖得好价钱，还会对其进行教育。"瘦马"十三岁学习绘画、围棋，十四岁学习琴艺、赋诗。同时，教导她们遵守礼法，恪守妇道，懂得进退，侍奉嫡长，不失仪态，不让男子费心。每当"瘦马"到了适婚年龄，"瘦马家"便媒婆众多，不时有富人带着仆从前来挑选。交易的中间人被叫作"白蚂蚁"，取白蚁无缝不钻之意。"瘦马"交易时，买主首先看重姿色，其次关注才艺。"瘦马"需展示身材、小脚、手、颈等部位，并来回行走，供买主观察。相貌仪态展示完毕后，便是才艺展示。买主选购"瘦马"时，通常不会当即决定，而是货比多家后才作选择。即便看不中"瘦马"也无妨，买主只需多付些茶钱即可。一旦买主看中某个"瘦马"，就要下"插戴"，即将簪、钗插在女子发髻上，表示定亲。随后，"瘦马家"拿出红本，上面写明聘礼明细，如绸缎若干、彩礼若干、金花若干等。若买主同意，交易便达成。通常买主还未到家，"瘦马家"送的红羊绿酒就已送到家门口，以防买主回家后反悔。往往在展示才艺时，"瘦马"看似棋琴书画无所不通。然而买回家后，买主却发现，"瘦马"可能仅会弹奏一段琴曲，画画不过是会画几笔兰竹，下棋也只是知晓几着棋局，写字不过会写几个字而已。挑选时，买主常被女色迷惑，对其才艺未作深入考察，所以容易落入圈套。毕竟，"养瘦马"本质是门生意，愿意长期投入、耗费心血培养才艺出众"瘦马"的人寥寥无几。虽然古代中国名义上实行一妻制，但纳妾现象使其在实质上成为多妻制。为维护礼法、避免纠纷，只能维持这种名不副实的状态，并从衣食住行到名分等各方面对妾进行压制。官方虽以法律形式规定了男子纳妾的条件，可这些法律大多形同虚设，在《大明律》中存续三百年却未被有效执行。相反，那些涉及压制、贬低妾的法律条文，却频繁被引用，以捍卫所谓的礼法。无论是放荡不羁、悠然自得的山人，还是科举高中、意气风发的士人，当他们在一定程度上摆脱甚至对抗官方那些限制人身自由的繁杂规定时，却鲜有人尊重女子的自由。在他们眼中，妾这类女子不过是玩物，是传宗接代的工具。即便到了现代，纳妾在形式上虽已消失，但其本质却以另一种形态传承下来。当下那些金屋藏娇、包二奶的男人，其心理与几百年前的古人并无二致，无非是为了传宗接代、猎取美色、满足征服欲。

贞操：束缚与叛逆之间

　　在明代，贞操观念被宣扬到登峰造极的程度。女子若被陌生男子拉一下手，便会选择断臂以示贞洁；身体受伤却因不愿暴露给医生看，最终延误病情而死亡的事件屡见不鲜。崇祯年间，兴安遭遇洪水，有两姐妹被水围困，看到有裸身男子前来救援，她们自觉受到玷污，竟投水自尽。而旁观者对此却高呼："死得好，死得好！"明代皇宫设有专业的处女鉴定师，称作"稳婆"，其职责是协助皇帝检查入宫女子的处女膜。在民间，订婚之后，通常也要由男方的女性亲属或媒婆对女子是否为处子进行初步查验。不过，最为关键的考验是在结婚之夜，通过一张白巾来验证。这场考验举足轻重，关乎婚姻能否长久维系以及未来是否幸福。《喻世明言》中记载了一种近乎荒诞的处女检验方法。有一位黄姓女子，女扮男装与男子一同在外做生意多年。返乡后，姐姐怀疑她已失贞，便决定进行检验。具体方法是，在便桶内铺上细干灰，让女子脱了裤子坐在桶上，再将棉纸条放入她鼻中，令其打喷嚏。若女子已失贞，那么上气泄露时，下气也会跟着泄露，干灰必然会被吹动；若是处女，干灰则会保持原状。书中记载"当试那妹子，果是未破的童身"。《易·渐卦》提到："渐，女归吉，利贞。"意思是女子出嫁应遵循婚嫁礼仪，循序渐进，而婚礼的最后一个环节便是检验女性贞操。在《醒世姻缘传》里，狄希陈迎娶了凶悍的薛素姐后，薛素姐连续两天拒绝与他同房。狄大娘大骂儿子无能，进而怀疑儿媳并非处女。狄大娘安排薛素姐娘家仆人薛三省的娘子去查探情况，还令儿子强行与儿媳同房。到了第四天早上，传来消息，薛三省的娘子展示了被"元红"玷污的被子。狄大娘欣喜万分，"赏了薛三省娘子合老田每人二百钱，三尺红布，一条五柳堂织的大手手巾"。这一场景，恰似汤显祖在《邯郸梦》中所描述的"今宵同睡碧窗纱，明朝看取香罗帕"。贞操被视为女子最重要的嫁妆。为证明自己是处女，在新婚之夜准备一条名为"喜帕"的白巾，是女方应尽的义务。若白巾沾上了"元红”，男女双方都会如释重负。这种测试方式被称作“取喜”。
“取喜”是一件庄重严肃的大事。当新娘被证实为处女后，男方
会奔走相告，并给报喜及贺喜的人发放赏钱。男方还会派人敲
锣打鼓前往女方家，送上写有“闺门有训，淑女可亲”的报喜
帖子。而“取喜”成功的白巾，会被骄傲地展示出来。倘若白
巾上没有“元红”，女方一家人便会相对而坐，愁眉不展，将
此视为奇耻大辱。男方则会盘算着如何离婚并追回彩礼。没看
到“喜帕”挂出，亲朋好友也不敢贸然登门祝贺，生怕刺激到
对方。《醒世姻缘传》中，程大姐出嫁时已非处子之身，心中自
然忧虑万分。程大姐的母亲孙氏是个世故之人，想出一计。她
拿了条白巾，抓来一只硕大的雄鸡，用针在雄鸡鸡冠上刺出血，
滴在白巾上。然后教程大姐将白巾藏在身边，头两夜不要与丈
夫魏三封同房，到第三夜把丈夫灌醉后再行房事。没想到此事
被魏三封察觉，他恼羞成怒，“拳撞脚踢，口咬牙嘶，把个程大
姐打得像杀猪相似的叫唤”。随后，魏三封打开程大姐的箱柜，
将魏家的东西全部留下，女方陪嫁的东西则一件不留，全部打
包送回。到了五更时分，魏三封逼迫程大姐“穿了一条红裤

子，穿了一件青布衫，带上系了那块鸡冠血染的白绢，反绑了手"。魏三封自己拿着根棍子，走一步打一下，将程大姐一路打回娘家。程大姐的母亲孙氏也是个泼辣之人，当场为女儿辩护。然而，围观者却都不支持她，认为"孙氏昧了心"。魏三封占理后开始撒泼，在众目睽睽之下，突然向前一拳将孙氏打翻在地，还照着她的私处乱踢。后来，在地方调解下，女方承认过错，接受了魏三封的休妻行为。对于新婚女子若非处女的情况，《明会典》规定男方可以离婚，并追索彩礼。这意味着，对于许多女子而言，日常生活中若不小心弄破处女膜，日后就可能面临被休的命运。例如《金瓶梅》中的周小姐，荡秋千时不慎跌落，"把身上喜抓去了。落后嫁与人家，被人家说不是女儿，休逐来家"。不仅良家妇女极为重视贞操，青楼女子同样对第一次接客格外看重。妓女第一次接客，自然想卖出高价，接客后的验红过程被称为"梳笼"。《续金瓶梅》对"梳笼"有详细描述。妓女银瓶早已不是处女，为骗取翟员外的钱财，老鸨想出主意，用鸡冠血染在白巾上，然后诱使翟员外"梳笼"。"梳笼"当日，翟员外精心打扮，乘坐轿子，在鼓乐喧天中，带着一群帮闲前来。众人吃喝闹腾到天黑，翟员外才扶着银瓶进入房间行事。第二天，帮闲们挤在门外，叫嚷着要吃喜酒，银瓶手中的汗巾被众人笑着夺走。酒过三巡后，"喜帕"被放在螺钿漆盘上端出，由翟员外当众验红。验红结束，翟员外打赏了二两银子，又喝了几杯酒。处女情结与贞操意识，最初源于保证血统纯正的需求。纯正的血统对于家族的延续和财产的承袭至关重要。后来，它又与男子的占有欲紧密相连。在男子心中，只有占有女子的第一次，才意味着女子完全归属于自己。若女子的第一次不属于自己，男子在心理上便难以接受。《型世言》中，蒋日休与文姬私奔。行男女之事后，文姬叹息道："我一念不坚，此身失于郎手了。只是念我是个处子，莫要轻狂。"蒋日休得手后，送走文姬，"回到房中，只见新红犹在，好不自喜得计"。男子择偶时，女子是否为处女是最重要的考量因素之一，这也与道德情操相关，正所谓"水不厌清，女不厌洁"。在中国古代社会，有一种普遍观念，认为童子之身最为洁净神圣，即"吾爱童子身，莲花不染尘"。明代吕坤认为"严于妇人之守贞，而疏于男子之纵欲"是"圣人之偏"。在男权社会中，童贞主要是针对女子而言，要求女子在结婚前必须保持处女之身，不得与任何男子发生性关系。然而，当男子纵情声色时，却用贞操观念来严苛约束女子，给她们套上重重枷锁。不过，明代社会生活也存在另一面，有一些女子敢于叛逆。冯梦龙收集的反映民间生活的民歌中，有许多关于未婚女子偷尝禁果的内容。比如《挂枝儿·调情》："大着胆，上前亲个嘴，谢天谢地，他也不推辞。早知你不推辞也，何待今日方如此。"又如《挂枝儿·喜鹊》："喜鹊儿不住地喳喳叫，急慌忙开了门往外瞧。甚风儿吹得我乖亲到。携手归房内，双双搂抱着。你虽有千期万约的书儿也，不如喜鹊儿报得好。"冯梦龙评价这些民歌"情胆大如天"，但"却是天地间自然之文，何必胭脂涂牡丹也"。从这些民歌中可以看出，一些大胆追求真爱的女子，并不在意礼法的限制，她们在性爱中放纵自我，追求肉体的自由，无视礼教的束缚，秉持"我的身体我做主"的态度。

六

香料之惑

从蔷薇水到阿剌吉

蔷薇水，即香水，作为异域舶来品，叶庭珪称其为"大食国花露也"，所以也叫"大食水"。《蔷薇》一诗中提到："我闻蔷薇露，来自大食国。贮以琉璃瓶，香艳作红色。"大食国是唐宋时期对阿拉伯地区的称呼。阿拉伯地区盛产香料，古典历史学家希罗多德记载："整个的阿拉比亚，都散放出极佳美的芬芳，那个地方是乳香、没药、肉桂、桂皮等唯一的产地。"阿拉伯地区凭借丰富的香料资源，通过蒸馏技术提取出香水，传入中土后被叫作蔷薇水。早在唐代，蔷薇水就已进入中土并被广泛使用。柳宗元收到韩愈寄来的诗时，会先用蔷薇水洗手，全身熏香后才开始读诗。他曾说："大雅之文，正当如是。"此后，无数文人纷纷效仿，用蔷薇水洗手后阅读大雅之文。然而，大雅之文容易得到，蔷薇水却极为难得。"阇氏亦有蔷薇水，诸国年年进上方"，在之后的岁月里，通过海上贸易、进贡等方式，中国能持续获得蔷薇水。明洪武六年（1373）二月，海外商人前来进献蔷薇水。朱元璋向来不喜欢奢侈品，许多海外贡物都被他退回。蔷薇水除了能治疗心悸，还可用于调粉，作为女性化妆品。但朱元璋认为："中国药物可疗疾者甚多，此特为容饰之资，徒启奢靡耳。"由于朱元璋拒绝接受，蔷薇水最终被归入"贱货"行列。尽管朱元璋不喜爱奢侈品，可他后世的子孙们，很少有人能像他一样耐得住寂寞、抵挡得住诱惑。明代皇帝大多喜爱奢华香料，如龙涎香、苏合油、蔷薇水等，需求量很大。皇帝所用的香料，要么从东南亚大量进口，要么由各国朝贡进献。其中，大古喇国时常进贡蔷薇水等香料。到嘉靖朝中期，大古喇国被缅甸吞并，进贡就此断绝。不过，对于大明皇帝来说，获取蔷薇水并非难事。明代虽颁布了禁海令，但实际上并非完全封闭。皇帝日常用的香料离不开进口贸易。明代曾从三佛齐进口优质沉香，从占城进口蔷薇水等。据记载，五代时占城曾进贡蔷薇水，称其得自西域。经过几百年，喜爱用蔷薇水的占城地区掌握了蔷薇水的制作技术，进而出口中土。

榜葛剌国（今孟加拉国），从苏门答腊顺风航行二十昼夜便可到达。永乐十三年（1415），永乐帝命少监侯显等率领水师，前去赏赐榜葛剌国国王及诸头目，同时进行通商贸易。该国国王得知大明皇帝派遣的使者即将抵达后，派出千余人马到港口迎接。接到使者后，前往国王居所，设宴款待中国官兵，宴席上燔炙牛羊，礼节十分隆重。榜葛剌国信奉伊斯兰教，不饮酒，为款待大明使团，将蔷薇水与蜜水混合作为替代品。宴席结束后，又赠送厚礼。在明代，随着蒸馏技术的普及，西域也开始自制蔷薇水。陈诚先后五次出使西域，遍历各国，行程两万里。他在西域各国期间，详细记载了各地的风土人情。永乐十五年（1417）四月，陈诚第三次出使西域，到达哈烈（一名黑鲁，在撒马儿罕西南三千里），当时蔷薇盛开，富家巨室中开满蔷薇。花色鲜红，香气浓郁。人们将蔷薇采下，按照制作烧酒的方法，蒸出花汁，滴下成水，用瓷瓯储存，因此可以大量获取。有人因蔷薇水而富贵，而蔷薇水本身也富有诗意。明代钱溥在正统年间考中进士后，英宗帝在文华殿召试，让他以《蔷薇水》为主题赋诗一首。钱溥是否用过蔷薇水已无从考证，但这首诗让

皇帝十分满意，当日便授予他翰林院检讨之职，让他在内书馆
教太监读书。他所教授的太监后来大多富贵，钱溥也因此发达
起来。嘉靖四十四年（1565），权相严嵩倒台，家产被查抄。严
嵩在江西的祖宅也未能幸免，其中抄出的蔷薇水被视为他贪腐
的标志。不过，在一些记载中，受到迫害的清高之士远行边疆
时，路人纷纷用蔷薇水洒在他们的衣裳上为其送行。由此可见，
无论贪官还是清官，蔷薇水都是他们生活中的点缀。蔷薇水采
用蒸馏技术，这使其与蒸馏酒产生了联系。先秦以来，中国古
人主要饮用发酵酒。蒸馏酒，也就是如今所说的"白酒"，在中
国何时出现众说纷纭，有唐代说、宋代说、元代说。当代学者
认为，唐宋的炼丹家已可使用相当复杂精巧的蒸馏器，但唐宋
文献中却没有炼丹家制作蒸馏酒的记载。出土文物表明，宋代
已使用蒸馏器制取花露，却未用于制作蒸馏酒。元明两代，白
酒被称为"阿剌吉"，还有"阿尔奇""哈剌吉"等称呼。元代
《居家必用事类全集》记载了完整的蒸馏酒工艺。元代饮膳太
医忽思慧所著《饮膳正要》将烧酒称为"阿剌吉"，"用好酒蒸
熬，取露成阿剌吉"。此时，人们对白酒的功效特征也有了明

确认知，阿剌吉酒"味甘辣，大热，有大毒，主消冷坚积去寒气"。至今，中东及东南亚国家仍称蒸馏酒为 Arack 或 Araki，满语读 arcan，蒙古语读如 araca，藏语读作 aracapo，无疑都是由阿剌吉转变而来。元人也称蒸馏酒为"汗酒"，因为蒸馏酒酿造时蒸气聚滴，如同汗滴落下。元代卞思义《汗酒》诗云："水火谁传既济方，满铛香汁滴琼浆。开尊错认蔷薇露，留齿微沾菡萏香。"诗中提到了蒸馏酒技术需经过水与火的淬炼，还提到"汗酒"味道与蔷薇水相似，容易被错认。关于阿剌吉（阿尔奇），元代许有壬说："其法出西域，由尚方达贵家，今汗漫天下矣，译曰阿尔奇云。"这段话表明，蒸馏酒技术来自西域；元代时蒸馏酒已"汗遍天下"；当时蒸馏酒是显贵之家的专属。许有壬是元代受到重用的汉人之一，退休后仍享受俸禄直至去世，谥号文忠。曾有人送给他葡萄所酿的阿剌吉酒，此酒在当时名贵无比，许有壬十分欣慰，赋诗一首，颇为得意："西酝葡萄贵莫名，炼蒸成露更通灵"。元代张光弼《塞上谣》云："妖姬二八貌如花，留宿不问东西家。醉来拍手趁人舞，口中合唱阿剌剌。"胡姬饮阿剌吉酒大醉后，唱着跳着阿剌剌舞，蒙古军中也流行此舞。文天祥被俘虏后，听到蒙古军高歌"阿剌来"，惊讶地问："此何声也？"蒙古军回答："起于朔方，乃我朝之歌。"文天祥说："此正黄钟之音，南人不复兴矣。"文天祥之所以惊叹，是因为此歌舞中的音韵雄伟壮丽，仿佛出自瓮中，象征着汉家正朔。蒙古人学到了汉家之音，意味着他们将取得正统地位，所以文天祥大惊。阿剌吉酒传入后，因其度数高、香味浓郁，吸引了一批文人爱好者，还出现了许多咏诵它的诗。《江头绝句》中写道："金杯阿剌吉，银筒速鲁麻。江楼日日醉，忘却在天涯。"速鲁麻又称速儿麻酒，"又名拨糟，味微甘辣。主益气止渴，多饮令人膨胀生疾"。据《元典章》记载："酿造速鲁麻并葡萄酒，犯人七十七下，追中统钞一百贯。"此酒在云南地区称"哑鲁麻"，饮用时用小竹或藤插入瓮中，主客环坐，吸而饮之。至今在西南地区仍可见此酒及传统饮法。明代一度也称蒸馏酒为阿剌吉。明人曲子《咏烧酒》云："酒变酒十中取一，醇选醇百以为十。饮一杯胜抵十杯醉。醍醐怎比，琥珀难及。香甜爽美，滑萃清奇。胜佛家善果菩提，压番邦甘露蔷薇。香喷喷香赛龙浆，甜甘甘甜如蜜脾。萃浸浸萃似姜汁。若赘，到席。

黄封御酝都回避。鞑靼家呼为阿剌吉，声播华夷。"明代蒸馏酒也被称为"烧酒"或"火酒"。烧酒使用大麦、高粱等原料，经过蒸馏制成，"其清如水，味极浓烈"。烧酒的优点是能长久储存，在一些酿酒业不发达的地区，可以大量采购存储，满足老酒鬼的需求。烧酒的易储存性和独特口感，使其地位不断提升，与黄酒并重。酿制阿剌吉酒需要较多原料。元代时，多采用葡萄等果类酿制。如熊梦祥《析津志》记载："葡萄酒，复有取此酒烧作哈剌吉，尤毒人。""枣酒，京南真定为之，仍用些少曲蘖，烧作哈剌吉。"随着时间推移，各地常采用本土常见原料酿制，如高粱、稻谷等。北方地区流行用高粱酿制烧酒。高粱作为食物口感较差，但很适合酿制烧酒。京师出产的烧酒尤其辛辣，"不啻无刃之斧斤"，被好酒之人称为"烧刀"。京师一带制作烧酒的作坊称"烧锅"，是今日二锅头的始祖。而南方则使用大麦、糯米酿制烧酒，口味更为醇和，广东番禺地区流行用薯类酿造烧酒。明代蒸馏酒酿造技术发展成熟，饮用也开始普及。明代郑真是浙江鄞县人，少年时博览群书，后被选调入京讲学，深受朱元璋欣赏。郑真操守良好，家境虽清贫，却不接受别人的馈赠。某年郑真北行，中午路过池河，在友人家停留，"酌以阿剌吉酒，晚宿大山铺店"。除汉人区域外，一些内迁的游牧部落，在酿制、饮用阿剌吉酒方面更胜汉人一筹。静宁州在陇山之阴，山川绵延空旷，水泉畅通便利。很多西域夷商在此停留定居，从事各种生计。顾炎武在《肇域志》中记载，这些西域夷商"善养马，便骑射，尚气力，亦好音乐歌谣"。夷商们最喜欢饮用阿剌吉烧酒，每逢婚嫁都以牛马为礼，开怀畅饮阿剌吉烧酒。随着时间的推移，汉地蒸馏白酒逐渐普及，阿剌吉这个名字渐渐被人遗忘。明代方以智在《物理小识》中说："烧酒元时始创其法，名阿剌吉。稻黍杂粮皆可烧。按今烧酒盛行，然莫知其所自始。阿剌吉之名，亦不传矣。"在后世，人们将其称为白酒。

修仙道具降真香

　　道教自张道陵创立后，衍生出一系列理论与修仙之术，旨在帮助凡人通过修炼踏入仙道，实现永生。在修仙过程中，香料是道教不可或缺的重要道具。道教列出十大名香，用于"斋醮"活动。"斋"着重于饮食，通过摒弃一些口味浓重的食物，追求身体洁净；"醮"则指供奉祭祀神仙。在各类宗教仪式里，香料被大量使用，其中降真香尤为道教所看重，因其被视作能通神之物，深受道教喜爱。早在汉代，道教就将沉香、檀香等香料放入灯油中，使灯燃烧时散发香气。降真香又名紫藤香、鸡骨香，产地广泛，国内的广东、贵州、海南以及海外东南亚各地均有产出。中国海南自古就盛产降真香，其外形与花梨相似，常被误认作黄花梨。降真香是木质藤本植物，受伤后会分泌胶液，在真菌作用下，历经自然过程形成，这一过程十分缓慢，通常需要半个世纪，因而极为珍贵。降真香以颜色紫且润泽者为上品，在山中人迹罕至之处，香藤皮肉枯烂后，内部"赤心如铁"的部分即为降真香。历史上，降真香一直是东南亚各国来华进贡的重要贡品。唐宋时期，将东南亚、印度洋沿岸国家、伊朗、阿拉伯地区等统称为"南海诸国"，各种香料是这些国家对华朝贡的重要物品。由于降真香具有独特功效，深受道教重视，广泛应用于各类宗教活动。在修仙故事中，仙鹤是常见元素，仙人出行常乘龙或鹤，如《淮南子》所言："鹤寿千岁，以极其游。"驾鹤飞升的形象在汉魏墓室壁画中就已出现。鹤羽毛洁白，腿脚细长，翅膀硕大，天生一副仙姿，且其读音"贺"含有吉祥之意。《列仙传》中有仙人王子乔得道后乘鹤飞升的记载，《崔生》中主人公的仙人岳父每逢初一、十五，也会乘鹤飞升，前往天庭朝拜。在神话故事里，神仙乘鹤而来的情节屡见不鲜。修真者认为，焚烧降真香时，烟气扶摇直上九天，能够吸引仙鹤降临，而仙鹤背上往往是得道真仙，意味着大道将至。降真香焚烧时，香烟缥缈，似有直达九天之势，在道教观念中，这香烟就是接引仙人降临人间的桥梁，其功效在于连接仙凡、推演未来。除吸引仙鹤外，降真香还用于醮星辰，这是道教中的重要占星仪式，通过此仪式可沟通神灵、推演未来，正所谓"醮星辰烧此香，妙为第一"。降真香传入中土后，迅速受到修仙者关注。南北朝时期，降真香已出现并应用于修炼。唐代白居易在《赠朱道士》一诗中，描绘了一位仙风道骨的道人，其仪容白皙如天上仙郎，因常服仙药，与他接触时仿若有仙风拂面。经过常年修炼，道人已能辟谷断粮。诗中写道："尽日窗间更无事，唯烧一炷降真香。"山中隐士修仙时，也常以降真香相伴："殿前松柏晦苍苍，杏绕仙坛水绕廊。垂露额题精思院，博山炉袅降真香。"修仙之人别无他好，整日无事，唯爱焚香。通过焚香、炼丹、服食等方式，道教修炼者置身于仙雾缭绕、香气缥缈的世界。使用香料能让修炼者获得特殊体验，在香烟袅袅中进入迷幻状态，仿佛置身仙境。降真香在修真方面的妙用，被文人以妙笔记录下来，如"降真香一炷，欲老悟黄庭"。在修仙成为时尚潮流的时代，文人必须崇道焚香，才能融入当时的社会主流氛围。对于文人而言，道家的隐逸为他们提供了私人空间，在缭绕的香味中，他们的心灵得以超脱，摆脱现实束缚，沉醉于对长生和神仙超脱境界的追求，使得追求修仙的文人诗文呈现出超凡脱俗、不羁的风格。到了明代，香料在巫术中也得到广泛应用。明代河北滦州石佛口的王森、王好贤父子创立了闻香教。王森本姓石，名自然，后改名王森。传说他年轻时曾救过狐仙，狐仙为报答他，割下自己的尾巴相赠，并告知他"以此可以招人"，故而该教名为"闻香教"。据《说略》记载："森因焚香倡教，凡染香气者，神魂俱醉，无不听其指挥。"王森凭借焚香吸引教徒，开宗立派，形成一定规模。"终朝静坐无相过，慢火熏香到日斜"，明代用香之风盛行，生活条件较好的人家，在筵席、卧室、书房、客厅、厕所等各处都会熏香，富贵之家更是将熏香视为日常生活必备。《金瓶梅》中，西门庆相亲时，孟玉楼人还未出房，"兰麝馥郁"的香气已飘出，令西门庆着迷。第四十一回中，吴月娘领着众女眷到乔大户家，只见"一面堂中画烛高擎，花灯灿烂，麝香霭霭"。第四十三回中，吴月娘设筵席，席上"炉焚兽炭，香袅龙涎"。明人喜爱在虚堂清夜宴坐焚香，当时流行的香料配方常以降真香、沉香、龙脑为主，加入蜂蜜调和。白日召鹤、清夜熏香，

这需要一定财力支持，是普通百姓难以企及的。明人焚香用途
多样，可薰被、取暖、烘砚瓦、除秽等。像西门庆这样的富裕
人家，熏香炉基本昼夜不熄，临睡前还要"兰汤沐浴""浓熏绣
被"，以增添被窝情趣。第二十一回中，潘金莲和孟玉楼到李瓶
儿处商量摆酒席赏雪，李瓶儿还未起床，潘金莲伸手进被窝摸
到一个熏被子的银香球，便调侃说："李大姐生了蛋了。"这个
银香球即银制的"被中香炉"，是用于熏被褥的球形小炉。无论
在被子中如何翻滚，其周围的环形支架都能使香炉口朝上，保
持水平，避免炭火倒出。卧褥香炉早在西汉就已出现，其原理
与陀螺仪类似。《西游记》记载了女儿国女王出宫时，国中众人
焚香迎接的场景。女王传旨摆驾，与三藏同登凤辇出西城，满
城中百姓"盏添净水，炉降真香"，既看女王銮驾，也看御弟
男身。在比丘国，唐僧告辞时，国王命摆銮驾，送唐僧出朝，
六街三市百姓同样"盏添净水，炉降真香"，送唐僧出城。《西
游记》中的这些描写虽有戏说成分，但在明代，降真香确实是
皇室宗教活动的必需品，也是赏赐亲信大臣、笼络塞外部落的
重要工具。按照道教说法，东青龙、西白虎，北方守护神是真

武大帝。传说真武大帝最初在武当山修炼，功成升天，镇守北方。永乐帝在帝位竞争获胜后，决定在武当山大兴土木，重建庙宇以奉祀真武大帝。在永乐帝主持下，二十余万工匠在武当山修建宫观三十六处，历时十二年。永乐十二年（1414），武当山工程竣工。永乐帝一次就赐下"祀神降真香一万一百二十三斤，宿香三千七百二十五斤，香油二万二千五百一十二斤，黄蜡九百二十四斤"。武当山各宫观的道士频繁焚烧各类香料，上为皇帝祝延圣寿，下为天下苍生祈福。在明代诸多道教、佛教名山中，武当山地位独尊，成为皇室家庙。永乐帝之后，每逢重大斋醮活动，朝廷都会大量赏赐，其中就包括降真香。武当山各道观日常使用的降真香数量可观，每年超过万斤，皇室会不时赏赐以满足其需求。降真香也是朝廷笼络朝中大臣及地方势力的工具。隆庆帝、万历帝时期，边防整饬，军事力量增强，迫使俺答汗与明廷修好。万历九年（1581）十二月，归顺的俺答汗去世，其妻三娘子仍有一定权力，被封为"忠顺夫人"。万历十年三月，朝廷派游击沈栋前往归化城祭拜，携带降真香七炷。三娘子及儿子黄台吉率众多手下迎接，并望阙叩头谢恩。

依照会典，朝廷重要大臣去世后，均会赐降真香备祭。兵部尚书张希武去世后，按一品官祭葬标准："猪一口，羊一羟，馒首一分，粉汤，五色案酒，五盘果子，五色凤鸡一只，煠骨一块，酥饼酥锭各四个，煠鱼一尾，鸡汤一分，鱼汤一分，降真香一炷，烛一对，焚祝帛一百张，酒二瓶。"降真香的普及与流行，促使造假工艺日益发达。明英宗天顺年间，皇太后丧礼，民间进香者采购的多为假降真香。奸商售卖假降真香，锦衣卫得知后出动，抓捕奸商及购买者，罚以真香二十炷。对于明皇室而言，因对真武大帝的推崇以及对修仙的热衷，降真香成为宫廷必备之物。到了清代，皇帝对道教的热衷程度降低，宫廷中降真香少见，甚至隐约有些排斥。康熙年间，安南国王进贡各类贡物，康熙批示："嗣后免其进白绢、降真香、白水香、中黑线香等物。"清代官方记载中，降真香的身影逐渐消失。不过，修仙的热衷者们在修仙过程中仍少不了降真香。此时，降真香已不只是南海特产，内陆陕西也有产出，只是香气不够浓郁。降真香在古代中国地位特殊，带有浓厚的道教色彩，深受修仙者喜爱。其焚烧时的香气被视为沟通仙界的媒介，从皇室到普通修道者都对其趋之若鹜。降真香焚起，古鼎中孤烟缥缈，让人在半醉半醒、偷得浮生闲的假寐状态中，忘却万虑。

饕餮之欲：胡椒与辣椒

　　人们对美食的追求永不停歇，味蕾对刺激的渴望，让一些来自偏远地区的香料出现在中国人的餐桌上。在胡椒、辣椒传入之前，中国人用"辛"来表达对辣味的认知。据《吕氏春秋》记载："调和之事，必以甘、酸、苦、辛、咸。"当时，花椒、姜、茱萸是民间常用的辛辣调料，被称为"三香"。花椒位居"三香"之首，是最早被使用的辛辣调料。屈原的《九歌》中就记载了花椒泡醋的饮食习俗。三国时期陆玑的《诗疏》提到，蜀人作茶、吴人作茗时，都会放入花椒煮饮。姜的使用历史同样悠久，《吕氏春秋》中有"阳朴之姜"的记载。食茱萸中的小白点，蜀人称之为"艾子"。汉晋时期，蜀人将艾子捣碎取汁用于烹调菜肴，味道辛辣。宋代时，四川人喝酒会投入一粒"艾子"，瞬间香满盂盏。不过，花椒、姜、茱萸虽有辛辣

味，但与胡椒相比，辣度稍逊一筹。胡椒原产于印度、东南亚，
其确切传入中国的时间已难以考证。晋代《博物志》中记载了
胡椒酒的制作方法，由此可见，胡椒传入中国的时间不晚于晋
代。胡椒刚传入时，被视作良药。葛洪在《肘后备急方》中记
载："孙真人治霍乱，以胡椒三四十粒，以饮吞之。"这可谓是
良药辣口。胡椒分为黑胡椒和白胡椒。将采下的鲜果堆积发酵，
或用滚水浸泡数分钟，使其颜色发黑，再晒干，就制成了黑胡
椒；把摘下的胡椒鲜果放在布袋中，在流水中浸泡几日，让外
皮腐烂，然后用清水冲去果皮，晒干后即为白胡椒。干胡椒磨
成粉，就是胡椒粉。胡椒传入中国后，其浓郁的香味和醇厚的
辣劲，立刻让中国人的味蕾活跃起来。在中国古代，胡椒属于
奢侈品。唐代时，胡椒被当作珍稀药物，仅在"胡盘肉食"中
使用。权臣元载失势后，家产被抄没，竟"得胡椒九百石"。宋
元时期，胡椒依赖进口，价格昂贵，仅供上层社会享用。南宋
绍兴二十六年（1156），三佛济国一次进贡胡椒万斤。元代时，
马可·波罗在其游记中提到，杭州每日食用胡椒四十四担，每
担价值二百二十三镑。当中世纪的欧洲人用胡椒烹制大块肉类

时，东方的清雅之士已将漂洋过海而来的胡椒，演绎出多种富有格调的食用方法。可以在茶中加入胡椒，让茶香与胡椒香交织，勾起食欲，后世的茶叶蛋或许就源于此。胡椒还可用来煮酒，甜酒中融入辣香，别具风味。食用胡椒成为身份和高品质生活的象征，士人或土豪出门，身上都要沾染些品尝胡椒后留下的香味。据说，今日阿拉伯的王子们会喷一种类似胡椒味的香水，殊不知千年前中国人就已如此。明代，通过朝贡贸易，中国获得了包括胡椒在内的各类所需物品。由于明王朝秉持"厚往薄来"的政策，朝贡国能获取高额利润，因此对朝贡极为积极。在苏门答腊，一百斤胡椒不过值银一两，运到中国后却能卖到二十两的高价。尽管大明王朝规定三年一贡或一年一贡，但受利润驱使，各国仍频繁派遣使团来华朝贡并开展贸易。朝贡物品中，香料占比居多，如洪武十一年（1378），彭亨国王的贡物中有胡椒两千斤、苏木四千斤等；洪武十五年（1382），爪哇的贡物有胡椒七万五千斤。来华使团还可携带私人物品，这些物品或由朝廷作价收购，或在市场上进行交易。郑和下西洋的主要目的之一便是采办香料。如柯枝国"土无他产，只出胡

椒，人多置园圃种椒为业"，苏门答腊国"胡椒广产"。在一些
蛮荒之地，当地土著不知香料的价值，郑和便亲自带队进山采
集。靠近满剌加国（马来西亚）的热带雨林盛产沉香，但当地
民众不识其为天价香料。永乐七年，郑和派人进山采得沉香六
株，这些沉香香清味远，黑花细纹，极为罕见。由于各国频繁
进贡，香料堆积如山，皇帝便将香料赏赐给臣子，或用以抵充
官俸。永乐十三年（1415），朝廷将胡椒折算为布匹，赏赐给
驻京各卫军士，绢一匹折胡椒四两，布一匹折胡椒三两。永乐
二十二年（1424），赏赐给汉王、赵王、晋王各胡椒五千斤、苏
木五千斤。明仁宗洪熙元年（1425），确定了赏赐标准："旗军
校尉将军力士等胡椒一斤、苏木二斤。"明初，胡椒一度被视
为与人参等价，官商往来时，一斤胡椒便是厚礼。胡椒因其保
值特性，被权贵之家囤积。太监钱宁被查抄家产时，搜出胡椒
数千石。《金瓶梅》中，西门庆盖房子，李瓶儿拿出自己藏着
的四十斤沉香、二十斤白碧、两罐子水银、八十斤胡椒卖钱，
帮他凑钱盖房。香料贸易的巨额利润，吸引了民间冒险者从事
走私贸易，"湖海大姓私造海船，岁出诸番市易"。成化十四年

（1478），江西商人方敏三兄弟采购一批瓷器到广州贩卖，遇到广东商人陈佑等人，几人合谋进行走私贸易。出海后，他们换回大批胡椒、沉香、乌木等香料，结果被朝廷截获。为了进行贸易，一些走私者冒充官方使臣，前往东南亚各国交易。明宪宗年间，福建商人邱弘敏带领手下出海，自称朝廷使臣，拜见海外他国国王，并让妻子谒见国王夫人，获得许多珍宝后返回。受香料暴利诱惑，官员们也利用出使机会，私下携带货物回国贩卖。负责稽查走私的沿海诸军，更是与驻地附近的子弟一同走私，"假名公差，阴实为盗"。中国走私者冒充朝廷使臣，东南亚各国的走私者也不甘示弱，冒充使臣来华者不在少数。洪武七年（1374），就有暹罗商人冒充贡使团，企图高价卖出香料，不过被明王朝识破，未能得逞。到了明代后期，朝廷在一些沿海城市放松管控，使香料贸易合法化，同时征收重税以弥补国库空虚。据推算，每年运往中国的胡椒达五万袋，重两千吨，苏木每年进口量多达三百吨。福建漳州香料堆积，以至于"香尘载道，玉屑盈衢"。利玛窦在中国观察到，胡椒等物品从他国进口，随着进口数量增多，价格逐渐下跌。香料大量涌入，使这些曾经的珍稀物品进入寻常百姓家，也有人因贩卖香料致富。永乐年间，各国朝贡使团频繁来华，香料积压严重。一些有商业头脑的人抓住机遇，将香料推广到平民市场，依靠广大平民消费而发财。此时，胡椒已被广泛食用，不仅宫廷、官吏阶层食用，普通平民也普遍食用，"胡椒今遍中国食之，为日用之物也"。在烹调鱼肉等食材时，胡椒被大量用于去腥。明代书籍对胡椒的用法有较多介绍，《遵生八笺》中就记载了使用胡椒的菜肴。"蟹生"这道菜，将生蟹剁碎，把麻油熬熟后冷却，先加入胡椒、花椒末、茴香、砂仁等，再加入葱、盐、醋，共十味，拌匀后即可食用。"酒发鱼法"，将大鲫鱼去鱼鳞、除肠胃，不用水清洗，用布抹干，每斤鱼用神曲一两、红曲一两，拌炒盐二两，胡椒、茴香、川椒、乾干各一两，拌匀后装入鱼腹，然后装入坛中用泥封好。在明人眼中，胡椒具有药用价值，可治愈疾病。《本草纲目》认为胡椒"实气，味辛，大温，无毒"。李时珍列举了胡椒的诸多药用功效，如治疗霍乱、牙痛、心腹痛、冷气上冲等，甚至认为其可以壮肾气。明人还开发出胡椒的军事用途，类似于现代的催泪瓦斯，有"贼点头"等多种名目。"贼点头"是将胡椒等物装入竹筒制成，临阵时百枚齐发，"贼着此药，眼即立瞎，喷嚏不已，何暇对敌，可不战而擒矣"。中世纪欧洲，有钱人被称为"胡椒袋子"，穷人则被轻蔑地形容为"他没有胡椒"。胡椒高昂的价格，促使葡萄牙人前往东方探险。1499 年，达·伽马探险队的剩余船只返回里斯本，传言船上装有大量胡椒，当日里斯本的胡椒价格暴跌一半，经营胡椒的商人纷纷破产，引发了"对胡椒的诅咒"。欧洲其他城市，如威尼斯等，胡椒价格也大幅下跌。哥伦布在南美发现辣椒时，曾一度将其视为"印度胡椒"，但辣椒终究不是胡椒。当价格低廉、味道浓烈且适应性更强的辣椒出现后，胡椒从调味品之王的宝座上跌落。明代后期，大约在 16 世纪末，辣椒开始传入中国。对辣椒的最早记载见于《遵生八笺》："番椒，丛生，白花，子俨秃笔头，味辣，色红。"徐光启的《农政全书》也记载："番椒，亦名秦椒。色红鲜可观，味甚辣。"初期，辣椒因其花而受到重视，被当作观赏植物栽种，不久后出现了中国第一个吃辣椒的人。在一声惊呼中，一种全新的、刺激的食物被发现。辣椒在明末传入中国后，迅速在各地种植。辣椒具有良好的生态适应性，对气候、土壤、日照要求不高，抗旱能力较强，在中国绝大部分地区都能种植并获得不错的收成。与辣椒相比，花椒、姜、茱萸等传统香料的辛辣程度有所不及。辣椒中含有辣椒素，"其味最辣"，能刺激唾液分泌，增进食欲，成为新的辣味之王。辣椒可能从墨西哥传入吕宋，再传至中国，最早传入的地点应是浙江、福建等沿海地区。在大航海时代，吕宋是中西方贸易的重要中转站，有大批华人在此聚集经商。在频繁的贸易往来中，南美作物被华人带入中国。正因辣椒从海路传入，至今四川、贵州仍称辣椒为"海椒"。辣椒的引入，改变了原先"甘、酸、苦、辛、咸"的五味格局，辣取代了辛，组成了新的五味谱。随着辣椒的普及，花椒之类在中国人食谱中的比例开始下降。

独有花椒红烂漫

明人马中锡曾作诗云："姜桂老逾辣，椒兰枯乃香。"在胡椒和辣椒传入中国之前，花椒、姜、茱萸是民间主要的辛辣味调料，被合称为"三香"。其中，花椒以四川地区所产的品质最为上乘。在四川那些山多且杂石林立的地方，民间普遍将种植花椒作为主要产业。古人行走在四川的山道上，常常能看到漫山遍野都盛开着花椒花，家家户户的园子都被花椒装点得红红火火。在过去香味相对匮乏的年代，花椒的香气常与佳人联系在一起。然而，由于花椒味道辛辣，绝代佳人自然不会用它来熏染身体。不过，古人在住宅中使用花椒却是较为常见的现象。据《楚辞》记载，湘君用香木修筑了一座华美的殿堂，用以等待湘夫人的到来。这座殿堂的墙壁便是用花椒粉刷而成，正所谓"播芳椒兮成堂"。西施与郑旦被送往吴国后，夫差大喜，特意为这两位美人修建了"椒华之房"供她们居住。所谓"椒华之房"，就是用花椒和泥来粉刷墙壁，使整个屋子散发出独特的香气。用花椒粉饰华堂，既利用了它的辛香来驱赶蚊虫，同时也是身份地位的象征。到了汉代，未央宫中皇后居住的宫殿也被称作"椒房"。如此称呼，取的是花椒"蕃实之义也"，寓意多子多福。"椒房深似海"，但世人对权势富贵的渴望之心却更为深沉。《梦林玄解》中提到："花椒大吉，占曰椒气芬芳，女人梦此，贵在椒房。"进入椒房，成为众多名门望族女子梦寐以求的事情。然而，虽然梦到花椒的人很多，但真正能够进入椒房的人却寥寥无几。明代戏曲《怀香记》第六出"绣阁怀春"中，贴旦（女二号）唱道："小姐是阆苑奇花，椒房贵戚，怕没佳配？"剧中女一号有姐妹三人，"大姐呵，已去作王妃。二姐呵，太子将婚媾"。对于这三妹，整个家族寄予了更高的期望，盼望着她能成为"椒房贵戚"。花椒不仅位居"三香"之首，也是中国历史上较早被使用的辛辣调料。屈原的《九歌》中就记载了花椒泡醋的饮食习俗。《诗经》里也有"有椒其馨，胡考之宁"的记载，意思是花椒气味芬芳，用花椒酒献祭祖先，能够得到祖先的庇佑，让人安宁长寿。在先秦两汉时期，花椒常被用于酿酒，以花椒酿成的酒被称为"椒酒"或"椒浆"。《楚辞·九歌》中描述："瑶席兮玉瑱，盍将把兮琼芳。蕙肴蒸兮兰藉，奠桂酒兮椒浆。"描绘的是在装饰精美的祭桌上，摆放着色泽如玉的芳草，进献给东皇的祭品用蕙草包裹，下面垫着兰草，桌上还摆放着桂花酒和花椒酒。在酒香与椒香的缭绕中，庄重的祭祀仪式就此开始。椒浆在祭祀活动中扮演着引神、降神、飨神的重要角色。在后世，椒浆酒也常常被用于祭祀场合。明代周绍亚在朱仙镇岳王祠祭奠时，就用到了椒浆，"我今谒庙瞻遗像，痛挹椒浆奠一杯"。此外，正月饮用椒酒很早就成为一种民俗。在正月里饮上一杯椒酒，其中寄托着人们除旧迎新、身体健康的美好祈愿，正如诗句"周历无算始何年，我于其中得渺漠。一番椒酒百窍新，三尺童身只如昨"所表达的那样。古人还会将花椒的嫩叶混入茶叶中一起煮沸饮用。"椒树似茱萸，有针刺，坚而滑泽。蜀人做茶，吴人作茗，皆和煮其叶为香。"用花椒叶煮出来的茶，因其具有辛香味道，可称为"椒茶"。不过，随着茶叶的逐渐普及，花椒作为饮品的地位开始下降。即便如此，花椒的芳香特质使其始终被应用于各种饮品之中。"开门七件事，油、盐、酱、豉、姜、椒、茶"，花椒与擂茶紧密相连。宋代杭州的茶肆，会用名人字画来装饰店面，四季售卖奇茶异汤。到了冬天，还会额外添卖七宝擂茶、馓子葱茶，或者盐豉汤。七宝擂茶中，必定会用到花椒这一味调料。擂茶在贵州、湖南的一些地区颇为流行，当地饮用擂茶时，会将茶芽与花椒、鸡苏（龙脑薄荷）、芝麻等研碎，再加入胡桃肉一同饮用。黄庭坚所说的"鸡苏胡麻留渴羌，不应乱我官焙香"，指的就是这种擂茶。擂茶融合了茶叶及各种香料、食物，既能解渴又能充饥，还具有祛病健体的功效，至今仍深受贵州、湖南一带人们的喜爱。在这些流行擂茶的地区，人们依旧习惯说"做点茶来吃"。在青藏高原，人们煮酥油茶时，常常会放入一些花椒，以去除其中的腥膻之气。毗邻青藏高原的桃岷地区，人们会将酥油、牛羊乳、湖茶、花椒、草果等一起煎熬后饮用，称之为"油茶"，这是当地人每日必不可少的饮品。尽管加入了花椒，但油茶依旧油腻感十足。明代毕自严担任桃岷兵备参政时，初到此地，感觉碗盏器具都充满腥膻味，过了很长时间才逐渐习惯。此地的茶叶从内地辗转运来，从事茶叶贸易的商人虽然能够获取暴利，但官方会抽取一半的利润。这些茶叶主要产自四川湖广一带，味道浓重且颜色发黑，用竹筒盛放，"长约三尺，谓之一篦。本地价值七八钱，每茶十篦，可易一马"。明代时，花椒还是西南地区土著向中央朝廷进贡的物品之一。占据西南一方的土著在归顺中央朝廷时，需要献上各种礼物，其中就包括花椒。例如白草降番靴保罗哲等人愿意归顺大明王朝，各寨对天盟誓，永为大明子民。每年他们共认折粮黄蜡二百二十斤，花椒一百五十七斤，茶一百九十三斤，皮二十四张。花椒果实繁多且辛香扑鼻，《周颂》中有"椒其馨"的描述，《荀子》中也提到"椒兰芬苾，所以养鼻也"，可见古人很早就开始将花椒作为调味品使用。花椒的辛香之气能够去除鱼肉等食材的腥味，使肉质更加细腻鲜美，因而深受古人喜爱。金秋十月，是螃蟹最为肥美的时节，如今苏州阳澄湖一带的大闸蟹备受美食爱好者的追捧。但如今螃蟹的吃法相对简单，大多是将大闸蟹捆绑后置于蒸笼上蒸熟即可。而在明代，吃蟹的方法可谓五花八门。以蒸蟹肉为例，先将熟蟹的肉剔出，加入少许花椒拌匀。接着在蒸笼底部铺上粉皮，再铺上干荷叶，荷叶上放置蟹肉粉。然后将盐放入鸡蛋中搅拌均匀，浇在蟹肉上，鸡蛋上再铺上蟹膏。如此层层叠叠，粉皮、荷叶、蟹肉、鸡蛋、蟹膏相互搭配，其美味程度可想而知。蒸蟹时以鸡蛋熟透为标准，冷却后切块。被剔出肉的蟹壳也有其他用途，可以用来熬汁，将生姜捣碎后与花椒搅拌，倒入蟹壳汁中作为调料。这道蒸蟹肉工序复杂，即便在今天，恐怕连资深的美食家也很少会烹制这样的美味。吴地如今有一种美味叫作酒蟹，做法是将活螃蟹放入酒中，加入各种调料，放置一段时间，待酒味渗入蟹肉后即可食用，被视为人间极品美味。古人也会制作酒蟹食用，在十月螃蟹肥壮时，挑选十斤螃蟹，洗净后放在竹篮中，挂在风口吹上一日或半日。然后准备好酒五斤，加入盐和矾，将螃蟹放入酒中浸泡一段时间后取出，此时要在每只螃蟹的脐内放入一粒干花椒。接着将所有螃蟹放入瓷瓶，在最上面撒上花椒，然后封好坛口。放置一段时间后，酒蟹就可以食用了。不过，酒蟹腌好后取用时有个忌讳，就是不能见灯。相传如果见灯，蟹黄和蟹油就会发"沙"，即不凝固，口感变差。苏州人喜爱吃酒蟹，但有些人却觉得腥味太重难以入口。或许像古人那样，掀开蟹壳放入一枚干花椒，情况会有所改善？酒蟹的制作虽然复杂，但用花椒烧制猪头肉却简单易行。二十多年前，猪头肉还是春节必备的食物。春节腌制猪头肉时，总少不了撒上一把花椒。然而到了今天，很少有家庭会腌制猪头肉了，腌猪头肉逐渐成为人们童年的回忆。古人煮猪头肉的过程十分讲究。明初美食家倪云林记录了猪头肉的两种烹制方法，一种是切碎煮，先将猪头肉切成大块，放入砂锅内，加入水、酒、盐、长段葱白、花椒等，用重汤炖上一宿。另一种是整个煮，先以草柴火熏去猪毛，刮洗干净后，用白汤煮，其间连换五次汤，均不放盐。取出冷却后，将猪头肉切成柳叶片状，放入长段葱丝、韭、笋丝等，再用花椒、杏仁、芝麻、盐拌匀，洒上少许酒，用饼卷着吃。花椒不仅可以用来炖肉，而且也能用于炒菜。炒菜在宋代还不是很流行，但到了明代，炒菜已成为家庭日常必备。明代《遵生八笺》中有许多关于花椒入炒菜的记载，比如炒腰子，先将猪腰子切开，剔除白膜切成丝，在猪腰子背面划上花刀。放入滚水中略微焯一下，捞出后放入油锅爆炒，加入葱花、芫荽、蒜片、椒姜、酱汁、酒醋等小料，快速烹炒后即可出锅。再如炒羊肚儿，先将羊肚洗净切成细条，准备好大滚汤锅和热油锅。先将羊肚放入汤锅中，用笊篱焯一下，迅速放入油锅内翻炒。快熟时，加入葱花、蒜片、花椒、茴香、酱油、酒醋调匀，快速烹炒后出锅，这样炒出的羊肚香脆可口。如果出锅稍慢，羊肚就会像硬皮条一样难吃。"蒸豚揾蒜酱，灸鸭点椒盐"，将花椒烘焙研末后与食盐同炒制成"椒盐"，可用于烹调各种美食，像椒盐排骨、椒盐鸡翼、椒盐酥鸭等。花椒的广泛使用，导致一些厨艺欠佳的厨师只会在食物中大量添加花椒来获取香味。明代谢肇淛在《五杂俎》中讽刺道："庖之拙者则椒料多，匠之拙者则箍钉多。"花椒在肉类烹饪中应用广泛，水煠肉、清蒸肉等菜肴中都能见到它的身影。水煠肉又名擘烧，做法是将猪肉生切成二指大小的长条，用香油、甜酱、花椒、茴香拌匀。在锅内放入猪油熬熟，再将一碗香油、一碗水、一大碗酒、一小碗下料与猪肉拌匀后放入锅中，盖上盖子焖煮，肉酥后即可起锅食用。这种烹制猪肉的方式，在如今的许多地方仍能见到。江苏如皋有一种烧肉方式与此类似，将整块猪肉切成长条，放入碗中，在锅中焖烧，入口滑腻香美。不仅鱼肉等大菜离不开花椒，在素菜的烹调中也能闻到花椒的辛香。无锡的倪元林，会取用莴苣心，保留少许叶子，每棵切成两段，放入碗内，再用乳饼切成厚片，盖满在菜上，将花椒末放在手心揉碎后撒上，注意花椒不要撒得太多。接着加入醇酒、盐，将碗浇满，上笼蒸熟后即可食用。此外，在酿制美酒时也会用到花椒。例如建昌红酒，在酿制时，先将花椒煮沸后放入红曲中一起酿酒。当然，也可以直接将花椒浸泡在酒中饮用。花椒入酒具有驱除风寒、化瘀通络等功效。关于花椒入酒的故事众多，如"勺椒浆灵已醉"之类，在此就不一一赘述了。明代中央设立国子监，地方设立府、州、县学，均由国家供养。地方上成绩优秀的秀才，有机会被推荐到国子监读书。花椒也是国家配给的物品之一。明代应天府的监生，每人每天供给三钱花椒，每人每日还有三分盐、五分酱，每月提供一细桶醋。每三天能吃到一次肉，此外还有夜诵所用的灯油等。花椒作为中国本土所产的香料，在烹调中被广泛应用。尽管后世胡椒、辣椒相继传入，但花椒在香料家族中的地位并未被动摇。如今，胡椒、辣椒、花椒并称为"川味三辣"，在各类川菜中，常常能闻到花椒的辛辣香味。不过在南方，花椒的使用相对较少，在江苏地区，更是很少能看到花椒入菜的情况。有时候家中买了花椒，放置很长时间都没用，最后就用纱布包起来扔进米缸里，用来防止米虫。如此一来，煮出的米饭隐约还会带有花椒的香气。历史上，花椒的用途极为广泛，不仅可以用作装饰材料刷墙，还能用来泡酒、泡茶，甚至在打仗时可用来熬制见血封喉的毒药，下毒时也能用它来掩盖气味，烧鱼肉时放入几粒花椒还能去腥等，堪称"百用花椒"。在中医领域，花椒也是常见的药材，具有多种功效。历经岁月变迁，花椒至今仍在中国人的日常生活中频繁使用，它的辛香调剂着人们丰富多彩的生活。

媚药第一龙涎香

龙涎香在中国历史上出现时间较晚，直至唐代才有正式记载。唐人所著《酉阳杂俎》记载："拨拔力国，在西南海中，不食五谷，食肉而已。唯有象牙及阿末香。"当时龙涎香被称作"阿末香"，在阿拉伯语中，"阿末"意为鲸鱼。中国使用的龙涎香主要源自东南亚地区。锡兰山国（今斯里兰卡），从苏门答腊顺风航行十二昼夜可达。该国地域广阔、人口稠密，气候常年炎热，民俗富庶，米谷充足，盛产宝石、珍珠、龙涎香、乳香等。因其为岛国，故而得名"锡兰山"。溜山洋国即今日的马尔代夫群岛，"溜山洋"指处于激流中的小岛，其所在海洋被称为溜洋。郑和下西洋时曾两次抵达溜山洋国，"自锡兰山别罗里南去，顺风七昼夜可至。捕溜洋大鱼，作块晒干以代粮食，男子拳发穿短衫围梢布，风俗嚣强，地产龙涎香"。卜剌哇国，从锡兰山往南，乘船二十一昼夜可到。此地无田，世代以耕种捕鱼为生，农作物有葱蒜，但无瓜茄，盛产乳香、龙涎香、象牙、骆驼。从出产象牙、骆驼等特征判断，该国应位于今也门一带。明代小说《西洋记》描绘郑和下西洋，各国纷纷遣使来华纳贡，礼品中有不少名贵香料。如吉慈尼国元帅进贡龙涎香五十斤，溜山洋国元帅进贡降真香十石、龙涎香五石，且称"龙涎香五石，其香最佳，价与银同"，柯枝国元帅献上胡椒一百石、龙涎香五百斤。但在历史上，龙涎香进贡量通常不大。清康熙年间，南洋使团入贡，以龙涎香为上品，"在彼国每两直金钱十二枚。每贡不过一斤"。龙涎香与麝香、灵猫香、海狸香并称为四大动物香料。因其极为稀缺，价格高昂。宋人记载："龙涎如胶，每两与金等，舟人得之则巨富矣。"古人将龙涎香分为三种："泛水"，漂浮于水面，由随鲸鱼出没的渔民当场获取，被视为上品；"渗沙"，被海浪冲上岸落在沙中，当时人认为其香气渗漏于沙中，属中品；"鱼食"，分为可干枯使用的吐出物和不能用的"粪者"，被视为下品。实际上，当时人们已认识到龙涎香是鲸鱼排泄物，只是其香气迷人，难以与排泄物联系起来。在中国历史上，使用动物粪便作为药材香料的情况屡见不鲜，还赋予了许多典雅的名字，如鼯鼠粪便称"五灵脂"，蝙蝠粪便称"夜明砂"，野兔干燥粪便称"望月砂"，经密闭煅烧炭化的野猪粪称"黑冰片"，干牛粪称"百草灵"。明朝厉行海禁，主要禁止民间贸易，官方朝贡贸易照常进行。同时，明朝也与东南亚各国交往，对各国风土人情记载较多，各国特产多为香料。明代禁止民间与海外私下贸易"番香"，因其为宫廷特供，广州一带因既有香料出产又有大量进口，受到特别限制。洪武二十六年颁布《禁用番香货》令，禁止海外香料贸易，从事贸易者限三个月销尽，规定"民间祷祀，止用松柏枫桃诸香"，违者重罚，两广所产香料也不许自用及越岭售卖，以防混杂番香。朱元璋不喜香料，然而后世子孙却热衷于此，不惜举国之力获取龙涎香等香料。《儒林外史》描绘皇帝上朝时焚龙涎香，而在历史上，皇帝对龙涎香的热衷不止于此。明代嘉靖帝崇信道教，对龙涎香有特殊需求，用于道教道场活动"斋醮"。斋醮是道教仪式，"烧香行道，忏罪谢愆，则谓之斋。延真降圣，乞恩请福，则谓之醮"。嘉靖帝登基后频繁举行宗教活动，既有为公的祈雨、祭告天地等，也有求神灵保佑自己得子嗣、延寿的私心。为感动上苍，不惜挥霍千金，"每一举醮，无论他费，即赤金亦至数千两"。嘉靖帝命户部采购龙涎香，梁材却不上心，仅令各地官员寻访，还称《大明会典》无采用龙涎香的记录，潜台词为使用龙涎香不合礼制。嘉靖帝大怒，指责梁材欺怠，将其去职闲住，梁材不久去世。继任的户部尚书孙应奎不敢怠慢，限各地官员进贡龙涎香，否则处分。这一举措导致官场鸡飞狗跳，一些清廉官员被清理，如王杲因采购不力被官场敌手陷害，"逮下诏狱，谪戍雷州，卒于贬所"。嘉靖二十九年秋，蒙古俺答汗进犯，明军战败，京师戒严。嘉靖三十年，嘉靖帝命户部进银五万采购龙涎香，用于太庙祭祀，祈求祖宗保佑消灭鞑虏，同时保佑自己早登仙道。此后十几年，龙涎香仍供不应求。嘉靖帝想起梁材"载籍不纪"的话，以《永乐大典》中有龙涎香记载反驳，实则梁材说的是《大明会典》。嘉靖三十四年五月，嘉靖帝命户部派人到沿海通番地方访求龙涎香，这给行骗者创造了机会。麻城人吴尚尧诈称是陶仲文专员，伪造文书，前往云南定远县索要龙涎香。地方官员虽觉偏远小县无此物，但不敢抗命，民夫从石缝中取出两物，吴尚尧称是龙涎香。因二物有鳞甲令人畏惧，地方大员纷纷拜服并馈赠厚礼，连黔国公也厚赂之。事情败露后，吴尚尧被处斩刑。同年，皇帝要求户部采购龙涎香百斤，广东悬赏每斤价银一千二百两，仅买到十一两，且经鉴定为假货。五月，因"访采龙涎香十余年尚未获"，嘉靖帝命户部派人到沿海与洋人接触购买。特派员到广州后，得知葡萄牙囚犯有龙涎香一两三钱，紧急征用进献皇帝。澳门的葡萄牙人得知消息后，以龙涎香为筹码，与大明官员交涉，企图解救被关押的葡萄牙人并获取特殊待遇。不久，山夷献出六两白褐色龙涎香，经询问得知黑色采自海上，白色采于山中，均为真品。之后又采购到十七两二钱五分，经鉴定为真。因皇帝急需，龙涎香价格暴涨，来华贸易商船多带龙涎香，一两价百金。嘉靖三十六年七月，福建进贡龙涎香十六两，广东进贡十九两有余。此前派往福建、广东采购的主事王建建议，外国船只进入沿海城市贸易，须先投纳龙涎香，户部采纳并在沿海推行。到嘉靖四十年，宫内积存龙涎香二十余斤，嘉靖帝满心欢喜，认为既可用于祭祀又可日常使用，长生不老梦寄托于此。

然而，嘉靖四十年冬，永寿宫突发大火，龙涎香被烧光。原来，嘉靖二十一年发生"壬寅宫变"，十几个宫女企图勒死嘉靖帝，原因可能是嘉靖帝为制作春药红铅，采取少女月经，还让宫女服用催经汤药，宫女长期受压怀恨在心。宫变后嘉靖帝搬入永寿宫居住二十年，并将珍稀宝物藏于此处。此次火灾因嘉靖帝与尚美人在貂帐中试放小烟火引发，事后嘉靖帝依旧宠幸尚美人。龙涎香被烧光后，嘉靖帝逼迫户部采购，户部派人到福建、广东，同时严令商人不得抬高龙涎香价格。虽采购龙涎香进展不大，但采购到沉香、海香各二百斤及其他杂香。嘉靖四十年八月，户部尚书高耀进献龙涎香八两，嘉靖帝大喜，赏银七百六十两，加封其为太子少保。原来高耀是趁去年大火宫中有人偷得龙涎香，此次嘉靖帝索要甚急，他"阴使人以重价购之"，时人感叹"盖内外之相为欺蔽"。嘉靖四十四年，嘉靖帝临近六十大寿，急需大量龙涎香，但四年仅得三四斤。二月七日，嘉靖帝教训内阁，要求用心寻访，警告首相徐阶不要学梁材推脱。徐阶表态请广东、福建官员千方百计采购，嘉靖帝满意并再三警告。最终所得龙涎香甚少，毕竟龙涎香为自然生成，强求违背自然之道，即便天子需求、赏以天价，也难以如愿。嘉靖四十四年八月初八，皇帝万寿圣节，在朝天宫斋醮三昼夜，此次所用龙涎香想必不少。嘉靖帝之后，万历帝同样追捧龙涎香。万历二十九年，王林亨在广东时，广州官府库中的数两龙涎香被矿税使征走进呈皇帝。王临亨称"余闻是香气腥，殊不可近，有言媚药中，此为第一者"，道出皇帝追求龙涎香的真相。除皇帝外，民间也追捧龙涎香。在春寒细雨的小园，焚龙涎香可清心静气、感悟禅意，如明人《焚龙涎香》诗云："夜静香烟入杳冥，草堂犹似带龙腥。不知何处鸣孤鹤，飞下窗前听道经。"修道之人独坐草堂，焚带腥味的龙涎香，营造出的道家意境为士人所欣赏。《拍案惊奇》中，冯相读到陶渊明诗句后，取龙涎香焚于博山炉，迭膝瞑目，顿觉神清气和，肢体舒畅。

檀车煌煌非檀香

　　檀香种类丰富，在古人记载里，主要有白檀、黄檀、紫檀等。"皮质而色黄者为黄檀，皮洁而色白者为白檀，皮腐而紫者为紫檀"，又有"皮在而色黄者谓之黄檀，皮腐而色紫者谓之紫檀，气味大率相类，而紫者差胜"的描述。早在《诗经》中就有伐檀的记载，如"坎坎伐檀兮，置之河之干兮"以及"檀车煌煌"等，但《诗经》里的檀并非紫檀，而是生长于中国北方的榆科植物青檀。值得留意的是，中国古代习惯将坚硬的树木称作檀，像黄檀、白檀等，有"檀，强韧之木""檀，皮青滑泽，材强韧"的说法。据《圣贤冢墓记》记载，孔子的冢茔中有数百棵树，皆是珍异品种，当地无人能识别。后人传言孔子有来自异国的弟子，将其本国的树带来栽种，其中就有"鬼檀之树"。鬼是檀木的别名，孔子墓地中的檀木实则为白檀，即

"雟檀即白檀"，"孔子墓有之，善木也"。白檀属于落叶灌木或小乔木，在广西、湖南被叫作碎米子树、黑果子树，湖北称其为檀树，福建则称乌子树。白檀在中国南方广泛种植，具有一定药用价值。据《本草纲目》记载："白檀辛温，气氛之药也。紫檀咸寒，血分之药也。"《博物要览》也提到："江淮河朔所生檀木，即其类，但不香耳。"如今，白檀并非紫檀这一点已无争议，然而，关于何处所产才是真正的紫檀，学界仍存在诸多争议。檀香别称多样，如旃檀、真檀、震檀，其读音源于梵文"Chandana"。竺法真《登罗山疏》称："旃檀，出外国。"印度作为紫檀的产地，紫檀的使用颇为普遍，"印度之人，身涂诸香，所谓旃檀、郁金也"，以香涂身可消除体臭或热恼。《毗尼母经》卷五中也提到："天竺土法，贵胜男女皆和种种好香，用涂其身，上着妙服。"当代部分学者认为紫檀主要源自印度，国家认定标准也将紫檀确定为印度南部所产。紫檀树生长周期漫长，需成百上千年，且成材率极低，有"十檀九空"的说法。这是因为紫檀树含有紫檀素，深受昆虫喜爱，在热带雨林中，昆虫蛀食紫檀为生，加之生长周期长，导致紫檀内芯腐烂，最终形成

"十檀九空"的现象。紫檀质地坚硬，纹路细密，密度高，放入水中即刻下沉。因其具备沉水特性，在云南被称为"胜沉香"，也就是赤檀。当代也有学者认为紫檀不止一个树种，有几种木材纹理和色泽略有差异，都可被视为紫檀，如此紫檀可分为海岛性紫檀和大陆性紫檀。海岛性紫檀主要产于印度洋岛屿，大陆性紫檀则产于中国南方及东南亚。中国古代对东南亚所产紫檀有诸多记载，如"紫檀木出交趾，性坚，新者色红。以水湿浸之，色能染物。又画家合色，有檩子，用银朱浅入老黑，燕脂合之，故曰燕檀，俗曰紫檀。"紫檀中含有紫红色的紫檀素，可溶于酒精，用紫檀木在白纸上画线，会留下明显痕迹。佛教与旃檀联系紧密，《阿含经》说："诸树香以赤旃檀为第一。"《涅槃经》也提到："如来于双林灭度，贮于金棺银椁，积旃檀香焚之。"此后有佛骨舍利流传于世。《西游记》中，唐僧与孙悟空取经成功后，唐僧被封为"旃檀功德佛"，悟空被封为"斗战胜佛"。"旃檀"是檀香木的别称，佛教中有许多用檀木雕刻佛像的故事，如"我身如伊兰，如来受我供。如出栴檀香，是故我欢喜。"释迦牟尼创立佛教后，受到信众敬仰，优填王命三十二名匠人，用印度特产牛首旃檀（红檀）为佛祖塑造了第一尊佛像，称为"众像之始"，此像散发香味，被尊称为"旃檀瑞像"，对中土佛教影响深远，后世有"塔必阿育，像必旃檀"的说法。旃檀木不仅用于雕刻佛像，在宫廷建筑中也被大量使用。元代宫中，大明寝殿东西两侧分别有文思殿、紫檀殿，皆以檀香木为建筑材料，并间以白玉装饰。元代西域人亦黑弥什奉元世祖忽必烈之命，从海上出使海外八国，在海外时，他用私人财产采购了建宫殿用的紫檀木材料献给元世祖，因而得宠，元世祖洗澡时也让他在浴室侍奉，紫檀大殿所用材料中必有他所献的紫檀木料。至元三十一年甲午正月十九，元世祖忽必烈在紫檀殿驾崩，享年八十岁。修建紫檀殿所需紫檀木料数量惊人，日常宫廷中，紫檀等名贵香木也是经常消耗。明代南京御史王万祚曾列举一份门殿陈设所用木料单子，其中有"三百七十株丈余之花梨，二百二十株丈余之紫檀"。此类香木皆产自海外，体积巨大，耗费惊人。在采购木料时，官员常谋取私利、盘剥民间。尽管上下都知道采购这些海外香料过于浪费，但让皇家停用这些名贵香木是不可能的。除了用于建筑，紫檀还被制成粉末作为香料焚烧。修道之人身边常少不了檀香，如"寒岚依约认华阳，遥想高人卧草堂。半日始斋青精饭，移时空印紫檀香。"青粳饭是唐代修道之人中流行的美食，又称青饲饭，取草汁蒸饭，使饭呈青色，据说食用后可增进修行，杜甫在《赠李白》中就写道："野人对膻腥，蔬食常不饱。岂无青粳饭，使我颜色好。""空印紫檀香"指的是古时流行的"印香"，古人在香料粉末上压出各种图案，增添文化气息后再熏烧，唐代王建《香印》诗曰："闲坐印香烧，满户松柏气。"也可将香料粉末混合后加入蜜等粘合成香饼，香饼既可以燃烧，也能随身佩戴。紫檀木虽价格昂贵，但其香味醇厚清新，制成檀香焚烧时可收敛心性。印度用紫檀树的下脚料制成的紫檀香，至今仍是上品。在万籁俱寂之时，山林中微风吹过，远处传来竹林泉声，人端坐蒲团上修禅，月光洒过窗户，正如宋代陈起诗云："城里秋犹热，山中寒已浓。紫檀时小炷，危坐听晨钟。"檀香木常与琵琶联系在一起，被视为制作琵琶的优质材料。唐代李直诗云："尺八调悲银字管，琵琶声送紫檀槽"；宋代晏殊《木兰花》词云："雪香浓透紫檀槽，胡语急随红玉腕"；元代《琵琶曲》中也有

"冰丝雪练紫檀槽，大槽急切小嘈嘈。帐下小番齐拍手，越姬马上醉葡萄"的描述。檀香还可入药，各种药方中常见檀香，且都有神验的说法。宋代士衡所编《天台九祖传》记录了天台宗第五祖章安大师，信仰《法华经》并用此经为人治病。有村民患病将死，其子匆忙入山祈祷求救，法师为其转《法华经》，焚烧旃檀香，病者虽在远处，闻到檀香入鼻后，随即痊愈。书画以檀香木为轴，对画有益，打开画匣有香气而无糨糊味，还能防虫蛀。宋太宗精于书法，草书尤为奇绝。宋真宗时，命人收集太宗书法，成书三十余卷，以阗玉、水晶、檀香为轴，收藏在龙图阁中，"频召近臣观览"。后世有识货之人，看到某酒楼挂的画轴是檀香木制成，判断此画必为名画，当即出高价买下，果然如此。宋徽宗被囚禁在化外之地多年，日夜盼望返回中土。一日，他命仆从去集市买调料，结果买来用黄纸包裹的茴香。宋徽宗展开黄纸，竟是"中兴赦书"，此时才知道南方宋高宗保住了半壁江山。茴香又暗合"回乡"之意，让宋徽宗以为是大吉兆，奈何最终还是身死他乡，未能回归故乡。檀香木也用于制作折扇。中国古代原本没有折扇，一向使用团扇。明永乐年间，折扇作为贡品从日本传入中国，随即流行开来。明代各种折扇风行，在苏州一带，凡用紫檀、象牙、乌木做扇骨的，都被视为俗物，此类名贵材料制作的扇骨也被称作"扇妖"。而以棕竹、毛竹制成的，则被称为"怀袖雅物"。制扇名师所制折扇，一把往往价格高达一金。名师蒋苏台技艺尤为高超，一柄折扇价格可达三四金，被视为珍稀古董收藏。小说《豆棚闲话》中，苏州一帮无赖汉看到一位手拿螺钿边檀香重金扇子的相公，因拿的是俗物檀香扇，不入他们法眼，众无赖翻了白眼道："是个西北人"，便不甚留意。虽是混吃混喝的无赖，但生在苏州，也是有品位的无赖，西北土豪即便有钱，也难入江南无赖的法眼。明代宫廷常以檀香作为赏赐。明永乐十三年，赐宁国长公主紫檀木数珠一串，计一百一十颗，上戴金小杵一个。万历丁未冬十一月，礼部尚书兼东阁大学士于慎行去世，万历帝得知后十分悲伤，赐给各种祭品，其中就有檀香木主。莫言小说《檀香刑》描写了使用檀香木作为酷刑工具的场景，但在明清两代，官府使用的刑具夹棍、拶指所用的是檀木，并非檀香木。"拶指"是用绳子穿五根檀木小棍，套着手指用力收紧。如前文所述，檀木在中国自古就有，质地坚硬，适合做刑具，而檀香木产自印度，是高品质生活的必备之物，不会被用于刑具，明清小说中多有相关描述。如《连城璧》中写道："皂隶就把夹棍一丢，将蒋瑜鞋袜解去，一双雪白的嫩腿，放在两块檀木之中，用力一收。蒋瑜喊得一声，晕死去了。"《说岳全传》也描写了岳飞被抓捕后拷打的情景："二贼又将岳爷拷问一番，用檀木拶指，命二人用杖敲打。打得岳爷头发散开就地打滚，指骨尽碎，岳爷只是呼天捶胸，哪里肯招。"香料在中国历史上至关重要，它被用于美食，让食物更具吸引力；用于熏炙衣被，改善卫生环境；用于酿制美酒，引得诗人们高呼"莫忘茱萸酒，只待江南白"；还用于各种医药，治疗无数人。各种香料在中国人的日常生活中广泛应用，共同影响着中国历史。

后　记

　　这本书从选题到写作，耗费了极多心神。明人的生活，至明中期以后，已日益多变，时尚风潮，月月更新。以写作来回顾这一历史过程，就我个人而言，实是惬意。对这本书，我是全身心投入的，因那些明人的生活太过精彩。

　　明人生活精彩，而本书所选择的诸多生活内容，是其中最与众不同的一面，其中，既有饮食男女、日常穿着、文人交际，更有鱼龙江湖、神鬼世界。我相信，一个多色调的明人生活，能更好地再现那个璀璨的时代。

　　本书的写作，侧重于明人精神世界与灵魂的探索。如唐伯虎备受煎熬而哭穷，屠隆的成长经历与其人格的分裂，冯梦龙感情受挫后的一生阴影，董小宛一片痴情背后的苦楚，袁小修的逍遥游，王世贞在园林中寄托的超脱之梦等。明人的率性生活，不单单体现在外在的器物上，更体现在内在的精神气质上。

明人生活的内容太过复杂，当时及后世，留下了无数记载，甚为广博纷杂。因此我在择取资料进行写作时，花费了较多时间。本书的写作，参考了较多明代人的笔记与小说，这些内容，生动反映了明人的生活。在写作中，本书也大量参考了今人的学术研究。在明人社会史的研究上，迄今已有大量成就，可惜常被束之高阁，不为外人知晓。本书的写作，是建立在诸多前辈研究的基础之上的，在此对这些前辈表示真挚感谢。

本书虽不是学术读物，但遵守了学术标准。在写作中，出于便于读者阅读的考虑，对某些引文稍作变动，希望读者理解。本书写作之中也有诸多插曲，为了让文笔更多彩，秦千里老师曾推荐我翻阅雪小禅的作品，认为其作品可资借鉴参考。翻阅之后，其文笔确有过人之处，其构思也十分精巧，奈何她的风格，于我而言，实难以借鉴。只能在行文写作之中，努力改变自己的文风，让读者能有更愉快的阅读体验。

本书之中，选用了一些插图，其中相当一部分选自明代的小说。这些插图，生动逼真地描绘了当日的社会生活。此外，我的好友董天昊、郁俊、赵冰等，也为本书的写作提供了大力支持。本欲选择他们的画作，或用作插图，或用作封面，只是由于各种原因，未能采纳。在此对他们表示歉意，也对他们的厚爱，表示深深的谢意。

为了写作这本书的初稿，我曾推迟了返乡探视祖父，不想几天的延误，却天人永隔，只存追思。2015 年 6 月，祖父袁文林去世。我带着无限的懊悔，返回乡间。在守夜的过程中，遇上滂沱大雨，风雨之中，我彻夜未眠，修改这本书稿时，无限思绪，泛于心中。明人去今已四五百年，而一代代人的生活，却在文字记载中长存。文字所刻录下的，是永不磨灭的历史。明人也好，今人也罢，都是历史。而后来者所能做的，只是尽力真实、生动地还原曾经的一切。

袁灿兴

2020 年 5 月 30 日于苏州